인테그리티

성과를 만드는 성품의 힘

INTE

인테그리티

성과를 만드는 성품의 힘

헨리 클라우드 지음 | 정성묵 옮김

GRITY

연암사

인테그리티
성과를 만드는 성품의 힘

초판 1쇄 발행 2021년 10월 31일
초판 2쇄 발행 2023년 9월 12일

지은이 헨리 클라우드
올긴이 정성묵
발행인 권윤삼
발행처 (주)연암사

등록번호 제2002-000484호
주 소 서울시 마포구 월드컵로165-4
전 화 02-3142-7594
팩 스 02-3142-9784

ISBN 979-11-5558-101-8 03320

연암사의 책은 독자가 만듭니다. 독자 여러분들의 소중한 의견을 기다립니다.
트위터 @yeonamsa
이메일 yeonamsa@gmail.com

『인테그리티, 성과를 만드는 성품의 힘』의 원제는 'Integrity, The courage to meet the demands of reality'이다. 우리말로 '인테그리티, 현실의 요구를 충족시키는 용기' 정도로 해석할 수 있을 것이다. 이 책은 이미 『인테그리티, 사람의 마음을 감동시키는 힘』으로 한국에 출간된 적이 있다.

책에서 다루는 핵심 단어는 'character'와 'integrity'라는 영어 단어이다. 'character'와 'integrity'는 『인테그리티, 성과를 만드는 성품의 힘』 내용의 핵심이며 전부라고 할 수 있다.

그런데 두 단어 모두 적절하게 대치할 우리말이 없다. 흔히 사용하는 우리말 '캐릭터'와 본래 영어 단어 'character'의 의미 차이가 꽤 있을 뿐 아니라, 'integrity'는 번역할 수 있는 우리말조차 없다. 이런 고민 때문에 이전에 출간된 번역서는 두 단어 모두를 문맥에 따라 '진실성' 혹은 '일관된 진실성'으로 구분 없이 표현하였다. 이렇게 본문을 편집했기 때문에 '인테그리티, 사람의 마음을 감동시키는 힘'이라는 제목이 자연스럽다고 판단했을 것이다.

그러나 저자가 말하고자 하는 핵심은 '현실을 직시하고 성과를 만드는 개인의 캐릭터character와 인테그리티integrity'에 관한 내용이다. 두 단어가 어떻게 성과를 만드는 핵심 요소인지는 앞으로 책에서 살펴볼 일이다. 문제는 'character'와 'integrity'라는 두 영어 단어에 적합한 우리말을 찾는 것이다.

이 책에서는 'character'를 '성품'으로, 'integrity'는 '인테그리티'로 번역하였다. 일반적으로 'character'는 성격, 성품, 인성 등으로 번역하는데 저자의 의도를 가장 잘 나타내는 우리말이 성품이라고 판단하였다. 'integrity'를 그대로 '인테그리티'라고 표현한 이유는 일반적으로 이 단어를 번역할 때 사용하는 '정직' '진실' '통합' '고결' 등의 의미가 영어 단어 본래의 의미와 저자의 의도를 정확하게 반영하지 못하기 때문이다.

저자는 책에서 정직한 사람과 인테그리티를 지닌 사람의 차이를 명확하게 구분한다. 정직하거나 진실한 사람이라고 해서 언제나 성과를 만드는 것은 아니지만, 인테그리티를 지닌 사람은 정직하고 진실하면서 반드시 성과를 만들어 낸다고 말한다. 이 점이 '정직honesty'과 인테그리티의 가장 큰 차이점이기도 하다.

이 책은 단순히 좋은 성품을 지닌 사람이 아니라 정직하고 진실하면서도 틀림없이 성과를 만들어 내는 성품의 사람이 되는 비결을 알려 준다. 마음씨 좋은 사람은 비즈니스에서 좋은 결과를 만들기 어렵다는 통설에 대한 놀라운 반격이다. 좋은 성품을 지닌 사람이 업무에서도 좋은 성과를 낼 수 있다면 누군들 좋은 사람이 되지 않겠는가. 일상에서 결과를 만들고 업무에서 성과를 만드는 성품의 힘, 인테그리티는 당신의 인생을 변화시킬 것이다.

차례

INTEGRITY

서론

INTEGRITY

/\\||| The courage to meet the demands of reality

성품에서 드러나는 인테그리티가 왜 중요한가?

우리는 삶에서 성품과 인성이 중요하다는 말을 수없이 들었다. 우리는 자신뿐 아니라 동료들도 좋은 성품이 잘 어우러진 인성을 지니기를 바란다. 좋은 성품과 인성의 힘도 느껴 봤을 것이고, 성품이 좋지 못한 사람의 실패와 좋은 성품을 지닌 사람의 성공도 겪었을 것이다. 좋은 성품과 인성의 힘은 진짜이다.

하지만 좋은 성품과 잘 어우러진 인성이 우리의 일상에서 어떻게 작용하는지, 가장 중요한 인생 영역에서는 실제로 어떠한 결과를 가져오는지에 대해서는 모호하기만 하다. 우리는 좋은 성품과 인성에 대한 이야기를 '인테그리티'라는 특별한 단어에서 시작할 것이다. 인테그리티는 성품의 통합된 측면을 의미하지만 그 이상의 깊은 의미를 담고 있다. 성품과 인테그리티는 이 책에서 우리가 함께 알아갈 주제이다.

성품에서 인테그리티를 추구한다고 해서 엄청난 이익이 발생하는 것이 아니다. 혹시 그렇더라도 우리는 어디서부터 무엇을 시작해야 하는지 알지 못한다. 더 풍성한 인간관계를 위해 어떻게 자신을 변화시켜야 하는지도 잘 모른다.

이 책은 바로 이러한 막연함을 해결해 주는 성품의 여섯 가지 핵심적인 요소들을 제시하고 이들이 통합하여 드러나는 인테그리티의 힘을 보여 준다. 인테그리티로 하나된 성품은 우리가 예전에는 불가능하다고 생각했던 일을 가능하게 해줄 것이다. 또한 오랜 세월 동안 하나의 행동 양식으로 자리를 잡아 도무지 다른 해답이 보이지 않았던 문제들을 해결해 줄 것이다. 성품의 핵심 요소들을 인테그리티의 관점에서 하나로 통합하면 재능과 능력에 걸맞은 열매를 얻을 수 있다. 그 내용은 다음과 같다.

1. 신뢰를 쌓고 유지시킨다.(Trust)
2. 현실을 직시할 수 있다.(Reality)
3. 업무에서 성과를 만들어 낸다.(Results)
4. 부정적 현실을 수용하고 문제를 해결한다.(Realities)
5. 성장과 발전을 이룬다.(Growth)
6. 인생에서 초월성과 의미를 얻는다.(Transcendence)

아무리 재능과 능력이 탁월한 사람이라도 성품의 핵심 요소 중 하나라도 부족하면 결국 실패에 이르고 만다. 이제 그러한 실제 사례들을 살펴보자. 다행인 것은 누구라도 성품의 모든 측면에서 성장할 수 있다는 것이며 성장으로 가는 여행 자체가 중요하다는 것이다. 그러니 망설이지 말고 나와 함께 여행을 떠나자. 지금부터 현실의 요구를 충족시키고 성과를 만들어 내는 인테그리티와 성품의 힘을 알아보자.

1부
성품과 기질

INTEGRITY

1장
성과를
만드는 힘

어느 날 극성맞은 엄마로 유명한 친구가 내게 부탁을 했다. 당시 친구의 두 아들은 각각 열아홉과 스물한 살로, 더 이상 아이가 아닌 어른으로서 인생을 시작할 시점에 있었다. 그녀는 이 현실을 외면하고 싶지 않았고, 결국 아들들에게는 비밀로 한 채 내게 그들을 도와달라고 요청했다.

하루는 저녁을 먹는 자리에서 친구가 말했다.

"우리 아이들과 점심이라도 함께하면서 성공에 대한 얘기를 해주면 안 되겠니? 최근에 아이들이 커다란 성공을 거둔 사람들의 비결을 자꾸만 나한테 묻는 거야. 아이들이 성공에 대해 물어보면 몇 마디 조언을 좀 해줘. 내 생각에 네가 적격인 것 같아."

"성공? 음, 곤란한데. 그건 내 분야가 아니라서. 내가 뭘 아는 게 있어야지. 지그 지글러Zig Ziglar한테나 연락하지 그래?"

순간 최고의 자리에 오르는 성공 원칙을 다룬 수많은 책들이 머리를 스쳐 지나갔다. 성공에 이르는 원칙은 내 전문 분야가 아니었다. 그래서 나는 기분 나쁘지 않게 거절했다. 그래도 친구는 막무가내였다.

"오, 제발! 애들이 벌써 스무 살이 넘어가고 있어. 너라면 생각할 거리 정도는 던져 줄 수 있을 거야. 사실 너만큼 성공한 사람이 어디 흔하니? 성공한 사람들과도 많이 일을 해봤으니까 뭐 그리 어려운 일도 아니잖아. 그냥 애들을 데리고 나가서 몇 마디만 해줘. 대단한 교훈이 아니어도 괜찮으니 고민거리나 좀 던져 줘. 애들이 올바른 방향으로 가도록 힘을 실어 주면 안 되겠니?"

친구의 간청에 내가 좀 야멸쳤나 싶었다.

"알았어. 몇 마디만 해주면 되는 거지?"

"아, 정말 고마워. 뭐라고 할 건데?"

"아직은 몰라. 지금부터 생각해 봐야지."

"응. 그래도 대충 방향은 있을 거 아냐?"

"모른다니까. 생각해 볼게. 최소한 고민거리만 던져 주면 되는 거 아냐?"

"응. 그래도 대충 떠오르는 대로 말해 봐."

세상에 그 누가 이 엄마를 당해 내랴? 걸려도 단단히 걸렸다. 잠시 나는 내가 알고 있거나 함께 일한 적이 있는 훌륭한 인물들을 떠올렸다. 그리고 즉석에서 성공의 길을 제시했다. 단, 동기유발을 원하던 친구의 바람대로 따르지 않고 나만의 의견을 내놓았다.

"좋아. 엄청난 성공을 거둔 리더에게는 보통 세 가지 특징이 있지. 첫 번째, 그들은 매우 뛰어난 능력을 지녔어. 다시 말해, 자기 분야나 업계, 학문 분야를 제대로 알고 있지. 예를 들어, 빌 게이츠는 컴퓨터 업계에 정통한 사람이야. 탁월한 외과의사가 되려는 사람이라면 자기 분야를 정확하게 알고 있어야겠지. 모르면서 아는 체해 봤자 오래가지 못하거든. 그러니 도서관에 파묻히든지 알아서 기술을 터득하든지 해야 해. 자기 일을 잘 해내야 한다는 말이야. 마찬가지로 CEO도 자기가 맡은 일을 성공으로 이끌어야 해. 꼼수는 통하지 않아."

나는 계속해서 열변을 토했다.

"그런데 자기 일은 정말 잘하는데도 리더 자리나 어마어마한 성공에 이르지 못하는 사람들도 많아. 이들은 일도 잘하고 행복과 성취감도 누리지만 너희 애들의 관심을 끌 만한 사람들은 아니지. 성공을 거두려면 두 번째 능력이 있어야 해. 나는 이 능력을 '관계 구축의 대가가 되는 힘'이라고 표현하지. 즉, 자기도 능력이 있을뿐더러 능력과 자원을 가진 다른 이들과 상호 유익한 관계를 이끌어 낼 줄 알아야 한다는 말이야. 그래야 그저 자기 일만 잘하는 사람보다 훨씬 높은 수준에 이를 수 있거든. 좋은 협력 관계는 시너지 효과를 일으키지. 투자자, 규제 기관, 유통 채널, 이사회, 시 정부 기관, 월 스트리트 등 자신의 능력에 시너지 효과를 일으킬 수 있다면 어떤 상대와도 좋은 관계를 맺어야 해.

회사 안에서도 마찬가지야. 계획을 성공적으로 추진하기 위해서는 회사 내 다른 부서와 협력 관계를 맺어야 해. 그렇지 않으면 조그만 자기 영역에서만 성공할 수밖에 없지. 그것도 성공이라면 성공이지만 정말 뛰어난 사람은 자신의 성공과 외부의 성공을 합쳐 몇 곱절의 결실을 맺어. 너희 애들이 말하는 성공을 거두려면 이러한 관계의 법칙을 배워야 해. 판매 부서 책임자가 생산 부서와 관계를 맺으면 필요한 생산품을 적시에 시장에 내놓을 수 있지. 물론 생산 부서에도 이익이 돌아가고. 관계 구축은 성공과 리더십의 열쇠야. 패거리 개념과는 차원이 다르지. 관계야말로 자기 능력을 몇 배로 부풀리는 비결이야.

이쯤 했으니 내가 너희 애들한테 해주고 싶은 진짜 얘기를 해 볼까? 사실 이 두 가지 능력을 소유한 사람은 세상에 널려 있어. 자기 일을 잘하는 동시에 사람들을 하나로 뭉치게 해서 훌륭한 결과를 얻어내는 인재는 품귀현상을 일으킬 일이 없어. 우리 주위에 수도 없이 많지. 하지만 진정한 성공을 거두려면 '세 번째 요소'까지 갖춰야 해.

다 된 밥에 재를 뿌리지 않는 좋은 성품이 있어야 해.

내가 너희 애들한테 가장 해주고 싶은 이야기가 바로 성품에 대한 거야."

성품의 중요성

'성품character' 개념을 내 친구가 이해하기까지는 약간의 설명이 필요했다. 하지만 직장생활을 하는 사람이라면 다음과 같은 질문만 던지면 누구나 바로 이해할 것이다.

"두뇌 회전이 매우 빠르고 능력이 뛰어나 모든 일을 멋지게 해내지만 그 모든 능력이 무색할 정도로 인간 됨됨이가 형편없는 사람이 조직 내에 있습니까?"

이 질문에 사람들은 잠시 생각하다가 곧 누군지 알겠다는 듯 서로를 보고 웃는다. 회사에서는 재능이나 능력이 다가 아님을 누구나 안다. 그 사람의 성품을 빼놓고는 성공을 말할 수 없다. 좀 더 까다롭지만 핵심을 찌르는 질문을 던져 보자.

"여러분은 왠지 나의 지능과 재능 그리고 능력만큼 일이 잘 풀리지 않는다는 느낌을 받아 본 적이 있습니까?"

굳이 손을 들라고 말하지 않더라도 끄덕임과 표정만 봐도 공감하는 분위기를 읽을 수 있다. 일 처리 능력만으로는 성공할 수 없다. 좋은 성품을 가지고 있어야 한다. 하지만 성품이 정확히 무엇을 의미하는가? 그것은 성과에 어떤 영향을 미치는가? 그것은 왜 그토록 중요한가?

성품이나 인테그리티integrity를 이야기할 때 대부분의 사람들은 성과보다는 도덕이나 윤리를 먼저 생각한다. 엔론Enron, 앤더슨Anderson, 월드콤Worldcom 같은 비리 기업들이나 좋은 성품을 가지지 못해 몰락한 슈퍼스타들을 떠올리는 것이다. 기업계나 정계의 거목은 물론이고 교회 안까지 윤리적이지 못한 사례를 들자면 끝이 없다. 개인의 차원을 넘어 회사나 시장 전체의 신뢰성을 깨뜨린 사건의 중심에는 어김없이 땅에 떨어진 윤리가 있었다. 사건의 직접적인 피해자는 말할 것도 없고 이제 모두가 '좋은 성품'이 중요하다고 입을 모은다.

사람들이 말하는 좋은 성품은 나쁜 일이 일어나지 못하도록 막는 '안전장치'와 같다. 즉, 좋은 성품을 지니고 윤리와 인테그리티를 실천하는 사람은 남을 속이지도 않고 훔치지도 않을 테니 그가 보고서에 내놓은 숫자는 믿을 수 있다. 이런 사람에게는 뒤통수 맞을 일이 없다. 좋은 성품은 기본 중에 기본이며 이것이 없으면 어떠한 성과도 이룰 수 없다. 도덕과 윤리는 사업, 관계, 정치, 금융, 교육뿐 아니라 우리의 삶 자체를 떠받치고 있다. 배우자에게 배신당해 본 적이 있는 사람이나 파트너의 속임수로 곤경에 처한 적이 있는 사업가에게 물어보라. 신뢰 없는 관계는 사람을 끝없이 피폐하게 만든다.

　내가 친구의 두 아들에게 말해 주고 싶은 좋은 성품은 단순한 도덕이나 윤리가 아니다. 물론 그 애들이 정직하고 윤리적이며 성실하기를 바란다. 아무도 보지 않을 때도 옳은 길로 가는 믿음직한 사람이 되기를 바란다. 하지만 나는 그들이 이미 그런 사람일 것이라 믿었다. 물론 이 글을 읽는 대부분의 독자들도 그러하리라 생각한다. 윤리와 도덕, 진리와 정직의 중요성을 모르는 사람은 없다. 마음먹은 대로 윤리적으로 살기 어려울 때도 있기에 이 책에서는 그 문제도 다룰 것이다. 그러나 내가 진실로 전달하고 싶은 좋은 성품은 곤란에 빠지지 않기 위한 도덕적 안전장치 그 이상의 것을 말한다. 내가 말하고자 하는 것은 바로 이것이다.

그 사람의 됨됨이는 지능, 재능, 능력, 열정, 노력, 협상 기술, 기회를 성공으로 바꾸어 주는 열쇠이다.

　성공을 가져다주고 유지시켜 주는 가장 중요한 요소는 인간으로서의 성숙함이다. 여기에는 윤리와 인테그리티의 개념도 포함되지만 거기서 끝은 아니다. 윤리가 분명 좋은 성품의 일부이긴 하나 전부가 될 수는 없다. 윤리만으로 성공하느냐 혹은 좋은 리더가 되느냐가 결정되지는 않는다.

나는 CEO, 이사회, 경영진, 팀장, 사업 파트너, 관리자, 투자자 등 성과를 추구하는 집단을 20년 이상 컨설팅하면서 인테그리티를 지니고 있고 윤리적임에도 성공하지 못하는 사람들을 적잖이 보았다. 그들은 모두 '좋은' 사람들이었지만, 개인적인 기질personhood 때문에 재능과 지능을 온전히 발휘하지 못했다. 그리 중요하지 않다고 생각했던 인간 됨됨이의 몇몇 측면들로 인해 투자한 만큼 결과를 뽑아내지 못한 것이다. 인테그리티 하나만큼은 자신한다던 그들이 중요한 영역에서는 제대로 성과를 내지 못했고, 그 바람에 주주와 이해 관계자들에게 실망감만 안겨 주었다. 그들이 간과한 인간 됨됨이의 측면들은 다음과 같다.

- 아랫사람들의 전적인 신뢰를 얻지 못했다. 마음을 얻지 못했기에 사람들이 따르지 않았다.
- 눈앞의 현실을 제대로 파악하지 못했다. 자신과 다른 사람들, 심지어 시장, 고객, 프로젝트, 기회 등 목표 달성을 가로막는 외부 현실을 훤히 꿰뚫어 보지 못했다.
- 잘못된 업무 방식 때문에 능력과 자원에 비해 저조한 결과를 거두었다.
- 골치 아픈 사람, 부정적인 상황, 장애물, 실패, 손실 등 위기 상황에 제대로 대처하지 못했다.
- 조직, 사람, 자신, 수익, 산업 분야의 성장을 유도하지 못했다.
- 더 큰 임무를 달성하기 위해 개인의 이익을 버리거나 큰 목표를 향해 헌신하지 못했다.

나중에 다시 살펴겠지만 이러한 문제는 재능과 지능, 교육 수준, 훈련 등 우리가 기존에 성공의 조건이라고 생각했던 것들과는 상관이 없다. 그보다는 리더십 훈련이나 성공 원칙에서 거의 다루지 않는 성품의 요소와 관련이 있다. 성공의 가장 중요한 열쇠는 인간의 내면이지만 이에 관심을 쏟거나 이를 다지기 위해 노력하는 사람은 거의 없다. 우리 대부분은 전문 기술과 지식에만 온통 정신이 팔려 있다. '성공적으로 실패하는 법'을 가르치는 기업 훈련이나 교육에 참여해 본 적이 있는가? 나는 참여는커녕 들어 본 적도 없다.

쓸모없는 사업을 포기하지 않는 사장 탓에 어마어마한 손해를 본 회사를 컨설팅한 적이 있다. 회사는 거의 파멸 직전에 이른 상태였다. 그 사장은 인테그리티가 있고 절대 거짓말을 하지 않기로 소문난 사람이었다. 그러나 그는 자신이 맡은 사업이 망해 가고 있다는 현실을 직시하지 못했다. 모름지기 리더라면 현실을 있는 그대로 받아들인 다음, 재정비와 회복 단계를 거쳐 다시 성공을 향해 가야 한다. 현실을 직시하는 것도 성품의 한 측면이다.

이러한 문제는 사람의 궁극적인 능력과 깊은 관계가 있다. 하지만 우리는 자신의 부족한 성품 측면을 메우기 위해 도통 투자할 줄을 모른다. 현실을 직시하는 성품 요소를 계발해야 능력에 맞는 위치까지 비상할 수 있다.

우리는 이미 성품 문제를 알고 있다. 스스로도 어느 정도 그러한 문제에 빠져 본 경험이 있을 것이다. 인테그리티 관련 문제에 빠진 사람과 그로 인해 이미 곤란을 겪은 사람을 본 적도 있을 것이다. 하지만 과연 좋은 성품이란 무엇인가? 이것이 이 책에서 다루려는 핵심 주제이다. 이제 성품의 정의와 그 요소들을 살펴보자. 이 요소들을 잘만 적용하면 우리 자신과 동료, 조직이 성품 문제로 인해 빠지기 쉬운 다음 세 가지 함정을 충분히 피해 갈 수 있을 것이다.

1. 능력에 훨씬 못 미치는 성과에서 더 이상 나아가지 못한다.
2. 장애물 앞에서 무릎을 꿇는다.
3. 엄청난 성공을 거두지만 결국 자기 파멸로 치달아 모든 것을 잃고 만다.

리더십과 성과에 관한 컨설팅을 오래도록 실천해 온 결과, 나는 성품이 영향을 미치는 세 경우를 발견했다. 첫 번째, 잠재력을 제대로 발휘하지 못하고 능력에 훨씬 못 미치는 수준에 머무르는 경우. 두 번째, 능력 밖의 상황이 닥치면 두 손을 드는 경우. 세 번째, 높은 단계까지 이른 후에 자신의 기질makeup 문제로 주저앉는 경우. 이 세 경우 모두 능력이나 지능, 재능과는 상관없다. 문제는 성품이다. 우리의 목표는 성품 문제들을 정확히 파악하고 해결 방법을 찾아 병든 삶을 바로잡는 것이다. 하지만 그러려면 우선 성품의 의미와 그것이 삶의 성과에 미치는 영향을 제대로 알아야 한다.

나는 내 친구의 아들들에게 바로 이 이야기를 하고 싶었다. 가끔은 우리가 무심코 내뱉는 말이 더 진실에 가깝다. 머리보다는 경험에서 나온 말이기 때문이다. 내가 친구를 만난 날 밤도 그랬다. 그때 내가 말한 것은 이론이나 학문이 아니었다. 나는 이런저런 이유로 재능과 잠재력에 맞는 수준에 오르지 못한 인재들의 하소연을 수도 없이 들었다. 반대로 자신이 지닌 성품의 강점 덕분에 세상을 떠들썩하게 만든 이들과도 얼굴을 마주해 봤다. 나는 오랜 세월 동안 그들과 나눈 대화에서 얻은 교훈을 친구에게 전했던 것이다.

이 책에서 전하려는 내용도 마찬가지이다. 다들 알고 있는 리더십 기술이나 성공 원칙을 장황하게 나열할 생각은 없다. 여기서 비전을 던지거나 변화의 매개체가 되는 방법을 소개하고 싶지도 않다. 그것들이 리더십과 성공의 중요한 요소들이기는 하지만 어디까지나 능력의 범주에 들고 관련 서적도 지천에 널려 있기 때문이다.

이 책에서는 20년이 넘게 분야를 막론한 수많은 사람들과 일한 나의 경험을 되살려 스스로 진퇴양난에 빠지지 않고 남들도 놀라운 성과로 이끄는 개인적 특성에 관해 이야기하고자 한다. 누구라도 이 특성을 이해하고 계발하면 늘 꿈만 꾸었던 드높은 수준에 실제로 이를 수 있다. 이는 풍부한 경험에서 비롯된 나의 믿음이다.

2장
성품, 인테그리티, 그리고 현실

"그래서 문제가 뭡니까?"

나는 주의를 환기시키기 위해 그 CEO에게 다시 물었다. 컨설턴트를 불러 놓고 '문제아'를 입이 닳도록 칭찬하는 사람은 없다. 하지만 그는 조직에 문제를 일으키고 있다는 사람에 대해 10분 가까이 칭찬만 늘어놓았다. 판매 부장 릭은 뛰어나고 현명하며 그가 입사한 지 2년 만에 매출이 껑충 뛰었다는 등 칭찬은 그칠 줄 몰랐다. 컨설팅 자리라기보다는 영웅을 찬미하는 파티 장소에 온 기분이었다.

"그가 나무랄 데 없이 일을 잘하고 있는 것 같군요. 그런데 도대체 뭐가 걱정입니까?"

"음, 매출은 좋은데 부장을 내보내지 않으면 자기들이 나가겠다는 핵심 인물이 두 명이나 있습니다. 자기들과 부장 중에 선택하라는군요. 저는 그러고 싶지 않아요. 부장의 성과와 능력이 꼭 필요해요. 그는 일을 정말 잘한답니다. 하지만 인간관계에 좀 문제가 있긴 하죠. 그를 놓고 팀이 둘로 갈라졌으니까요. 어떤 이들은 놀라운 성과를 봐서라도 그를 붙잡아 두길 원합니다. 그들은 능력이라면 껌벅 죽죠.

그러나 부장을 지독히 싫어하는 부류도 있어요. 한번은 한 여성이 '골칫거리'라는 단어를 써 가며 그를 비난했죠. 제가 보기엔 별일 아닌데 그녀는 끝까지 물고 늘어지더군요. 부장은 그리 나쁜 사람이 아니에요. 좀 독단적이고 지나치다 싶을 정도로 사람을 몰아붙이기는 합니다. 성격이 강해서 그래요. 마음이 약한 사람들은 부담감을 느끼고 마땅한 존중을 받지 못한다는 느낌도 받겠죠. 하지만 저는 부장을 잃고 싶지 않아요. 그러기엔 매우 훌륭한 인재예요. 그래도 뭔가 조치는 취해야겠죠? 선생님이 팀을 다시 단합시키거나 부장을 바꿔 놓을 방안을 제시해 주세요. 무슨 수를 내야지, 원."

브래드의 절박한 심정이 공기를 타고 내게 전해졌다. 회사 내 최고 인재의 '인간관계 문제'를 어떻게 해결하느냐에 그의 인생이 걸려 있다 해도 과언이 아니었다.

"당신은 부장을 어떻게 생각하십니까?"

"저야 물론 부장 편이죠. 수치를 보세요. 수치는 거짓말을 하지 않습니다. 부장한테 물어봐도 똑같이 대답할 겁니다. 회사가 이토록 잘나가는 상황에서 그에게 문제점을 지적하고 책임을 추궁하기는 어렵습니다. 제가 봐도 지금이 우리 회사의 최고 호황기랍니다. 제겐 부장이 꼭 필요해요. 그가 없었다면 우리 회사가 과연 이만한 고지에 오를 수 있었을까요? 어림도 없죠. 그는 우리 회사의 보물입니다.”

“'수치'란 매출을 말씀하시는 거죠? 그걸 보고 부장이 잘하고 있다고 생각하시는 거죠? 매출 수치를 보고 말입니다.”

“맞아요. 결국 매출을 끌어올리는 게 제 일이거든요.”

“그러면 비용 면에서는 어떻습니까?”

“그건 제 일이 아니라서……. CFO(최고 재무 관리자)와 감사관, 프로젝트 팀장 등이 비용을 관리하죠.”

“일반 비용을 말하는 게 아닙니다. 제 말은 부장을 붙들어 놓는 비용을 말하는 거예요.”

“아, 연봉 말씀이시군요. 부장이 많이 받기는 하죠. 하지만 그만한 값어치가 있어요. 연봉 이상의 일을 해내고 있으니까요.”

내가 매출액 규모를 알면 까무러칠 게 분명하다는 투었다.

“아니요. 그런 비용이 아니고 부장이 일으키는 다른 비용 말입니다. 몇 가지 예를 들어 보죠. 먼저 스톡옵션까지 포함한 당신의 연봉을 시간당으로 계산해 보세요. 엄청나죠. 그런데 지난 몇 년간 부장 문제에 관한 사람들의 얘기를 듣느라 몇 시간을 쓴 것 같습니까? 일주일에 모임 몇 번만 열었다 쳐도 모두 합치면 엄청난 시간일 겁니다. 그 시간에 당신의 시간당 급료를 곱해 보세요. 부장의 비용이 새롭게 다가올 겁니다.

그 숫자에다 사람들이 일이 아닌 그 문제 토론에 쏟은 시간의 가치를 더하세요. 그리고 당신과 팀원들이 문제 해결에 얽매이느라 잃어버린 기회의 가치를 더하세요. 거기에, 중재 비용과 이 문제에 관한 시간당 변호사 상담 비용을 더하세요. 거기에 다시, 회사를 그만둘 두 팀장의 후임자를 찾는 비용과 그 사이에 일어날 사업, 업무,

평판의 손해를 더하세요. 마지막으로, 이 제반 문제가 회사의 사기와 방향, 미래 사업에 미칠 악영향의 가치를 더하세요. 이제 부장의 비용이 눈에 확 들어올 겁니다. 아직도 부장이 대단한 인재라고 느껴지시나요?"

"음, 그렇게 말씀하시니까 아닌 것도 같네요."

그는 지갑을 잘 챙기지 않았다가 소매치기를 당한 사람처럼 당황한 눈치였다.

"제가 잘못 판단했군요."

어떤 흔적을 남기고 있는가

나는 CEO인 브래드에게 '흔적The wake'이라는 개념에 대해서도 설명했다. 바다를 항해하는 배의 뒤편 갑판에 앉아 배가 지나간 흔적을 보는 것은 내 인생 최대의 즐거움 중 하나이다. 배가 지나면서 만드는 변화무쌍한 물결은 너무나 아름답다.

지나간 흔적이 직선이면 배가 꾸준히 항로를 유지하고 있다는 증거이다. 키를 잡은 선장이 졸고 있지도 않고 엔진이나 축이 고장 난 것도 아니다. 그러나 흔적이 지그재그면 뭔가 불안하다. 또한 흔적이 부드럽고 평평하면 배의 속도가 낮다는 것이고 골이 깊으면 배가 물에 깊이 잠겨 있다는 것을 나타낸다.

다시 말해, 흔적은 배의 상태를 말해 준다.

사람도 마찬가지이다. 브래드가 아끼던 판매 부장처럼 회사라는 바다를 항해하는 사람 역시 뒤에 흔적을 남긴다. 사람이 그의 인생 혹은 조직생활을 하는 과정에서 남기는 흔적에는 반드시 다음 두 가지 측면이 남아 있다.

1. 업무(The task)
2. 인간관계(The relationship)

수년간 조직생활의 길을 걷다 보면 우리는 '업무'와 '인간관계'라는 두 영역에 흔적을 남기게 된다. 어떤 성과를 이루었고 사람들을 어떻게 다루었는지 이 흔적을 보면 그 사람에 관해 많은 것을 알 수 있다.

우리는 업무 면에서 어떤 흔적을 남기고 있는가? 목표 달성의 흔적인가? 수익 창출의 흔적? 사업 성장이나 계약 체결의 흔적? 임무 완성의 흔적? 새로운 업무 방식을 도입하고 체계화한 흔적? 브랜드 가치를 높인 흔적? 제품과 회사 이미지 상승의 흔적? 시스템과 프로세스 개선의 흔적? 운영 효율 개선의 흔적? 아니면 전혀 다른 흔적을 남기고 있지는 않은가? 목표를 달성하지 못하고 계획에 차질을 빚은 흔적? 임무를 수행하지 못한 흔적? 조직 분열과 혼란의 흔적? 부진과 정체의 흔적? 초점 상실의 흔적? 그릇된 출발의 흔적? 자원과 자금 손실의 흔적?

흔적이야말로 실제적인 실적이자 성과이다. 이를 통해 그 사람을 판단할 수 있다. 성과는 중요한 문제이다. 우리는 성과로 평가를 받고 좋은 성과를 내기 위해 꿈과 계획을 실행에 옮긴다. 배와 마찬가지로 성과, 곧 흔적을 보면 우리의 진짜 모습, 즉 우리 자신의 성품을 알 수 있다.

하루 일과를 마치면 우리는 오늘 업무의 흔적이 생산적이었는지 돌아보아야 한다. 만약 생산적이지 않았다면 스스로 냉철하게 분석해야 한다. 흔적은 우리가 남기는 성과가 된다. 이 흔적은 거짓말을 하지 않으며 변명을 용납하지 않는다. 우리의 모습을 있는 그대로 보여준다. 아무리 발뺌을 하고 변명을 하려 해도 흔적은 사라지지 않는다. 흔적은 우리가 남기는 우리 자신에 대한 기록이다.

우리가 남기는 또 다른 흔적은 바로 인간관계이다. 업무의 흔적이 성과로 남는다면 인간관계의 흔적은 상대방의 마음과 영혼 속에 고스란히 남는다. 우리는 다른 사람들과 함께 살아가고 조직생활을 하면서 흔적을 남긴다. 우리가 고객, 동료 혹은 납품 업체 같은 협력자와 관계를 맺으면 여지없이 흔적이 남는다. 따라서 우리는 삶의 배 뒤편을 바라보며 질문을 던져야 한다.

"나는 어떤 흔적을 남기고 있는가?"

내가 남긴 흔적 위에서 수많은 사람이 아름다운 추억에 싱긋 웃으며 수상스키를 타고 있는가, 아니면 허우적거리며 숨을 내쉬기 바쁜 데다 상처를 입어 피까지 흘리고 있는가? 사람들이 나와 보낸 시간 덕분에 삶이 풍요로워졌다고 말할 것인가, 아니면 나 때문에 삶이 더 피폐해졌다고 말할 것인가? 그들은 나와 맺은 관계를 축복으로 여길까, 아니면 저주로 여길까? 나의 흔적은 어떤 모습인가? 사람들은 웃고 있는가, 괴로워하고 있는가?

업무 면과 마찬가지로 인간관계에도 분명 성과가 존재한다. 사람들이 나와 함께 일한 후 더 신뢰감을 갖게 되었는가? 그들이 더 일을 잘 수행하게 되었는가? 나와 협력한 결과로 그들이 성장했는가? 그들이 자존감을 얻고 더 활기차게 일하고 있는가? 그들이 나에게 배운 점이 있고 열정까지 덤으로 얻었는가? 그들이 나와 함께 일하기 전보다 훨씬 더 근면해졌는가? 나와 맺은 관계 덕분에 그들의 생산성이 상승했는가? 아니면 그들이 상처를 입었는가? 그들이 전보다 더 나를 믿지 못하는가? 그들이 무시당하거나 속았다는 기분을 느끼는가? 그들의 얼굴에 실망감이 가득한가? 그들이 이를 부득부득 갈며 앙갚음할 기회만 노리고 있는가? 나와 함께 일한 후에 그들에게서 패배감이나 수치감이 엿보이는가? 스스로에게 질문 하나만 던져 보라.

"그들이 나와 다시 일하고 싶어하는가?"

최근에 나는 중요한 자리에 한 사람을 고용했다. 그에 앞서 당연한 조사 과정으로 그녀의 전 상사 두 명에게 전화를 걸었다. 그리고 흔적의 양 측면인 업무와 인간관계에 대해 꼼꼼하게 체크했다. 전 상사들은 일이며 성과, 동료나 고객들과의 관계에 대해 그녀를 매우 칭찬했다. 나는 혹시나 흔적의 부정적인 면은 없었는지 캐물었다. 그러자 흔적의 잔물결, 즉 그녀가 개선해야 할 점이 드러났다. 나는 그 점에 관심을 기울였다. 그녀를 고용하면 약점도 떠안아야 했기 때문이다. 다행히 전 상사들의 말처럼 내 판단에도 그녀의 약점은 대수롭지 않았다. 이번에는 두 상사 모두에게 중요한 질문을 던졌다.

"그녀와 다시 일할 생각이 있습니까?"

그들은 내가 말을 채 끝내기도 전에 끼어들었다.

"그렇다마다요."

"대환영입니다."

일말의 망설임도 감지되지 않았다. 내가 원한 대답 그대로였다. 그들의 대답은 그녀가 남긴 흔적을 선명하게 보여 주고 있었다. 이런 흔적이 그녀의 인간 됨됨이에서 나온 것이기에 그녀가 앞으로 내 삶에 어떤 흔적을 남길지는 충분히 짐작할 수 있었다.

나는 브랜드가 부장을 이러한 시각으로 평가하길 바랐다. 부장의 흔적 전체를 봐야 하는 것이다. 부장은 매출 수치 이상의 흔적을 남기고 있었다. 얼핏 보면 그의 업무 흔적은 꽤 훌륭하다. 하지만 그가 남기고 있는 흔적 전체를 보면 얘기가 달라진다. 나머지 부정적인 부분 때문에 훌륭한 업무 성과 자체의 의미가 퇴색하고 있었다. 그는 고위 간부들의 일을 방해하고, CEO의 시간과 관심을 뺏고, 그가 일으킨 문제를 해결하느라 아까운 자원을 낭비하게 만들고, 고위 경영진 두 사람의 마음을 회사에서 멀어지게 만들었다. 이 모든 문제가 업무 성과, 회사의 목표, 순익에 고스란히 영향을 끼친다. 단순히 '좋은 사람' 얘기를 하는 게 아니다. 진짜 성과를 말하는 것이다. 성품에서 비롯된 성과 말이다.

결국 CEO는 결정을 차일피일 미루다가 이사회까지 끌어들이고 말았다. 브랜드의 슈퍼스타였던 릭은 몇 가지 일로 징계를 받은 후에 쫓겨나다시피 회사를 떠났다. 이사회의 신임을 잃은 CEO 역시 회사를 떠났다. 결과적으로 CEO와 판매 부장 모두 안 좋은 흔적만 남기고 말았다. 안타까운 사실은 원인이 업무 문제가 아니었다는 것이다. 능력, 지능, 협상 능력 등은 문제의 대상이 아니었다. CEO나 판매 부장의 자질이나 능력은 오히려 남들보다 뛰어났다. 문제는 흔적을 만드는 부분, 바로 성품이었다.

판매 부장의 문제와 그것을 제대로 다루지 못한 CEO의 문제는 삶에 흔적을 만드는 개인적인 기질individual makeups**에서 비롯되었다. 이 문제는 실패의 흔적을 통해 적나라하게 드러났다.**

판매 부장의 인간관계 능력은 그야말로 최악이었다. 그와 함께 일한 사람들은 상처를 입고 그를 싫어해서 회사를 떠날 마음까지 먹었다. 인간관계에서의 흔적은 낙제점이었다. 업무에서의 흔적은 어떠한가? 겉으로는 일을 잘한 것 같지만 인간관계의 약점이 업무 영역까지 심각하게 침범했고 결국 속 빈 강정만 남았다.

성품의 새로운 정의

우리는 성품이나 인테그리티란 말에서 으레 도덕과 윤리를 먼저 떠올린다. 우리는 새로운 누군가를 만날 때 그가 믿을 만하고 성실한지를 탐색하며 그가 제시한 수치를 굳이 검열하지 않아도 될 만한 사람이길 기대한다. 도덕적인 사람이라고 판단되면 성품 문제는 뒤로 남겨 두고 곧장 사업이니 능력이니 하는 이야기를 시작한다.

하지만 현실 세계에서는 개인의 기질이 성과, 곧 흔적에 깊은 영향을 미치며, 이는 업무와도 깊은 관계가 있다. 그런데도 개인의 기질 문제는 대개 그만한 관심을 받지 못한다.

앞서 말한 판매 부장을 예로 들어 보자. 입사 면접 때 그에게 회사 내 동료들과 어떻게 신뢰를 쌓을 것인지 물어본 면접관이 있었을까? 인간관계 능력이 한참 떨어진 탓에 그의 전략적 프로젝트는 참신성에도 불구하고 하나같이 참패를 맛보았다. 결국 그에게 가장 필요한 요소는 인간관계 능력이었던 셈이다.

그를 뽑은 면접관들은 끊어진 관계를 회복하고 갈등을 해소하는 능력에 얼마나 비중을 두었을까? 팀 내에 자존감을 불러일으키고 충성심을 얻어 내는 능력은? 분명 면접관들은 이런 부분을 눈여겨보지 않았을 것이다. 부장 역시 스스로 좋은 성품을 키울 마음이 없었을 것이다. 그 결과 부장 자신과 회사에 지울 수 없는 상처가 남았다. 업무와 인간관계, 이 두 가지 기술은 본질적으로 상관관계가 있으며 서로 깊게 영향을 미친다.

다시 말하지만 근본 원인은 윤리와 도덕의 테두리를 넘어서는 인간 됨됨이와 개인의 기질에 있었다. CEO 역시 그의 성품과 기질 문제로 좋지 못한 흔적을 남겼다. 그의 사업 안목이 형편없어서 이러한 혼란을 일으켰을까? 결코 아니다. 그는 시장, 전략, 기업 운영, 비즈니스 세계의 이면 등을 훤히 꿰뚫고 있었다. 그뿐 아니라 부장의 문제점도 잘 알고 있었다. 직원들과의 상담건만 해도 한두 번이 아니었으니 현실을 어느 정도 알고 있었을 것이다. 하지만 이 문제를 적극적으로 해결하지 못하게 발목을 붙잡은 것은 바로 그의 기질이었다.

그는 필요 이상으로 부장의 실적에 의존한 나머지 문제와 정면으로 충돌할 용기가 없었다. 부장이 떠나면 화려한 성과도 사라질 것이라며 두려워했다. 그토록 자신이 원하는 사람과 정면 대치할 배짱도 없었다. 그는 갈등을 회피했고 어떻게든 다른 관리자들을 안심시키려고만 했다. 결국 그로 인해 신임을 잃고 만 것이다.

물론 누구도 속이지 않았고 뒤에서 술책도 부리지 않았다는 점에서 CEO와 부장은 둘 다 '좋은 성품의' 사람이었다. 둘 다 책임감도 강했으며 누구의 윤리 잣대를 들이대도 흠잡을 데가 없었다. 그럼에도 둘 다 '성품' 문제로 인해 그들의 실적에 부정적인 영향을 끼쳤다. 따라서 성과를 떨어뜨리는 '성품' 문제에 비추어 '업무 성과에 관련된 성품'을 새롭게 정의할 필요성이 있다.

성품, 기질, 그리고 능력

이해하기 쉬운 예를 들어 보자. 공군 장교는 새 비행기가 필요하면 보잉 같은 항공기 제조회사를 찾아가 제작을 의뢰한다. 이윽고 회의실에 수많은 엔지니어들이 모여 비행기에 쓸 금속 재료를 결정하기 위해 장교에게 중요한 사항을 확인할 것이다.

"이 비행기를 어디에 쓸 겁니까?"

장교가 정지 상태에서 시속 1,000킬로미터까지 단숨에 도달해야 한다고 말하자 엔지니어들은 그에 맞는 디자인을 구상한다.

"이 디자인으로는 그만한 회전력을 감당할 수 없어. 그런 가속도에서는 기체가 산산조각이 나고 말 거야. 다른 디자인이 필요하겠어."

1,500미터 상공에서 날다가 사막으로 급강하해 열기를 견뎌 내야 한다거나 북극을 저공으로 날며 극심한 추위를 이겨 내야 한다면 그에 맞게 다른 금속 재료를 골라야 한다. 디자인의 속성을 달리해야 한다는 말이다. 짐을 싣는다거나 속도를 더 높여야 한다거나 연료 재충전 없이도 멀리 날아가야 한다면 기체의 무게 역시 중요하게 고려해야 할 사항이다. 비행 패턴이 높은 속도와 고도의 민첩성을 요한다면 변화무쌍한 움직임에도 내구성이 강한 금속 재료가 필요하다. 속성이 관건이다. 어떤 상황을 극복해야 하는지에 따라 속성이 달라지는 것이다.

비행기의 올바른 기능 수행을 위해 금속 재료가 회전력, 날씨, 온도, 중력 같은 현실의 요구를 충족시켜야 하는 것처럼 우리의 성품에도 올바른 기능 수행을 위해 충족시켜야 할 현실의 요구들이 있다. 이런 현실의 요구를 충족시킬 수 있는지의 여부는 사람의 속성, 곧 성품에 달려 있다. 따라서 이 책에서 말하고자 하는 성품의 정의는 다음과 같다.

성품 = 현실의 요구를 충족시키는 능력

비즈니스 세계뿐 아니라 우리 삶의 모든 영역에서도 현실의 요구들을 쉽게 찾을 수 있다. 열이나 회전력 같은 현실의 요구에 맞는 금속 재료의 속성이 비행기 제작의 성공을 결정하듯 사람은 현실의 요구를 충족시키는 성품을 소유했는지 아닌지에 따라 성공이 결정된다. 그에 따라 성공할 수도 실패할 수도 있다. 그러한 성품을 소유한 사람만이 현실의 요구를 충족시키고 성공을 거두며 목표 달성이라는 흔적을 남길 수 있다.

현실의 요구는 각양각색이다. 협상을 통해 해결해야 하는 까다로운 사람과의 관계처럼 대인관계에서 비롯되는 요구도 있다. 어떤 사업을 하든 이러한 현실을 피해 갈 수 없다.

집주인은 리모델링을 마친 집을 나서면서 머리를 긁적인다.

"계약자를 제대로 대했으면 공사가 더 잘됐을까?"

부모는 선생님과 면담을 하고 나오면서 고개를 갸우뚱한다.

"그 교사를 잘 대하면 우리 아이에게 더 좋은 기회가 돌아가려나?"

상사는 복도를 걸으며 혼잣말을 한다.

"그 사람의 문제를 제대로 다루면 좋은 결과가 나올까?"

누구나 머리를 긁적인 경험이 있다.

"상사를 잘 대하면 상황이 나아질까?"

이처럼 성공하기 위해서는 상대방이나 팀원들의 신뢰를 얻어야 한다는 현실의 요구가 있다.

업무 측면에서도 현실의 요구가 있다. 현실이 성품을 향해 던지는 요구를 생각해 보자. 하나의 프로젝트를 수행하느라 수개월간 온갖 공을 들였다고 하자. 그러나 첫 성과는 실망스러웠다. 이때 반응은 가지각색이다. 어떤 이는 상황을 직시하고 나서 낙심하기는커녕 전보다 더 힘을 쏟아 상황을 반전시킨다. 나쁜 결과라는 현실이 던진 요구를 충족시키는 것이다. 반면에 어떤 이는 패배감과 두려움에 휩싸여 꽁무니를 빼고 현실의 요구 앞에서 무릎을 꿇어 버린다.

또 다른 예를 들어 보자. 새로운 기회가 눈앞에 나타났다. 가능성은 이루 말할 수 없이 막대하다. 하지만 그만큼 힘든 현실의 요구들도 눈에 들어온다. 아무런 수익이 없는 기간을 지나야 하고 그동안 사람들의 비난을 견뎌 내야 한다. 위험이 만만치 않고 실패할 경우에는 막대한 손실을 떠안아야 한다. 너무 앞서 나갈 위험도 있다. 일을 시작하기 전에 잠시 멈춰 냉철하게 고민하고, 일단 결정한 다음에는 과감히 나아가는 용기가 필요하다. 눈앞의 성공에 안주하지 않고 꾸준히 앞으로 나아갈 추진력이 있어야 한다. 더없이 좋아 보이는 새로운 기회가 나타났는데 이 기회를 좇다간 자칫 핵심 사업이 위험에 빠질 수 있다면 이 기회를 과감히 포기할 용기가 있는가? 함께 일하는 사람을 이전 배치시키거나 해고해야 한다면? 투자자나 은행에 전화를 걸어 추가 자금 지원을 요청해야 한다면? 이런 상황들을 어떻게 다룰 것인가?

현실의 요구를 충족시키고 성공하여 좋은 흔적을 남길지 무릎을 꿇을지는 기질에 달려 있다. 어떤 이들은 기회 앞에서 벌써 기가 죽는다. 위험성이 너무 크다고 생각해서 압도되어 버리면 결국 두려움이 재능과 능력을 뒤덮고 만다. 이러한 사람들은 현재 상태가 더 편안하다고 믿고 싶어 한다. 한편 도중에 너무 힘들어서 지름길로 빠졌다가 모든 것을 망쳐 버리는 이들도 있다. 결국 이 모든 것을 결정하는 것은 성품이다.

리더십 컨설턴트로 활동한 내 경험에 비추어 보면 성품과 기질에 관련된 '개인적인 문제들'이 성공과 실패를 판가름한다. 한번은 이 책에 관해 토론하던 중 한 대규모 공공 기업체 CEO의 부인이 나에게 말했다.

"정말 중요한 문제예요. 남편의 골치를 썩이는 건 비즈니스 문제가 아닙니다. 남편은 비즈니스를 좋아해요. 문제는 항상 사람들이 일으켰죠. 문제를 발생시키고 스트레스를 낳고 목표 달성을 방해하는 건 늘 사람 문제입니다."

수십억 달러를 주무르는 사람이 성품 문제를 스트레스의 주범으로 보고 있다. 이 책의 목표는 성패를 가르는 이러한 '개인적인 문제들'을 탐구하는 것이다. 오랫동안 나는 큰 성공을 거둔 사람들과 협력하고 컨설팅 서비스를 제공해 왔다. 『포춘Fortune』 선정 25대 기업 CEO에서 가족 사업 CEO에 이르기까지 그들이 성공한 데는 이유가 있었다. 그들을 관찰한 결과 언제나 성품이 성공 요인으로 드러났다.

컨설턴트로서 나는 성품과 개인적인 문제들에 대해 수많은 사례들을 겪었다. 누구보다도 뛰어난 지능과 재능을 소유한 수많은 인재들이 성품 문제로 무너지기도 했다. 이 책은 성패를 가르는 성품의 여러 요소들을 구체적으로 살피고 현실의 어떤 요구도 충족시킬 수 있는 사람으로 성장하는 길을 제시한다. 그렇게 성장할 수만 있다면 지능과 재능과 잠재력이 현실의 요구를 만족시키고 자신뿐 아니라 함께 일하는 이들에게 만족스럽고 생산적인 결과를 안겨 줄 것이다.

희망을 가져도 좋다. 성품은 변화하고 성장하는 것이다. 지금까지 성공하지 못했다고 해서 앞으로도 실패하거나 후퇴하란 법은 없다. 그것이 무엇인지 알면 변할 수 있다.

물론 아쉽게도 성품을 바꾸는 것은 불가능하다고 주장하는 사람들이 많다. 나는 그런 이야기를 들을 때마다 실망감을 감출 수 없다. 최근에 미국 최고 경영 대학원의 졸업을 앞둔 한 젊은이는 리더십 과목에서 이런 말을 들었다고 한다.

"성품은 바뀌지 않는다. 따라서 골치를 썩이지 않으려면 좋은 성품을 소유한 사람들을 뽑아야 한다. 성품은 어릴 적부터 고정된다."

나는 하마터면 자리에서 벌떡 일어날 뻔했다. 오해도 그런 오해가 없다. 사람은 경험을 통해 변하고 성장한다.

물론 성품은 집처럼 하나의 '구조'라는 점에서 '고정'되어 있다. 일단 쌓으면 한동안은 그 상태를 유지한다. 그러나 집 안으로 들어가 벽을 부수고 구조를 변경할 수 있듯이 성품도 바꿀 수 있다. 여기에서 두 가지 점이 고려되어야 한다. 변화를 일구어 내기 위해 어떤 투자라도 할 마음이 있느냐? 그리고 그것이 관련자들에게 가치가 있느냐? 이 문제에 따라 고정된 구조는 얼마든지 바뀔 수 있다.

우리는 최대한 좋은 성품을 소유한 사람을 뽑아야 한다. 성품이야말로 우리가 원하는 결과를 낳는 열쇠이기 때문에 좋은 성품을 지니지 않은 사람을 일부러 뽑을 이유는 어디에도 없다. 하지만 선택과 성장은 전혀 별개의 문제이다. 제일 좋은 성품을 지닌 사람을 뽑아야 하지만 우리 모두가 변하고 성장할 수 있다는 사실을 잊어서는 안 된다. 성공과 성과를 위해서라면 자신의 단점을 바꿀 뿐 아니라 함께 일하는 사람들의 변화를 위해서도 과감한 투자를 할 줄 알아야 한다. 여기에 희망이 있다. 나는 변화를 통해 성공을 거둔 사례들을 수없이 목격했다.

3장
인테그리티

　

"자네만큼 부유한 사람들이 하는 대로 똑같이 하면 되지 않겠나?
다들 스포츠 팀이나 항공사 등을 사들이잖아."

나는 친구에게 물었다.

"나는 그쪽 사업에는 문외한이야. 나는 내가 정확히 아는 일만 한
다네. 알지도 못하는 사업에 뛰어들진 않지."

"사실은 그렇지 않잖아. 나는 자네가 투자하는 다른 사업들을 알
아. 자네 입으로도 말했지 않나?"

"무슨 소리야? 나는 잘 모르는 사업에는 투자하지 않네."

"하지만……."

나는 그가 막대한 투자를 한 사업을 다섯 개쯤 나열했다.

"나는 사업에 투자한 게 아니라 사람에 투자했을 뿐이네. 전혀 모르는 사업에는 투자하지 않네. 사람에 투자할 뿐이지. 그 사람의 성품, 경력, 운영방식, 판단력, 모험심, 실행력 등을 알고 나서 투자해. 전문적인 지식을 갖고 있지 않은 분야의 사업체는 사들이지 않아."

우리는 차를 타고 행사 장소로 가고 있었다. 친구의 말이 끝난 후 내가 다시 입을 열기까지 수 킬로미터는 지난 것 같았다. 그동안 나는 친구가 한 말을 곱씹었다. 그의 말에 성공의 열쇠가 있었다. 성공의 가장 중요한 요소는 시장, 전략, 자원 같은 것이 아니라 바로 사람이라는 것이다.

제대로 된 인재들을 채용하면 그들이 열악한 시장을 절묘하게 다룬다. 시장 상황을 뚫고 나갈 전략을 제시하고 전략상 문제점이 발생하면 알아서 수정한다. 자원이 고갈되면 자원이 빠져나가는 구멍을 찾아 메우거나 새로운 자원 제공자를 찾는다. 뛰어난 전략과 풍부한 자원이 있더라도 제대로 된 인재가 없으면 황금시장에서조차 실패하기 쉽다.

내 친구가 투자할 만하다고 판단한 사람의 됨됨이는 직장에서 필요한 성품의 유형을 말한다. 이것은 성품의 특정한 한 가지 유형 즉, 인테그리티를 지닌 성품일 뿐이다.

그렇다면 '인테그리티integrity'란 무엇인가? 우리는 인테그리티를 이야기하면 도덕과 윤리적 측면만 생각한다. 나중에 말하겠지만 올바른 가치관이나 도덕이 없는 삶은 쉽게 무너진다. 소박한 친분관계에서 사회생활까지 인생의 모든 구조는 도덕과 윤리의 기초 위에 서 있다.

그러나 내 친구가 바라는 업무에서의 성품은 도덕과 윤리 차원을 넘어선 것이다. 그는 신뢰를 얻고 매출을 높이며 투자 수익률을 높이는 것까지 모든 분야에서 성과를 이끌어 내는 신뢰를 원한다. 삶의 어떤 영역에서든 성공하길 원한다면 이러한 인테그리티가 필요하다.

영어에서 'integrity'는 성품, 윤리, 도덕을 말한다. 그러나 옥스퍼드 사전과 그 단어의 역사를 찾아보면 그 이상의 의미를 갖고 있음을 알 수 있다. 다음 옥스퍼드 사전의 정의를 보자.

1. 정직과 강한 도덕적 원칙, 도덕적 올바름.
2. 분리되지 않은 온전한 상태.
3. 통일되었거나 흠이 없거나 구조가 양호한 상태.
4. 전자 데이터의 내적 일관성 혹은 변질되지 않은 상태.

이 단어의 프랑스어와 라틴어 기원도 흠 없이 통합된 완전성을 의미한다. 종합하자면 전체가 분리되거나 변질되지 않고 흠 없이 통합되어 잘 돌아가는 상태를 말한다. 인테그리티를 소유한 사람은 모든 부분이 잘 돌아가 본래의 기능을 발휘하는 사람이다. 그러한 사람은 최상의 기능을 발휘한다.

내 친구는 바로 이런 상태를 말한 것이었다. 그는 성품과 인테그리티에 있어서 '빈틈'이 없는 사람에게만 큰돈을 투자했다. 판매만 잘하거나 아이디어만 좋거나 비즈니스 계획만 뛰어난 사람은 그의 눈에 들 수 없었다. 그의 투자를 받으려면 판단력도 뛰어나야 했다. 공격적이거나 모험심이 강한 것으로도 충분하지 않았다. 아이디어가 좋을 뿐 아니라 추진력도 강해야 했다. 그는 '완벽한 준비' 상태에서 나오는 '좋은 흔적'을 원했다.

완전한 성품은 가능한가?

이쯤에서 의문이 생긴다.

"무슨 말이야? 성공하려면 모든 걸 잘해야 한다는 말인가? 모든 걸 완벽하게 잘하는 사람은 세상에 없어. 강점이 있으면 약점도 있기 마련이잖아."

맞는 말이다. 수많은 연구에서도 강점은 강화시키고 약점은 피하는 것이 정석이라고 밝히고 있다. 예를 들어, 비전을 세우는 데 뛰어난 사람에게 꼼꼼함이 요구되는 자료 분석을 맡기는 것은 직원의 재능을 이해하지 못한 처사이다.

조지 루카스George Lucas가 배급 업체를 찾아가 영화를 판매하는 일에 전념했다면 영화계는 이만큼 발전하지 못했을 것이다.

타이거 우즈Tiger Woods가 나이키Nike와 협상하느라 시간을 보내고 있다면? 타이거 우즈는 협상이나 사업 재능이 없더라도 마스터스 대회에서 충분히 우승할 수 있다. 만약 그가 재능이 없는 영역을 포함한 모든 영역에서 '완벽한 사람'이 되려고 애썼더라면 마스터스 대회에서 우승하지 못했을지도 모른다. 내가 후원자라면 타이거 우즈가 사업이 아닌 골프에만 전념하기를 바랄 것이다.

따라서 여기에서 말하는 '성품'은 모든 것을 잘해야 한다는 개념이 아니다. 누구나 강점과 약점이 있으며 재능이 있는 분야에서 일해야 성공할 확률이 높다. 이 책에서 다루는 성품 문제는 재능이나 강점의 개념을 '초월'한다.

회계사나 경영자도 마찬가지이다. 요컨대 성품 문제는 우리가 재능을 가지고 있는 영역에 영향을 미친다.

다시 말하면 이렇다.

우리가 세상의 모든 재능을 가질 필요는 없다. 그러나 자기 재능을 발휘하려면 성품의 모든 측면이 필요하다.

예를 들어, 인간관계에 대한 재능을 타고난 사람은 인력 관리나 심리치료, 고객 서비스 분야 등 그 재능이 충분히 활용될 수 있는 분야에서 일해야 한다.

그러나 앞서 보았듯이 판매 부장은 인간관계에 대한 재능이 없었다 할지라도 인간관계에 필요한 성품은 가져야 했다. 마찬가지로, 인간관계 분야에 있는 사람이라도 진실을 보는 눈 같은 다른 측면이 없으면 실패할 수밖에 없다.

인간관계 능력 외에 다른 측면 또한 겸비하지 않으면 재능 있는 분야에서 일해도 결실을 맺기 어렵다. 성품은 재능 개념을 초월한다.

따라서 성품의 모든 요소가 통합되어 하나로 완전해야 한다는 인테그리티 개념은 우리가 모든 영역에 재능이 있지는 않다는 사실이나 재능 있는 분야에서 일해야 최선의 결과를 낼 수 있다는 사실을 부정하는 것이 아니다. 여기서 요점은 앞으로 살피게 될 성품에서 인테그리티가 없다면 강점을 제대로 활용할 수 없다는 것이다.

판매 부장 릭은 그의 뛰어난 재능을 살려 판매 분야에서 일했다.

그럼에도 그는 인테그리티가 없는 성품 탓에 문제를 일으켰다. 재능이 필요하긴 하지만 성품의 완전함, 즉 인테그리티가 없으면 그 재능을 활용하지 못하거나 활용한다 해도 저조한 성과를 거둘 수밖에 없다. 세계 최고의 건축가라도 인맥이 전혀 없거나 건축 제안을 받지 못하면 기껏해야 쓰레기 수집 용기밖에 설계하지 못할 수 있다.

우리는 재능과 상관없이 '성과를 만들어 내는' 능력이 있어야 한다. 성과를 만들어 내는 성품, '현실의 요구를 충족시키는' 성품, 즉 '인테그리티'가 구체적으로 어떤 모습인지 살펴보자.

성과를 만들어 내는 성품

완전함wholeness이란 무엇인가? 그 정의는 다양해서 내가 내린 정의만 옳다고 할 수 없다.

여기서 나는 성과에 가장 큰 영향을 미치는 성품의 기능적인 측면들을 찾아 자기 성찰과 성장에 도움이 되는 하나의 모델을 제시하고자 한다. 다른 좋은 모델들도 많지만 이 책에서는 성과에 가장 큰 영향을 미치는 성품과 인테그리티의 측면들을 다루고자 한다.

그동안 좋은 성과를 내지 못하는 수많은 리더들을 보았다. 성과 중에는 업무나 인간관계에 관한 성과도 있고 브래드와 릭의 경우처럼 업무와 인간관계 두 가지 측면이 결합된 성과도 있다.

이 책은 성과에 가장 큰 영향을 미치는 성품 요소들을 개별적으로 보는 동시에 서로 연관 지어 통합해 볼 것이다. 성품의 특정 요소들에 초점을 맞추는 동시에 모든 요소들이 맞물려 돌아가는 전체의 모습에도 초점을 맞출 것이다. 개선이 필요한 요소에 집중하다 보면 자연스럽게 전체 요소가 잘 어우러지게 되고 우리가 원하는 성과를 얻을 수 있다. 성과에 가장 큰 영향을 미치는 성품의 요소들은 다음과 같다.

1. 신뢰를 쌓는 능력 : 사람들에게서 신뢰를 얻는다.
2. 진실을 지향하는 능력 : 현실을 직시하고 문제를 해결한다.
3. 성과를 얻고 잘 마무리하는 능력 : 목표를 달성하고 이익을 발생시킨다.
4. 부정적 현실을 인정하고 다루는 능력 : 문제를 해결하고 마무리 짓는다.
5. 성장을 이루는 능력 : 성장을 위해 노력한다.
6. 초월하는 능력 : 더 큰 비전과 더 큰 자아를 향해 나아간다.

이러한 성품 요소들을 제대로 갖춘다면 좋은 흔적은 말할 것도 없이 자연스럽게 따라오게 된다. 노력은 열매를 맺고 주위 사람들은 성장을 이룬다. 반면 이러한 요소들이 불완전하면 업무뿐 아니라 인간관계에도 악영향이 미친다. 그리고 그것은 실패의 흔적으로 고스란히 남는다.

아직까지는 '성품과 인테그리티'의 개념을 정확히 이해하기 힘들 것이다. 하지만 '인테그리티' 혹은 '모든 성품 요소의 통합'이 매우 중요하며 한두 가지 요소가 빠지면 치명적인 문제가 발생한다는 것은 알게 되었으리라 생각한다.

예를 들어, 네 번째 요소인 문제 해결 능력은 뛰어나지만 다섯 번째 요소인 성장 능력이 부족하다고 하자. 이런 경우에는 현상 유지밖에 할 수 없다. 망가진 부분을 고칠 수는 있으나 현재의 강점을 더 다듬거나 새로운 영역으로 나아가지 못하는 것이다.

결국 머지않아 슬럼프를 겪게 되고, 성장을 멈춘 기업이나 조직, 개인은 퇴보를 거듭하다 종말을 맞는다. 현상 유지란 추락의 시작을 의미한다.

신뢰를 쌓고 결속을 다지는 인간관계 능력은 훌륭하지만 진실을 지향하는 능력이 없어 특정 현실을 자각하지 못한다면 어떻겠는가? 다른 사람의 경고를 무시한 채 피해야 할 사람과 섣불리 관계를 맺으려 할 수 있다.

사람이나 상황의 문제점을 파악하지 못하고 그로 인해 의사 결정, 협력, 문제 해결 분야에서 최악의 결과를 초래하고 만다. 이는 흔히 말하는 것처럼 사람을 너무 믿는 게 탈이어서가 아니라 성품의 다른 부분들이 신뢰 능력에 연결되지 못했기 때문에 생기는 일이다.

이외에도 성품의 통합이 부족한 예는 많지만 지금은 그것이 개인과 직장 모두에 악영향을 끼친다는 사실만 짚고 넘어가자. 통합의 반대가 분리이기 때문이다. 성품의 한 요소가 다른 요소들의 도움 없이 작용할 때 반드시 문제가 나타난다.

판단력이나 현실 감각은 없고 사랑만 많은 사람, 창조적이지만 조직 능력은 없는 사람, 진취적이고 모험적이지만 적절한 때를 기다리지 못하는 사람. 이들은 충동적이다. 다른 성품 요소들과 함께 균형을 이루지 않으면 강점은 오히려 약점으로 변한다.

영어에서 '극악무도한, 악마적인'이란 뜻의 'diabolical'은 원래 '분열시키는'이란 뜻이다. 균형과 통합이 없으면 상황은 '극악무도'로 치닫는다. 인테그리티를 소유한 사람은 성품의 모든 요소를 균형 있게 통합한 사람이다.

현실과 이상의 틈

성품의 통합이나 완전함을 이루지 못하는 문제 외에 미성숙이라는 문제도 존재한다. 중요한 성품 요소들이 성숙하지 못한 상태일 때 어떤 일이 벌어질까? 일단 이는 우리가 인간임을 증명하는 것이기도 하다. 마음이 한결 가벼워지지 않는가? 인간이란 진정한 의미의 '완벽'이나 '성숙'에 절대 이를 수 없다.

하지만 우리에게는 언제나 개선의 여지가 있다. 우리가 처한 현실과 우리가 이상으로 삼는 궁극적인 현실 사이에는 틈이 있다. 따라서 자책할 필요는 없다.

6가지 성품 요소를 완벽하게 다듬고 통합하겠다는 꿈을 가지고 노력할 필요는 있다. 우리는 '흠 없는' 인간관계 능력이나 문제 해결 능력 등을 지향해야 한다. 그러나 현실은 다르다. 누구도 완벽에 이를 수 없다. 우리는 미성숙과 이상 사이의 어디쯤에 존재한다. 우리의 현실과 목표 사이에는 틈이 있다. 이런 틈은 성장의 필요성과 기회를 부여한다.

아울러 이 틈은 기능 장애가 나타나는 곳이다. 앞서 말했듯이 성품은 현실의 요구를 충족시키는 능력이다. 따라서 목표를 달성하고 관계를 쌓으려면 현실을 극복할 줄 알아야 한다. 그렇지 않으면 현실과 충돌하여 앞길이 막히거나 상처를 입는다. 미성숙한 성품 측면이 존재하는 경우 다음과 같은 세 가지 상황이 나타난다.

1. 능력에 훨씬 못 미치는 성과에서 더 이상 나아가지 못한다.
2. 장애물 앞에서 무릎을 꿇는다.
3. 엄청난 성공을 거두지만 결국 자기 파멸로 치달아 모든 것을 잃고 만다.

성품이 성장하면 이 세 가지 상황이 발생하지 않거나 발생하더라도 시간이 흐를수록 피해가 줄어든다. 성품에서 인테그리티가 부족하면 현실과 이상 사이의 틈을 메우지 못하는 것 외에 더 큰 문제가 나타난다. 진정한 의미에서 '역기능 상태'에 빠지는 것이다. 역기능 상태에 빠진 가정이나 경영진, 사람에 관한 이야기를 한 번쯤은 들어 봤을 것이다. 여기서 내가 말하는 역기능 상태의 의미를 짚고 넘어가는 게 좋겠다.

역기능 상태란 실수를 저지른다거나 성숙하지 못한 영역이 있다는 '불완전'을 의미하지 않는다. 불완전은 우리가 인간이라는 증거일 뿐이다.

그것은 인간의 힘으로는 어쩔 수 없는 '틈'이다. 불완전은 정상이며 불완전한 부분을 다듬는 일은 흥미롭기까지 하다. 점점 나아지고 성장하는 자신을 보면 자신감이 생긴다.

내가 말하는 역기능 상태는 정상적인 틈보다 훨씬 심각한 상태를 말한다. 불완전한 영역이 존재할 뿐 아니라 그 영역을 활용함으로써 문제를 해결하기는커녕 더 큰 문제를 일으키고 틈을 더 벌어지게 하는 상태를 말하는 것이다.

나서지 않고 가만히 있는 게 팀이나 회사의 성과에 도움이 되는 사람, 갈등을 해결하겠다고 나서서 갈등의 골을 더 깊게 만드는 사람, 문제를 해결하겠다고 해놓고 오히려 새로운 문제를 일으키는 사람, 사과하러 갔다가 변명만 늘어놓거나 오히려 다투고 돌아오는 사람, 도와준답시고 그렇지 않아도 더러운 유리창을 기름투성이 헝겊으로 더 더럽히는 사람. 이들은 가만히 앉아 나서지 않는 게 도와주는 것이다.

이것이 내가 말하는 역기능 상태이다. 성품의 각 요소들이 통합되지 않았을 때 그리고 성품의 각 요소들이 미성숙한 상태일 때 모두 역기능 상태에 빠질 위험이 있다.

더 큰 현실을 마주하라: 인테그리티 성장의 필요성

지금까지 다룬 내용을 정리해 보자. 첫 번째, 일과 인간관계에서 성공을 거두려면 재능 이상이 필요하다. 바로 좋은 성품이 필요하며 이 책에서 말하는 성품은 현실의 요구를 충족시키는 능력이다. 두 번째, 성품에는 여러 요소들이 있다.

이런 성품 요소들은 우리의 재능과 현실이 맞물려 좋거나 나쁜 결과를 만들어 내는 배경이 된다. 세 번째, 우리는 성품의 각 요소들을 갖출 뿐 아니라 그것들의 '통합' 혹은 '인테그리티'를 이루어야 한다.

성품의 모든 능력과 잠재력이 통합된다면 어떻게 될까? 거칠 것이 없다. 앞을 가로막는 장애물이나 약점이 없는 '흠 없는' 상태가 된다. '금속 재료'가 본래 목적을 온전히 달성하는 '구조가 양호한 상태'에 이른다. 어떤 현실의 요구라도 완벽히 충족시키고 열매를 맺는다. 인간관계에 아무리 큰 틈이 벌어져도 해결할 수 있다. 아무리 심각한 사업 문제나 복잡한 상황도 해결할 수 있다. 물론 인간인 이상 완벽은 불가능하지만 시간이 흐를수록 더 큰 능력을 발휘하고 더 큰 열매를 맺을 수 있다.

앞으로 살필 인테그리티의 개념을 대략 이해했으리라 믿는다. 이 제 다음과 같은 세 가지 내용을 살펴보자.

1. 현실과 성공의 본질을 살핀다. 이는 인테그리티를 지닌 성품이 있어야 현실을 다룰 수 있다는 사실을 밝히기 위함이다. 지름길도 없고 잔꾀도 통하지 않는다. 각 상황이 요구하는 능력이 없으면 다른 어떤 방법으로도 성공을 거둘 수 없다. 우리는 개인적 성장 의 필요성을 받아들여야 한다. 성장을 이룰수록 목표에 가까워지 는 반면 성장이 없으면 목표에서 점점 더 멀어진다.

2. 성품의 본질적인 요소들을 이해한다. 스스로 문제를 진단하는 것 은 치료를 향한 첫걸음이다. 진정한 문제가 무엇인지 알아야 해결 방법을 찾을 수 있다. 성품의 6가지 요소를 해부해 보면 자신이 어떤 요소를 주로 개선해야 하는지 알 수 있을 것이다. 자신을 가 로막는 문제점을 정확히 판단하고 인정하면 성장의 길로 들어설 수 있다.

3. 성품의 완전한 통합을 이루고 온전한 인간으로 나아간다. 강한 측면으로 약한 측면을 보완하려 하지 말고 통합으로 약점을 메워 야 한다. 통합을 통해 온전한 상태로 가는 길에는 일보전진 이보 후퇴의 역기능 상태가 나타나지 않는다. 통합은 우리와 관련된 모 든 사람에게 이루 말할 수 없이 큰 성공을 안겨 주며 우리가 가는 곳마다 위대한 흔적을 만들어 낸다.

성품과 인테그리티가 발휘하는 힘

성품이나 인테그리티와 비슷한 의미를 지닌 단어 중에는 '덕virtue'으로 번역되는 히브리어 단어가 있다. 그리고 이 단어의 기원을 거슬러 올라가면 '힘'이란 뜻이 포함되어 있다. 덕은 힘이며 힘은 언제나 결과를 낳는다. 예컨대 태풍이 도시를 휩쓸고 지나가면 그 위력이 흔적으로 남는다. 바람이 물이나 나무를 스쳐 지날 때에도 힘은 흔적을 남긴다.

마찬가지로 우리가 삶이나 회사, 조직, 인간관계를 겪어 나갈 때 우리의 성품은 힘을 발휘한다. 문제는 어떤 종류의 힘인가이다. 좋은 성과를 낳는 힘인가? 이 힘을 목표나 일에 쏟으면 열매를 맺을 수 있는가? 이 힘을 관계에 쏟으면 좋은 결과가 나타나는가? 그것은 우리에게 달렸다.

현명한 투자자라면 사업의 본질은 모르더라도 본능적으로 인테그리티를 지닌 성품이 있는 곳에 막대한 자금을 투자한다. 우리는 그런 투자를 받을 만한 사람이 되어야 한다.

이제 본격적으로 신뢰를 형성하고, 진실을 보며, 성과를 만들고, 문제를 해결하며, 성장을 견인하고, 초월적 의미를 발견하는 인테그리티를 지닌 성품의 6가지 요소를 자세히 살펴보자.

2부
소통과 신뢰

INTEGRITY

MII The courage to meet the demands of reality

4장

상대방의
마음을 만나라

의료 업계의 내로라하는 두 회사의 합병식에 초대되어 참석한 적이 있었다. 그 자리에서 이사회는 두 회사를 하나로 이끌 새로운 리더를 선보일 예정이었다.

합병하는 두 회사 중 한 곳의 리더는 마케팅과 브랜딩에 강한 혁신가 스타일이었고 조직에 비전을 제시하는 것이 그의 큰 강점이었다. 또한 그가 제품이나 서비스를 포지셔닝하면 삶은 계란조차 완전히 새로운 발명품으로 보일 정도였다. 그가 손을 댄 사업마다 엄청난 성장률을 기록했다. 이 때문에 많은 사람들이 그를 새로운 회사의 리더로 점찍어 놓고 있었다.

다른 회사의 리더는 전문 분야가 전혀 달랐다. 그는 기업 운영과 계량 분석에 탁월했으며 위기에 처한 여러 사업을 본궤도로 돌려놓았다. 낙관론과 뛰어난 문제 해결 능력으로 무장한 그는 어떤 장애물 앞에서도 굴복하지 않고 끝내 그 난관을 뚫고 헤쳐 나갔다. 그의 사전에 극복하지 못할 문제는 없었으며 그에게는 상황에 맞서는 남다른 용기가 있었다.

당시 의료 업계는 관리의료보험과 민간의료보험이 대세로 등장하면서 거대한 변화를 겪고 있었다. 포괄수가제, 제3자보험의 부재, 몇 년 전에 비해 절반으로 떨어진 의료비 환급, 대체 누가 고객인지 알 수 없을 정도로 복잡한 계약 관계 등 급격한 환경 변화로 인해 의료 업계에서 수익을 내기란 하늘의 별 따기였다. 특히 병원이 환경에 맞는 전략, 인프라, 서비스, 제품, 인력을 갖춰 놓으면 어느새 상황이 바뀌어 버렸기 때문에 여간 골치 아픈 일이 아니었다.

결국 이사회는 분석의 귀재인 혁신가 스타일의 리더를 선택했다. 복잡한 환경을 뚫고 나가려면 남다른 지력이 필요하다고 판단한 것이다. 실제로 그는 뛰어난 인재였다.

그 합병식은 두 회사의 고위 경영진이 팀을 이룬 후 처음 만나는 자리였다. 신임 사장의 연설 시간도 배정되어 있었다. 새로운 리더가 두 회사 직원들이 하나가 되었음을 선포하고 비전을 제시하며 새로운 회사의 방향을 정하는 가슴 벅찬 날이었다. 세상을 이끌 하나의 군대로 뭉치는 날이니만큼 현장의 열기는 매우 뜨거웠다.

신임 사장이 연설을 통해 업계의 현 상황을 분석하고 변화 속에서 나타난 기회들을 꼬집어 내는 모습에서 그의 능력은 더욱 빛을 발하는 것 같았다. 그는 새로 탄생한 회사의 자원과 인재를 활용해 현재의 부정적인 수치를 충분히 긍정적인 수치로 바꿀 수 있다고 주장하며 포부를 밝혔다. 기존 시각과는 차원이 다른 그의 의견을 듣노라니 의료 업계의 어두운 현실이 더 이상 느껴지지 않았고 현 상황에서도 회사를 잘 꾸려 나갈 방안이 눈에 들어오는 듯했다.

이윽고 신임 사장의 연설이 끝나고 질의응답 시간이 시작됐다. 첫 질문자는 한 여성 직원이었다.

"사장님이 말씀하신 전략적 방향을 들어 보니 저희 부서와 팀원들에게 어떤 일이 벌어질지 꽤 걱정이 됩니다. 지난 몇 년간 대대적인 구조조정을 통해 저는 전국 지사에서 또는 경쟁 회사에서 인력을 스카우트해 최소한 향후 2년간의 방향을 정하고 대규모 예산도 세웠습니다. 그런데 오늘 말씀을 들어 보니 두 회사가 이런 방향으로 나가면 저희 부서가 걸어온 행로에 어떤 영향이 미칠지 걱정스럽습니다. 그러니까 대변혁의 조짐이 감지되는군요."

그녀의 목소리에서 불안감이 느껴졌고 특히 팀원들에 관해 이야기할 때는 눈빛에 근심이 가득했다. 그녀는 노련한 팀장인 동시에 사람들을 아끼는 코치이자 지도자이며 커리어 관리자였다. 그만큼 사람을 사업의 핵심 요소라고 생각하고 있었다. 그곳에 있던 다른 많은 관리자들 역시 기업 합병으로 인해 누구를 해고하고 누구를 이전 배치해야 할지에 대해 고민하며 직원들의 얼굴을 떠올리고 있었다. 그 질문은 경영자에게는 긴급한 문제였다. 신임 사장이 입을 열었다.

"그것은 기우일 뿐입니다. 합병 전략에 따른 세부 계획이 다 마련되어 있으니 전혀 걱정할 필요가 없습니다."

그러고 나서 그는 자신의 말을 뒷받침하는 수치들을 나열했다.

"우리는 앞으로 할 일이 정말 많습니다. 그 부서에서 내보낼 사람은 없을 겁니다. 걱정하지 마십시오. 그런 일은 없습니다. 거기 벽 옆에 계신 분, 뭐가 궁금하십니까?"

합병식장 안의 모든 시선이 다음 질문자에게로 쏠렸지만 나는 첫 번째 질문자에게 시선을 고정했다. 그녀의 눈에는 이미 생기가 사라져 있었다.

'신임 사장은 저 직원의 의도를 완전히 곡해했어.'

사장이 말한 숫자나 새로운 제품군 따위는 그녀에게 전혀 중요하지 않았다. 신임 사장은 그녀의 입장을 전혀 이해하지 못했다. 다른 직업을 버리고 먼 곳에서 가족과 함께 이사를 와 그녀에게 미래를 맡긴 수많은 사람들, 불안감에 빠진 이들로부터 쏟아질 수많은 이메일과 전화 등 신임 사장은 그녀의 그런 고충을 전혀 알려고 하지 않았다. 성의 없는 답변으로는 타는 심정을 가라앉힐 수 없었다. 그녀뿐 아니라 모임 장소 안의 대다수가 신임 사장의 태도를 못마땅하게 여기는 눈치였다.

다음 질문은 전략 자체에 관한 것이었다.

"기존의 인력을 관리의료보험 영업 인력으로 흡수할 수 있다고 말씀하셨는데 과연 그게 가능할지 의심스럽습니다. 제 경험상 의사들을 방문하는 팀은 계약체결 팀과는 배경이나 강점이 사뭇 다릅니다. 서로 다른 이 두 문화를 어떻게 하나로 통합할지 걱정입니다. 일부 영업사원들은 대형 의료 업체들을 제대로 상대하지 못할 겁니다. 큰 문제가 발생할 수도 있어요."

질문이 끝나자 방 안의 다른 사람들이 공감한다는 듯이 고개를 끄덕이고 서로 수군댔다. 신임 사장은 조금도 망설이지 않았다.

"전혀 걱정할 필요가 없습니다. 새 제품군은 영업사원들의 배경에 상관없이 알아서 잘 팔릴 겁니다. 따라서 새로운 영업사원들도 금세 적응하고 좋은 실적을 낼 거예요."

이번에도 나는 질문자를 바라보았다. 그에게서 조롱하는 눈빛까지 느껴졌다. 얼굴 표정도 '내가 잘못 이해했나?'가 아니라 '우리 영업 인력에 아무런 문제가 없을 거라고? 제정신으로 하는 말인가?'에 가까웠다. 그가 볼 때 이 문제는 결코 그렇게 간단히 넘어갈 문제가 아니었다. 식장 안은 조금 전보다 훨씬 더 조용해졌다.

"더 질문 있습니까?"

사장의 말에 또 다른 사람이 손을 들었다.

"복리후생은 어떻게 되는 겁니까? 두 회사의 복리후생 시스템은 차이점이 꽤 많습니다. 제가 알기로 저희 그룹의 높은 사기는 주로 안정성에서 비롯되었습니다. 이 시스템을 다른 그룹에 확대 적용할 계획입니까? 아니면 저희가 그쪽에 맞춰야 할까요? 아무래도 복리후생 시스템을 적잖이 뜯어고쳐야 할 것 같은데요."

"다 잘 풀릴 겁니다. 전체 방향을 알면 다들 열정으로 넘칠 겁니다. 이전 시스템이 어떠했든지 간에 새로운 가능성 앞에서 다른 생각을 할 틈은 없을 겁니다. 다들 희망에 부풀 거예요."

사장은 그렇게 장담했다. 사장이 생각하지 못한 것은 새로운 가능성을 이루기까지 직원들이 겪어야 할 고충이었다. 반면에 질문자는 새로운 복리후생 시스템이 자리를 잡기까지 발생할지 모르는 의료보험 문제를 걱정했다.

식장 안에서 열기가 빠져나가는 것을 느낄 수 있었다. 물론 사람들은 여전히 사장의 말에 귀를 기울였지만 분위기는 처음과 전혀 달라졌다. 심각한 분위기는 아니었지만 열정은 온데간데없었고 사람들의 표정에는 의욕이 사라진 듯 보였다. 그곳에는 그들의 몸만 있을 뿐 마음은 이미 떠나고 없었다.

사장은 몇 가지 질문을 더 받고 한두 가지 사업에 관해 이야기한 다음 합병식을 마무리했다. 나는 그와 함께 식장을 빠져나왔다. 밖으로 나오자마자 그는 득의양양한 표정으로 나를 바라보았다.

"훌륭하지 않았습니까? 모든 게 순조롭게 잘 진행됐어요."

그의 온몸에서 열정이 뿜어져 나왔다. 하지만 나는 딱 잘라 말했다.

"전혀 그렇지 않았습니다. 제가 본 모임 중 최악이었습니다. 사장님은 인심을 완전히 잃었어요. 사람들의 우려를 전혀 이해하지 못하더군요. 그저 그들의 걱정이 왜 기우에 불과한지 그 이유만 내세우고 그들의 경험과 두려움을 완전히 무시했습니다. 잘 들으세요. 사장님은 그들의 마음을 완전히 잃었어요. 그 마음을 되돌리려면 꽤 힘들 겁니다. 오늘 모임은 정말 답답했습니다."

너무 심하게 말한 것 같아 미안한 마음이 들기는 했지만 그것은 분명한 사실이었다. 사장의 얼굴에는 당혹스러움이 가득했다.

"아닙니다. 저는 그렇게 행동하지 않았습니다."

"보세요. 사장님은 지금도 그런 태도입니다. 제게 말이에요. 제 말을 무시하고 전혀 귀담아듣지 않고 있습니다. 사람들이 자기 경험을 이야기해도 사장님은 공감하지 못하고 있습니다. 그것이 바로 당신의 문제입니다."

나는 계속해서 그가 어떻게 행동했는지 설명했지만 그는 결국 내 말뜻을 이해하지 못했다. 도대체 이유가 무엇인가? 그의 재능이나 능력이 모자라서가 아니다. 결국 그는 1년을 버티지 못하고 사퇴했다.

이 이야기의 요점은 이렇다. 신임 사장은 좋은 사람이고 다정한 사람이었다. 경영진뿐 아니라 얼굴도 모르는 직원과 그 가족을 위해서라면 달리는 기차에 자기 몸이라도 던질 사람이었다. 비서의 생일에는 선물과 케이크를 준비하고 화려한 풍선으로 사무실을 꾸며 축하해주었다. 한마디로 그는 사람들을 기분 좋게 만드는 사람이었다.

그러나 그는 좋은 사람이지만 그의 성품은 부분적이고 완전하지 못했다. 그는 직원들을 사랑했지만 그들의 실제 고민, 감정, 현실에 동참하지는 못했다. 배려할 줄은 알았으나 사람들의 뜻을 헤아리기는커녕 때로는 완전히 오해했다. 친절하고 분위기를 띄울 줄도 알았지만 그들의 마음에 귀를 기울이지 못했다.

합병식 때도 그랬고 이후에도 변함이 없었다. 사람들은 그가 자신들이 처한 현실 속으로 들어오는 느낌을 받지 못했다. 그래서 그는 지위를 통한 관심은 받았을지언정 직원들의 마음을 얻지는 못했다. 이는 팀원들을 걱정했던 질문자의 경우처럼 감정의 문제일 뿐 아니라 실제 사업과 전략적 현실의 문제이기도 했다. 그는 사실을 귀담아들었지만 사람들과 다른 현실 속에 있었기 때문에 사람들은 그가 전혀 귀를 기울이고 있지 않다고 생각했다.

식장 안의 질의응답 시간으로 돌아가 그가 무엇을 잘못했는지 구체적으로 살펴보자. 첫 번째 질문자가 자기가 끌어들인 사람들과 그들에게 2년 동안 쏟아부은 노력을 이야기했을 때 사장은 그녀가 처한 현실 속으로 들어가는 게 옳았다. 그 현실을 알고자 하는 마음, 곧 공감이 있어야 했다. 그 현실이 잘못됐다고 따지기보다는 그 속으로 몸을 던져야 했다. 이를테면 다음과 같이 답변했다면 좋았을 것이다.

"그래요? 당신과 팀원들이 이 일을 위해 많은 것을 쏟아부었군요. 이 방향으로 나아간 지는 얼마나 되었습니까?"

"그래요? 얼마나 많은 사람들이 이곳으로 옮겨 왔습니까? 당신이 그들을 설득하는 것도 힘들었겠지만 그들 역시 적을 옮기는 것을 결정하기가 쉽지 않았겠군요. 어떤 식으로 진행됐습니까? 구조조정은 혼란스러웠습니까?"

"입장을 바꿔 놓고 생각해 보니 걱정스러운 마음이 충분히 이해가 갑니다. 그들의 걱정도 이만저만이 아니겠군요. 그들이 당신에게 뭐라고 하던가요? 그 많은 변화를 겪고 또다시 큰 변화를 겪어야 하니 꽤 혼란스럽겠군요. 떠나겠다는 사람이 있습니까?"

"앞으로 불안감으로 걱정하는 팀원들을 상대하느라 힘드시겠군요. 그들을 걱정하는 마음이 참으로 아름답습니다."

"걱정하실 만합니다. 사실 저도 그렇답니다. 일단 제 생각을 말씀드리죠. 그러고 나서 거기에 대한 당신의 의견을 제시해 주세요. 제 방법이 도움이 될지 아니면 좀 더 얘기가 필요할지 말씀해 주세요."

다른 분위기가 느껴지는가? 사장이 현실을 이해하려는 자세를 보여 주었다면 질문자뿐 아니라 참석자들 모두 일체감을 느꼈을 것이다. 그가 현실을 함께하고 있다고 생각하며 사람들은 기꺼이 마음을 주었을 것이다. 마음을 얻는 데는 교묘한 기술이 필요하지 않다. 진정한 관심으로 상대방의 현실을 껴안을 때 서로가 서로의 마음을 얻는 것이다.

중요한 점을 하나 짚고 넘어가자. 사장이 애초의 결정을 굳이 바꿀 필요는 없다. 그의 말대로 이전에 추진하던 일을 다 접고 새로운 기회를 좇는 것이 모두에게 유익할 수도 있다. 직원들의 걱정을 헤아려 내린 결정이라면 굳이 수정할 필요가 없다. 결국 그는 최종 의사결정자가 아닌가?

다른 사람을 배려했다고 해서 꼭 그의 의견에 동의해야 하는 것은 아니다. 그러나 사람들을 최종 결정에 동참시키고 신뢰를 이끌어 내려면 그들의 현실을 헤아리는 단계부터 출발해야 한다.

피닉스에 있는 아이들을 디즈니 월드로 데려가려면 일단 아이들을 차에 태워야 한다. 그런데 사람들은 신뢰하지 않는 사람의 차에는 타지 않는다. 그리고 그들은 자신들이 처한 현실을 듣고 이해하고 공감해 주는 사람을 신뢰한다. 소통의 능력과 신뢰가 서로 떼려야 뗄 수 없는 이유가 여기에 있다.

좋은 사람으로는 부족하다

결국 신뢰는 마음의 문제이다. 상대방의 마음, 곧 신뢰를 얻으면 열정도 얻을 수 있다. 마음과 열정은 하나로 연결되어 있다. 마음이 없으면 열정도 없다. 리더의 말에 따르도록 만들기는 하지만 최선의 노력까지 이끌어 내지 못하는 것은 마음을 얻지 못한 탓이다. 아이가 당장은 부모에게 순종하지만 스스로 노력하지 않는 경우도 마찬가지이다. 이러한 리더와 부모는 상대방에게 의지를 강요하고 있을 뿐이다.

훌륭한 리더는 먼저 상대방을 이해함으로써 의지와 진정한 열정을 끌어낸다. "정신 차려! '그런 녀석들'과 그만 어울려!"라고 다그치는 부모와 아이가 '그런 녀석들'과 어울려 무엇을 얻는지 이해하고자 노력하는 부모의 차이가 여기에 있다. 부모는 헤아리지 못하는데 '그런 녀석들'은 헤아릴 수 있는 아이의 마음은 어떤 부분인가? 이 부분을 찾아야 부모는 아이의 억지 순종을 자발적 '의지'로 바꿀 수 있다.

'의지ᵥᵢₗₗ'는 흥미로운 단어이다. 우리는 보통 이 단어를 '선택'과 결부시킨다. "할 거니ᵥᵢₗₗ yₒᵤ dₒ sₒₘₑₜₕᵢₙg?"라는 질문은 하기로 선택할 것이냐는 물음이다. 이 단어의 그리스어 어원에는 '욕구'나 '기쁨'의 뜻도 있다. 다시 말해, '할 것이다'는 '하고 싶다'는 뜻이다. 정말 좋아하는 것을 '의지력'으로 끊으려고 노력해 본 사람이라면 결국 무엇이 이기는지 잘 안다. 의지력으로 선택하려는 노력은 마음의 진정한 욕구를 당해 낼 수 없다. 진정한 욕구 안에는 열정이 있다. 건강해지고 싶은 욕구가 생기지 않으면 다이어트에 성공할 수 없다. 마음은 언제나 의지력보다 강하다.

자신의 마음과 통하지 않는 사람을 따라 험난한 변화의 길을 갈 사람이 앞에서 언급한 그 식장 안에 얼마나 있었을까? 새로운 기회를 위해 기꺼이 희생하겠다는 '욕구'가 얼마나 있었을까? 별로 없었을 것이다. 사람들은 겉으로는 의무를 잘 이행하는 것처럼 행동했지만 진심으로 사장을 따르지는 않았다.

부부 관계의 경우, 배우자가 자기 현실이나 기분을 이해하지 못하는 상대방에게 얼마나 마음을 줄 수 있을까? 시간이 흐를수록 마음은 점점 떠난다. 사랑은 식고 결혼 서약에서 맹세했던 열정은 점점 퇴색한다. 나중에 다시 살펴보겠지만 단순한 감정을 넘어 가치관과 약속에 따라 살겠다는 욕구가 사라지면 부부 사이는 심각한 위험에 빠지고 만다. 하지만 상대방에게서 이해와 배려를 느낀다면 상황은 달라진다.

기업 합병, 자녀 양육, 행복한 결혼생활 같은 큰 문제뿐 아니라 작은 문제에서도 마찬가지이다. 누구나 경험했음 직한 상황을 예로 들어 보자. 언젠가 유명한 식당에 들러 수프를 주문했는데 미지근한 수프가 나왔다. 나는 수프라면 가리지 않고 좋아하지만 차가운 수프는 질색이다. 당장 웨이터를 불렀다.

"수프가 너무 식었군요."

"저런, 죄송합니다. 여기까지 오셔서 차가운 수프만 드시고 가실 수는 없죠. 금방 다시 가져다 드리겠습니다."

웨이터가 내 뜻을 정확히 헤아렸기 때문에 기분이 좋아졌다. 나는 당장 그곳을 단골로 삼기로 마음을 먹었다. 새 수프가 오기도 전에 웨이터가 내 편임을 느꼈다. 새 수프를 내놓지 못할 상황일 때도 상대방이 내 입장을 배려하고 있다고 느끼면 이해하고 넘어갈 수 있다.

"아, 정말 차가운 수프를 드렸군요. 일부러 그런 건 아닙니다. 하지만 방금 기계가 고장이 나서 당장 데울 수는 없거든요. 대단히 죄송합니다. 대신 다른 거라도 드릴까요?"

실망스럽기는 하지만 그래도 이런 식당이라면 다시 찾을 만하다. 내 현실을 이해하는 식당이기 때문이다. 하지만 웨이터가 이런 식으로 말했다면?

"제가 보기엔 괜찮은데요. 식었을 리가 없어요. 방금 전에 제가 맛을 봤거든요. 하지만 마음에 드시지 않는다면 어쩔 수 없지요. 다른 걸 갖다 드리도록 하겠습니다."

이 상황에는 소통이 없다. 상대의 마음을 느낄 수 없다. 어떤 웨이터에게 더 많은 팁이 돌아갈까? 두 번째 웨이터 역시 앞에서 예를 든 신임 사장처럼 '좋은' 사람일지 모른다. 하지만 그는 상대의 마음을 헤아리지 않았다. 헤아림을 느낀 고객은 단순히 다시 찾아올 뿐 아니라 기꺼운 마음으로 찾아온다.

'좋은 인간성'만으로는 부족하다. 리더십이나 성공 관련 서적들은 상대에게 진실함으로 잘 대하라는 말을 되풀이한다. 이런 주제로 실제 연구도 이루어지고 있다. 그 결과 비열하고 적대적인 리더나 상사는 훌륭한 팀워크를 이루어 내지 못한다는 사실이 드러났다. 하지만 뻔한 결과를 놓고 왜 이런 연구를 벌이는지 모르겠다.

그보다는 겉보기에 '좋은' 사람이 성공하지 못하는 원인을 파헤쳐야 한다. 왜 '좋은 부부'가 이혼을 하는가? 왜 '사랑이 넘치는 부모'의 자녀가 탈선과 반문화의 길로 들어서는가? 정말 '좋은 리더'가 사람들의 마음을 사로잡지 못하는 이유는 무엇인가? 인간 행동에 관해서는 '좋은' 태도만으로는 충분하지 않기 때문이다. 우리는 상대방의 마음과 접속되어야 한다. 이것이 성품의 한 측면이다.

소통: 상대방의 마음으로 들어가기

성품 요소의 기본은 '상대방의 삶 속으로 들어가는 것'이다. 소통은 상대방과 담을 쌓는 '분리'의 정반대 개념이다. 내향적이거나 외향적이라는 성격과는 다르다. 매우 내향적이고 친절한 사람이 깊은 유대관계를 쌓지 못할 수도 있고 외향적인 사람이 화려한 말솜씨로 상대방을 철저히 따돌릴 수도 있다.

분리는 장벽을 넘어 상대방의 세계로 들어가지 않는 것이다. 상대방을 알고 이해하며 관심을 가지려는 욕구와 호기심이 없는 것이다. 불행히도 내면에 사랑과 친절을 품고 있는 많은 사람들이 이런 식으로 분리되어 있다. 당연히 이들과의 인간관계는 삐거덕거리게 되어 있다. 진정으로 상대가 나를 이해하려는 모습이 보이면 자연스럽게 신뢰가 싹튼다. 최근 한 회사의 사장에게 '분리와 접속' 개념을 이야기했더니 그는 매우 공감하며 직접 겪었던 일을 들려주었다.

그는 본사의 명령으로 회사 인력의 일부를 해고해야 했다. 해고하는 사람이나 당하는 사람 모두에게 뼈아픈 조치였다. 경영진은 이 문제를 토론하고 계획을 내놓았으며 해고 통보는 대부분 부서장들이 담당했다. 하지만 마음이 아팠던 사장은 어떻게든 직원들의 마음을 달래 주고 싶었다. 이는 말할 것도 없이 좋은 마음에서 나온 생각이었다. 한 모임에서 해고 대상 중 한 명에게 안타까운 마음을 전했다. 그의 아픈 마음을 잘 알고 자신도 마음이 아프며 그의 미래가 잘 풀리기를 바란다고 말했다. 그는 상대방이 자기의 뜻을 알기를 바랐다. 그런데 전혀 뜻밖의 대답이 돌아왔다.

"충분히 이해합니다. 사업을 하다 보면 원치 않는 해고도 필요한 법이지요. 사업을 위한 결정이라면 개인적으로 불만은 없습니다. 제가 힘들긴 하겠지만 해고도 사업의 한 부분이 아닙니까? 제가 개인적으로 상처를 입은 부분은 따로 있습니다. 저는 꽤 오랫동안 로비에서 일했습니다. 그래서 사장님을 자주 뵈었죠. 그런데 사장님은 늘 저에게 그냥 고개만 끄덕이거나 '안녕하세요'라고만 하셨죠. 이렇게 길게 말씀하신 건 이번이 처음입니다. 평소에 사장님은 저의 존재조차 인정하지 않으셨죠. 해고된다는 사실보다 그것이 더 마음이 아픕니다."

이 말에 사장은 깜짝 놀랐다. 그는 전혀 생각지 않았던 부분이라 적잖이 충격을 받았으며 다시는 그러한 실수를 하고 싶지 않다고 했다. 사장은 시끌벅적한 일터의 한복판에서 분리되어 있었다.

기본적으로 마음의 접속은 상대방의 삶 속으로 들어가는 것을 말한다. 마음의 접속은 아이가 세상에 태어나고 어머니가 그 아이의 존재 속으로 들어가면서부터 시작되는 것과 같다. 자신이 중요하다는 것을 아이가 느끼고 알면 소통이 이루어진다. 마음의 접속 과정은 유년기 내내 계속되며 깊은 이해 속에서 자란 아이는 쉽게 흔들리지 않고 삶을 헤쳐 나갈 줄 안다. 이는 수많은 연구를 통해 밝혀진 내용이다. 하지만 우리는 마음의 접속이 유년기뿐 아니라 인생 전체에서 중요하게 작용한다는 사실을 잊고 산다.

일, 결혼, 양육, 우정, 비즈니스 등 어떤 분야에서든 진정한 마음의 소통은 한 사람이 다른 사람에게 진정한 관심을 쏟을 때 이루어진다. 진심을 느끼면 상대방도 진심으로 화답한다. 진정한 소통이 이루어지려면 한동안 상대방에게 눈을 돌려 그를 알고 경험하며 존중해 주는 마음이 필요하다. 진정한 소통은 상대방이 그것을 느낄 수 있어야 한다.

공감: 진심 어린 의사소통

어떻게 해야 상대방의 마음을 얻고 일과 사람이라는 두 마리 토끼를 다 잡을 수 있을까? 이제 몇 가지 소통의 조건을 살펴보자.

앞서 소개한 신임 사장에게 부족한 것은 무엇이었을까? 바로 '공감'이다. 공감은 '다른 사람의 경험 속으로 들어가는 능력'이다. 상대방의 상황을 실제로 경험하는 수준에 이르러야 한다. 잠시 동안이라도 상대방의 입장이 되는 것이다. '공감empathy'이라는 단어는 '안in'과 '감정feeling'을 뜻하는 그리스어에서 비롯했다. 즉, 공감은 상대방의 '감정 안에' 있는 것이다.

신임 사장에게 부족한 것은 바로 공감이었다. 그는 자신이 사람들의 감정, 상황, 입장 안에 있다는 느낌을 전달하지 못했다. 함께 있다는 확신을 주지 못하는 사람은 무슨 말을 해도 신빙성이 없다. 사장이 사람들의 감정 안에 들어가 현실을 이해한다는 확신을 주었다면 사람들은 그가 내놓은 해결책을 받아들였을 것이다. 해결책이 아무리 훌륭하더라도 공감을 먼저 보였어야 했다. 그러면 나중에 "그것 봐, 내가 뭐랬어?"라고 말할 때가 왔을 것이다. 물론 공감을 제대로 아는 사람이라면 그런 말을 하지도 않겠지만. 사람들은 옳은 답보다 이해와 연결에 가장 높은 가치를 둔다.

공감에는 몇 가지 요소들이 필요하다. 첫 번째, 감정 능력이 있어야 한다. 자신의 감정에서조차 분리된 사람은 남의 감정을 느낄 여력이 없다. 공감할 줄 안다는 것은 '분리'를 극복했다는 뜻이다. 무엇보다도 자신의 감정으로부터 분리되지 않았다는 것이며 이는 가짜 감정에 빠진 상태인 감상적인 것과는 다르다. 공감은 자신의 진짜 감정을 정확히 아는 것이다. 자신의 감정을 모르는 사람은 남과 제대로 공감할 수 없다.

두 번째, 경계선을 인식해야 한다. 남의 감정을 이해할 때는 그것이 내 감정이 아닌 남의 감정임을 분명히 알아야 한다. 경계는 우리가 남과 별개의 존재라는 사실을 깨닫게 해주는 요소이다. 상대방의 감정에 빠져 자신을 망각하는 것은 별로 도움이 되지 않는다. 자식의 경험을 내 경험인 양 착각하는 부모는 지원자 역할도 엄한 부모 역할도 할 수 없다. "너보다 내가 더 마음이 아파"라는 태도로 일관하면 아이를 바로잡을 수 없다. 이러한 태도로는 아이의 문제를 해결할 수 없으며 결국 분리되고 만다. 자식이 겪는 상실감, 두려움, 행동 문제는 어디까지나 자식의 문제이다. 부모가 자식의 삶을 대신 살아 줄 수도 고통을 없애 줄 수도 없음을 인식해야 한다.

경계의 벽이 너무 높은 것도 문제이다. 벽을 넘어 공감하지 못하면 연결은 사라진다. 따라서 균형이 필요하다. 공감하는 사람은 상대방을 위로하면서도 그것이 어디까지나 상대방의 경험임을 망각하지 않는다. 이러한 사람은 상대방이 현재의 경험에서 전혀 다른 경험으로 넘어가도록 희망의 다리를 만들어 준다.

세 번째, 공감의 필수조건은 경청하는 능력이다. 단순히 듣는 것이 아니라 이해한다는 신호를 보내야 한다. 겉으로는 듣는 것 같지만 진심으로 이해하는 모습을 보이지 않으면 그것은 공감이 아니다. 거기에는 연결이 없다.

신임 사장도 분명 듣기는 들었다. 그에게 각 질문의 내용을 다시 물어보면 아마 어느 정도는 기억을 해낼 것이다. 첫 질문자는 직원들의 거취 그리고 그들과 함께 여태껏 추진해 온 방향이 바뀌는 데 대한 우려를 표명했다. 두 번째 질문자는 두 부류의 영업 인력과 각 잠재 고객들 사이의 마찰을 걱정했다. 세 번째 질문자는 복리후생과 안정성에 관해 질문했다. 신임 사장은 아마 이 정도는 읊을 수 있을 것이다. 하지만 귀로 듣고 내용을 숙지했다고 해서 꼭 경청한 것은 아니다. 그는 공감하지 않았다.

우리가 진심으로 듣고 이해했다면, 우리가 이해했다는 사실을 상대방이 알 수 있어야 한다.

그러려면 자신의 경험에서 빠져나와 상대방의 경험 속으로 들어

가는 마음의 접속이 이루어져야 한다. 이는 자아가 분리되어 있거나 자기 중심적이지 않을 때 가능하다. 진정으로 틈을 건너야 한다. 현대 신학자 마틴 부버Martin Buber의 말을 빌리자면 "너와 나I-Thou"의 관계를 이루어야 한다. 상대방을 "물건it"이 아닌 "사람Thou"으로 여겨야 한다. 상대방을 우리가 경험하고 연결될 수 있는 진짜 사람으로 여겨야 한다. 이러한 연결은 반드시 겉으로 표출되기 때문에 상대방도 직접적으로 느낄 수밖에 없다.

"이번 합병이 여러분 모두의 삶에 매우 버거운 짐이 된 것 같군요. 현 상황을 이해하고 함께 헤쳐 나갈 방향을 모색하고 싶습니다."

신임 사장이 이런 식으로 질의응답 시간을 시작했다면 식장에 열기가 가득했을 게 분명하다. 각자가 서로의 경험과 변화에 관한 입장을 나누면서 팀이 진정한 하나로 뭉쳤을 것이다. 서로에 대한 공감이 자라나면서 서로가 서로를 돕는 분위기가 나타났을 것이다. 나는 이런 역학을 수없이 목격했는데 하나같이 멋진 결과로 이어졌다. 그 자리에서는 이런 말들이 오간다.

"제 직속 부하직원들을 위해 뛰어난 인력 재배치 전문가를 고용해 해법을 얻었어요. 당신의 팀을 저 그룹에 합류시키고 당신은 저희 쪽으로 들어오면 됩니다."

"아닙니다. 거기엔 오류가 있습니다. 예전 직장에서 그런 식으로 해봤는데 결과는 실패였어요. 제가 한 방법대로 하면 일이 간단히 풀릴 겁니다."

연합은 공감을 통한 상호 배려에서 나타난다. 이를 위해서는 자신의 경험에서 빠져나와 상대방의 경험과 입장으로 들어간 다음 진심으로 이해했다는 신호를 보냄으로써 연결을 완성해야 한다. 그 과정은 다음과 같다.

상대방이 말한다. → 그의 경험 속으로 들어간다. → 그의 경험을 경청하고 나의 경험도 들려준다. → 상대방이 내 경험 속으로 들어온다. 서로 접속되었음을 인식한다.

이러한 의사소통 과정을 통해 우리는 상대의 말을 경청하고 이해하게 되고 상대방 또한 그러한 노력을 인식하면서 연결이 이루어진다. 연결이 이루어지기 전까지 상대방과 우리의 마음은 하나가 아니다. 연결은 언제나 상대방이 아닌 우리의 열린 마음과 관심에서 출발해야 한다. 최근에 나는 여러 기업의 CEO들을 대상으로 한 리더십 강연에서 이 문제를 꺼냈다. 그날 저녁 강연이 끝난 후 파티 장소에서 만난 한 CEO의 이야기는 무척 인상적이었다.

"저는 북서 태평양 지역에서 제조 업체를 운영하고 있는데 한 회사를 인수하려고 작년 한 해 동안 무척 애를 썼습니다. 전략적으로 우리에게 큰 도움이 될 회사였기 때문에 거래를 성사시키기 위해 심혈을 기울였죠. 하지만 COO(최고 운영 관리자)와 CFO는 결사반대하는 입장이었습니다. 한동안 그랬죠. 처음에는 그들이 무조건 거래를 방해하는 줄 알고 매우 화가 났습니다. 인수를 둘러싼 상황이 나빠졌기 때문에 현재는 거래 성사가 아주 불확실한 상황입니다. 그래서 심지어 다른 문제에서도 그들에게 벽을 느낍니다.

하지만 오늘 '의사소통'에 관한 당신의 강연을 듣고 나서 COO에게 전화를 걸었어요. 이번 출장을 마치고 돌아가면 하루 시간을 내서 합병에 관한 그의 생각을 듣고 싶다고 말했죠. 또 그가 그토록 걱정하는 문제를 내가 제대로 경청하지도 이해하지도 못했노라 고백하면서 당장 그것을 알고 싶다고 말했어요. 잠시 침묵이 흐르다가 COO가 입을 열더군요. '정말이에요?' 떨리는 목소리였습니다. 이윽고 그가 속내를 마구 쏟아 내기 시작했어요. 우리의 관계 속으로 에너지가 돌아오는 걸 느낄 수 있었죠. 그가 다시 예전의 그로 보였습니다. 내가 그토록 좋아하고 아꼈던 사람으로요. 그와 나 사이에 앞으로는 전혀 다른 연결이 나타날 것 같습니다.

다른 사장님들도 이런 경험을 했으면 좋겠습니다. 정말 대단해요. 어서 돌아가서 합병 문제에 관한 COO와 CFO의 생각을 더 듣고 싶습니다. 제가 중요한 문제를 놓치고 있었는지도 모르지요. 아무래도 상관없습니다. 앞으로는 좋아질 겁니다."

그가 고위 경영진들을 억지로 끌고 가지 않고 자기 경험에서 빠져나와 그들과 연결되는 모습을 보니 흐뭇하기 짝이 없었다. 그가 느낀 에너지는 의사소통의 자연스러운 부산물이다. 이 온기는 인생의 모든 열정과 성취욕에 불을 지피는 생명력이다.

반면 앞서 말한 신임 사장과 직원들 사이에는 전혀 에너지가 없었다. 이 제조 업체 사장이 COO에게 전화를 걸기 전과 마찬가지로 그 의료 업체 합병식장 안에는 무미건조하고 침울한 분위기가 흘렀다. 이런 분위기는 말로 설명하기는 어렵지만 바보가 아닌 이상 누구나 느낄 수 있다. 회의실을 빠져나오자마자 동료에게 고개를 돌리며 이렇게 말했던 적은 없는가?

"내 말을 도무지 이해하지 못하더군."

상대방이 내 말을 진심으로 듣지 않았을 때의 기분은 씁쓸하다. 소통하는 성품을 지닌 사람은 아끼는 사람에게 그런 느낌을 주지 않는다.

의사소통과 신뢰를 파괴하는 주범

다른 사람의 현실 속으로 들어가 그것을 인정하고 존중해 주면 의사소통이 이루어진다. 그러면 의사소통을 파괴하는 것은 무엇인가? 그것은 무시이다. 자기 경험만 전부라고 하고 남의 경험을 현실이 아니라며 무시해 버리는 것이다. 신임 사장은 남의 현실이 들어올 공간을 완전히 차단한 채 자기 현실만 주장했다.

"그건 기우일 뿐입니다."

"전혀 걱정할 필요가 없습니다."

"그런 일은 일어나지 않습니다."

"다들 좋아할 겁니다."

이런 말은 그가 느낀 그대로라 하더라도 다른 사람들의 현실을 전혀 고려하지 않은 말이다. 이는 마치 그랜드캐니언을 사이에 두고 악수하려는 것과 다름없다. 아무리 옳은 말이라도 연결하려는 노력이 선행되지 않으면 상대방의 현실을 무시하고 담을 쌓는 것에 지나지 않는다. 그가 로비에서 내게 건넸던 말도 마찬가지이다. 엉망진창이었던 그날 모임에 대한 내 견해를 말하자 신임 사장은 내 생각이나 감정을 곧바로 반박했다.

"그렇지 않아요."

그는 내 경험과 전혀 연결되지 않은 채 내 말을 무시해 버렸다. 자신의 현실 혹은 스스로 옳다고 생각하는 사실이 상대방과 완전히 다를 때는 의사소통이 잘 이루어지지 않는다. 아무리 봐도 옳지 않은 상대방의 '진실'에 공감하는 것은 정신 나간 행동으로 느껴지기 쉽다. 옳지 않다고 생각되는 견해를 인정해 주려니 굴욕적인 느낌마저 든다.

그러나 의사소통은 견해 차이와는 다르다. 물론 견해가 다른 상대방을 설득해야 할 때도 있다. 상대방의 경험을 인정하고 공감한다고 해서 상대방의 의견에 반드시 동의해야 하는 것은 아니다. 의사소통은 단지 상대방의 경험을 하나의 경험으로 인정하고 그의 생각과 감정을 이해한다는 신호를 보내는 것이다. 우리는 상대방의 마음을 헤아리고 배려하며 의견 차이에 상관없이 공감을 표현해야 한다. 의사소통이 우선이다. 의사소통이 되면 상대방에게서 배울 수 있으며 심지어 내 생각이 바뀌기도 한다. 대화를 통해 상대방의 시각을 알고 현실에 대한 자신의 이해 범위를 넓힐 수 있다.

언젠가 한 건설 회사를 컨설팅한 적이 있는데 두 부서 간에 일어난 갈등이 문제였다. 회계 부서는 현장에서 비용 보고서를 제때 보낸 적이 한 번도 없다며 불만이 이만저만이 아니었다. 반대로 현장 인력은 자신들을 문젯거리 취급하는 본사의 태도에 진저리가 났다. 나는 두 부서 사람들을 한데 모아 서로에 대한 불만을 들어 보았다. 그들은 서로 상대의 견해가 틀린 이유에만 신경을 집중했다. 회계 부서 사람들은 보고서가 들어와야 할 시점에 관해서 이야기했고 현장 인력들은 한낱 종잇조각이 공사 완성보다 중요하냐고 따졌다. 의미 없는 공방이 계속되는 가운데 드디어 나는 기회를 발견했다.

나는 회계 부서의 한 여성에게 현장 보고서가 제때 도착해야 하는 날의 일과를 이야기해 보라고 했다. 그녀는 일단 독촉 전화를 건다고 했다. 그러면 전화기 반대편의 경리는 확인 작업에 들어간다. 기다리는 사이에 상사가 들어와 보고서 지연에 대해 화를 내며 다그친다. 사무실에는 긴장감이 흐르고 어느새 다른 일에도 차질이 생긴다. 보고서 문제를 확인하는 사이에 다른 용무로 계속 전화가 온다. 결국 해야 할 일이 산더미처럼 쌓인다. 도미노 현상처럼 상황이 뒤죽박죽되는 사이에 일과가 끝난다.

"결국 보고서를 받으면 늦게까지 남아 타이프를 쳐야 해요. 다음 날 아침 프로젝트 매니저들이 검토 회의를 할 때 보고서가 필요하거든요."

그녀의 목소리가 떨리고 눈에는 이슬이 맺혔다.

"죄송해요. 하지만 집에 늦게 들어가면 딸애와 보낼 시간이 전혀 없어요."

이 정도일 줄은 몰랐다. 현장 팀이 회계 부서의 업무 현실과 그들로 인한 피해를 들으면 공감이 이루어지리라는 것은 예상했지만 그 피해가 세 살배기 딸의 삶에까지 미친 줄은 몰랐다. 현장 팀이 이런 사실을 알고 나자 공감이 열정을 거쳐 변화로 이어졌다. 이는 서로의 의견을 무시한 채 자기 주장만 내세울 때는 나타나지 않았던 현상이다.

회계 부서도 더 이상 현장 팀을 반박만 할 수는 없었다. 하던 일을 멈추고 보고서를 작성해야 하는 현장 팀의 고충을 들으니 그 사정도 이해가 갔던 것이다. 그런 과정을 거치자 결국 두 부서는 하나로 뭉쳤고 서로에게 지장이 되지 않는 시간대를 찾아냈다. 모두에게 만족스러운 결과에 이른 것이다.

의사소통과 신뢰는 두 마음이 하나로 만날 때 나타난다. 반면에 무시는 상대방의 마음을 닫아 버린다. 서로가 연결될 때 인생의 어떤 영역이 변화될까? 사업 영역에서는 거래가 성사되고 판매가 이루어진다. 고용주와 피고용주가 서로를 섬기고 다툼이 사라진다. 계약 관계에서 갈등이 사라지고 법적 공방도 없어진다. 의료사고를 낸 의사가 환자와 가족의 현실을 경청하고 공감하려 노력하면 소송으로까지 가지 않을 수 있다. 마음을 닫았던 배우자가 드디어 상대방의 감정과 경험을 듣고 이해하면 부부 관계가 회복된다. 서로 듣고 들어주는 과정을 통해 마침내 탕아가 집으로 돌아온다. 서로 접속되면 독립하지 못하고 여전히 집에 얹혀사는 '어른 아이'의 문제도 해결된다. 한마디로 서로의 현실과 경험을 듣고 연결되면 도움이 되지 않는 인생 영역이 없다.

상대방의 경험을 무시하는 사람들은 대개 그런 행동이 파괴적이라는 사실을 인식하지 못한다. 오히려 도움이 된다고 생각하는 경우도 많다. 바로 신임 사장이 그랬다. 그가 내게 했던 말에서 드러나듯 그는 자신의 방향이 모든 사람에게 유익하다고 생각했다. 그는 "그건 기우일 뿐입니다"라는 말로 사람들의 걱정을 일소할 수 있으리라 착각했다. 오히려 근심을 키웠다는 것을 알지 못한 채 말이다.

일반적으로 사람들은 상대방이 "나는 완전히 실패자야"라고 좌절할 때 "그런 말 하지 마! 사실은 그렇게 생각하지도 않잖아!"라는 말로 위로하지만 이러한 부정적인 말은 오히려 절망을 증폭시킨다. 그 이유는 상대방에게 이제 하나가 아닌 두 가지 문제가 생겼기 때문이다. 애초에 실패자라는 절망감에 빠진 데다가 자신을 이해해 주는 사람조차 없다는 새로운 문제가 더해진 것이다. 남의 기분을 헤아리지 못한 말로 위로하려는 시도는 사실상 아무런 도움이 되지 않는다. 수많은 연구 결과에 따르면 굳이 답을 제시하지 않더라도 공감만으로 상대방을 절망에서 빼낼 수 있다고 한다.

감정을 무시당한 경험은 여러 내적 장애의 근본 원인이 되고 학습성과 저하는 물론이고 정신질환까지 일으킨다는 연구 결과가 있다. 그러한 경험이 거의 모든 정신적, 육체적 장애의 한 요소가 될 수 있다는 것이다.

"그만 울어! 안 그러면 때려 줄 거야!"

이렇게 윽박지르면 잠시 아이를 잠잠하게 만들 수는 있지만 아이를 자신의 감정과 내적 심리 상태로부터 분리시켜 버린다. 그 결과 아이는 여러 가지 감정적, 육체적, 관계적 장애로 인해 제 기능을 수행하지 못한다. 이런 장애의 진짜 이유는 수행 능력을 배우기 위한 기본 관계가 무너진 데 있다. 부모나 보호자로부터 분리된 아이는 기능을 배울 대상을 잃은 것이다. 기본 관계가 끊어지면 충동 억제, 절제, 공감, 현실 검사, 감정 조절, 희망, 신뢰, 판단력 같은 것들을 배울 기회가 사라진다. 아이는 필요한 능력을 갖추지 못한 채 혼자가 된다.

리더십이나 결혼생활로 배경을 옮겨 보자. 신임 사장, 즉 리더 자리에 있는 사람이 "그만 울어! 잘못된 건 하나도 없어!"라는 메시지를 보내지 않았다면 올바른 관계가 형성되고 그 속에서 사람들은 목표 달성에 필요한 모든 것을 얻었을 것이다. 이를테면 절제, 희망, 판단력, 창의력이 나타났을 것이다. 하지만 리더의 어리석음 때문에 그런 것들을 얻을 기회가 없어졌다.

결혼생활에서도 똑같은 일이 벌어진다. 의사소통이 긴밀한 부부는 파괴적 충동을 다스리고 갈등 속에서도 분별력을 잃지 않으며 갈등의 원인을 초월할 줄 안다. 공감을 통해 연결을 회복함으로써 부부는 더 수준 높은 기능을 수행할 수 있게 된다. 유아기부터 기업의 회의장에 이르기까지 의사소통은 중요한 성공 요소이다. 반면, 무시는 모든 것을 파괴하는 암세포이다. 공감이 조성되면 문제 해결을 위한 업무 환경이 조성되고 더 높은 수준으로 업그레이드될 수 있다.

성품의 연결이 없을 때 치러야 할 대가

실라는 입을 열었다.

"이해할 수가 없어요. 우리는 처음부터 이 회사를 함께 키워 나갔어요. 그런데 그런 식으로 나를 배신하다니, 도대체 이유를 알 수가 없어요."

나는 이유를 분명히 알고 있었다. 한 달 전쯤 실라의 동업자 사라가 내게 도움을 요청했기 때문이다. 사라는 실라의 일 처리 방식을 걱정하면서 은근히 윤리적인 문제도 얽혀 있음을 암시했다. 단도직입적인 표현은 아니었지만 실라의 성품에 대한 불만이 역력했다. 사라의 말을 듣고 나는 별로 기분이 좋지 않았다. 정말로 누군가를 걱정해서 도움을 요청하는 사람은 사라처럼 말하지 않는다. 그녀는 나를 자기 편으로 끌어들이려 했지만 물론 나는 그런 시도에 넘어가지 않았다.

기업, 가족, 교회, 부서, 조직, 그 어디서나 이런 형태의 분열이 매일 같이 나타난다. 한 건설회사 사장의 합병 계획에 반대했던 COO나 CFO처럼 어떤 방식에 불만을 품은 사람은 있기 마련이다. 그는 문제에 닥치자 경영진, 파트너, 동료의 의견을 구하려 했지만 너무 부정적이고 가망이 없어 보인다는 이유로 '무시'를 당했다. 이유야 어쨌든 상대방이 그의 말을 듣지 않은 것이다. 연결되지 않은 것이다. 결국 절망한 그는 자기 말을 듣지 않는 상대방과의 의사소통을 포기한다.

그러나 상대방의 동의 얻기를 포기한다고 해서 다른 상대를 구하는 일까지 포기하는 것은 아니다. 누구라도 자기 말을 들어줄 상대를 찾지만 갈등을 해소해 줄 사람보다는 단순히 첫 번째 상대를 함께 공격할 사람을 찾는다. 자기를 무시하고 상처를 준 사람을 함께 몰아붙일 동맹자를 찾는 것이다. 이러한 동맹자는 커피 자판기 앞이나 회의실에서 쉽게 찾을 수 있다.

조직 내에서 자기 경험을 나눌 한두 사람을 찾기란 그리 어렵지 않다. 마침내 '들어줄 귀'를 찾은 사람은 비윤리적이고 배려가 없고 자기 중심적이며 독단적이라는 등 첫 번째 상대의 개인적인 성품과 인간성을 비난한다. 결혼생활에서도 무시당한 배우자는 다른 이성에게서 들어줄 귀를 찾는다. 이처럼 불륜의 씨앗은 듣지 않는 귀에 있다. 가족 내 누군가에게 불만을 품은 사람은 '문제의 일원'을 축으로 가족을 분열시킨다.

실라의 경우가 바로 그랬다. 오랫동안 사라는 실라에게 무시당한 기분을 느꼈다. 그래서 동맹자를 찾았다. 역시 실라에게 불만을 품은 핵심 직원과 몇몇 투자자들이 사라의 동맹자가 되었다. 그리고 결국 그들끼리 모여 회사를 분열시켰다. 실라는 쫓겨났고 사라는 인력의 절반을 데리고 새로운 회사를 세웠다.

"어떻게 이런 일이 일어날 수 있죠? 우리는 단짝이자 파트너였다고요. 사라가 어떻게 저한테 이럴 수 있는지 믿기질 않아요."

실라는 울먹였다. 나는 수년 동안 사라의 경험을 무시했던 실라에게도 책임이 있다고 설명했다. 사라는 대화를 시도했으나 실라는 듣지 않았다. 그래서 결국 사라는 다른 대화 상대를 찾아갔다. 이것이 접속이 되지 않았을 때 나타나는 위험이다.

인간의 마음은 무엇보다도 누군가가 알아주고 이해해 주고 연결해 주기

를 바란다. 연결되지 않으면 사랑하는 사람이 우리가 아닌 다른 사람에게

서 연결을 찾는다.

결국 우리는 다음과 같은 소식을 듣고 경악한다.

- 배우자에게 다른 애인이 있다.
- 직원의 절반이 2인자를 따라 새 기업으로 옮겨 간다.
- 가족 친지 중 절반이 나에게 등을 돌렸다.
- 성도의 절반이 교회에서 나가 근처에 새로운 교회를 개척하기로 했다.

물론 배우자나 직원, 가족, 성도가 연결하는 법을 안다면 이런 사태는 일어나지 않는다. 하지만 일차적으로는 우리 자신의 책임이다. 성숙한 사람이라면 애초에 이런 분열을 일으키지 않는다. 그는 문제가 있는 사람을 이해시키고 바로잡는 일로 모든 이들을 단결시킨다. 그러면 결국 모든 사람이 그의 편에 서게 된다. 그러지 않을 때 우리는 위와 같은 소식을 접하게 된다.

성품은 현실의 요구를 충족시키는 능력이다. 의사소통에 뛰어난 사람은 분리의 조짐을 보면 문제점을 찾아내 해결하기 위해 적극적인 조치를 취한다. 만약 상대방이 이에 협력하지 않으면 그는 문제 인물로 낙인찍혀 지지를 얻을 수 없을 것이다. 반면, 상대방을 무시하면 그는 의사소통할 줄 모르는 리더의 불쌍한 '희생자'로 부각되고 그를 구해 내겠다는 사람들이 속속 나타날 것이다.

실라가 상대의 말을 경청하고 그녀의 현실 속으로 들어가 연결할 줄 아는 리더였다면 사라의 불만도 하나의 의견으로 인정했을 것이

다. 옳고 그름을 떠나서 하나의 의견으로 말이다. 사라의 의견을 존중
했다면 사라는 제대로 알지 못했던 현실을 이해하게 됐을 수도 있다.
반대로 그녀가 다른 속셈으로 현실을 왜곡했다면 그런 사실이 외부로
드러나 신임을 잃었을 것이다. 경청하고 이해하려는 실라의 노력이
사라의 음모를 밝혀내 결국 사라는 희생자가 아닌 죄인 취급을 받게
되었을 것이다. 실라가 진심으로 듣고 공감한 결과로 사라의 의견이
옳다는 사실을 알게 될 수도 있다. 그로 인해 실라가 변화를 결심하게
될 수도 있다.

어떤 경우든 요점은 상황을 파악하지 못한 책임의 일부가 실라에
게 있다는 것이다. 실라에게 경청하는 자세만 있었더라도 회사를 잃
는 일은 일어나지 않았을 것이다.

현실의 요구를 충족시키는 연결된 성품

삶 속에는 사람이 있다. 특히 우정, 가족, 결혼, 공동체 같은 관계
의 영역 안에는 반드시 사람이 존재한다. 하지만 우리는 직장에서 성
과를 얻으려면 사람이라는 요소가 얼마나 중요한지 간과하곤 한다.
사람은 극히 중요하다. 현실의 요구를 충족시키려면 사람들과 협상하
는 능력을 갖추어야 한다. 그리고 이런 협상은 접속을 통해 가능하다.

일반적으로 사람들은 의사소통이 비즈니스나 성공과는 관련이 없
는 심리학 용어에 불과하다고 생각한다. 예를 들어, 매출 500억 달러
의 회사에서 직원의 절반이 기회만 생기면 다른 회사로 떠날 마음을
품고 있다고 하자. 이런 상황에 긴장하지 않을 CEO는 없다. 이 얼마

나 불안한 상황인가?

어떤 비즈니스 문제가 이런 상황을 일으켰을까? 잘못된 전략? 열악한 복리후생? 낮은 임금? 이러한 원인 외에 감정적 분리, 소통의 부재가 원인일 수도 있다. 경영 서적이 아닌 결혼상담소에서나 들을 법한 말처럼 들리는가?

2003년 11월 3일자 『비즈니스 위크Business Week』에 실린 델 컴퓨터Dell Computers에 관한 다음 기사를 살펴보자.

2002년 가을, 개인적인 자리에서 만난 델의 회장 마이클 델Michael S. Dell과 CEO 케빈 롤린스Kevin B. Rollins는 세계적으로 PC 판매가 저조한 가운데에서도 회사를 되살릴 수 있다고 자신했다. 하지만 그들의 개인적인 성과는 별개의 문제였다. 당시 내부 인터뷰 결과 부하직원들은 38세의 델을 냉담하고 감정적으로 분리된 사람으로, 50세의 롤린스를 독재적이고 적대적인 사람으로 여긴다는 사실이 드러났다. 델의 리더들에게 강한 충성심을 느끼는 직원은 별로 없었다. 설상가상으로 불만은 더욱 확산되고 있었다. 델이 처음으로 대대적인 인력 구조조정을 단행한 후 실시한 조사를 보면 직원의 절반이 기회만 있으면 떠날 채비를 하고 있었다.

그 이후에 일어난 일을 보면 델이 왜 뛰어난 기업인지 알 수 있다. 업계의 다른 거대 기업의 경영진이라면 비판을 무시하거나 회피했을지도 모른다. 하지만 델은 달랐다. 인재들이 대거 빠져나갈 상황을 우려한 두 리더는 불만의 원인에 관심을 기울였다. 일주일 만에 델은 고위 경영자 20명을 만나 자신이 부끄러움을 많이 타기 때문에 냉담하고 멀게 느껴질 수 있다며 솔직한 자기 비판을 했다. 그러면서 팀과의 결속력을 강화하겠다고 약속했다. 이에 경영자들은 깜짝 놀랐다. '철저히 내향적'이라는 자신의 인성 검사 결과를 보여 주며 직원들에게 고백하는 게 쉬운 일은 아니었기 때문이다. 아메리카스Americas의 공공 부문 판매 책임자 브라이언 욱Brian Wook은 이렇게 말했다.

"효과 만점이었다."

델은 거기서 멈추지 않았다. 며칠 후 델과 롤린스는 비디오테이프를 보면서 델의 수천 명에 달하는 관리자들 앞에서 연설하는 모습을 모니터링했다. 그리고 나서 그들은 평소 버릇대로 하지 않도록 도와주는 소도구를 책상 위에 놓았다. 불도저 장난감은 델에게 남들을 포용하지 않고 무조건 아이디어를 강요하는 행동을 하지 말라고 경고했고 원숭이 인형은 롤린스에게 결정하기 전에 팀원들의 말에 귀를 기울여야 한다고 일깨워 주었다.

이 기사 속의 단어들을 보자. '냉담한', '감정적으로 분리된', '독재적인', '적대적인', '충성심', '불만의 원인에 관심을', '부끄러움', '멀게 느껴지는', '결속력', '포용', '귀를 기울여야.'

이런 단어들은 비즈니스와 성공에 관한 강연장에서 듣기 어려운 단어들이지만, 더없이 실제적이다. 마이클 델이 재능과 지능, 능력을 통해 얻은 성공이 아무리 크다 하더라도 개인적인 기질과 관련된 흔적은 여전히 남기 마련이다. 우리 모두 상대에게 관심을 기울여야 상대로부터 관심을 받을 수 있다. 회사를 떠나려는 직원 절반의 관심은 결코 작은 관심이 아니다. 그러니 우리도 델처럼 적극적으로 관심을 기울여야 한다. 모든 CEO, 나아가 모든 배우자와 부모가 불만을 진지하게 받아들이고 적극적으로 관심을 보여야 한다. 관심만으로도 많은 문제가 해결된다.

결론은 다른 사람과의 연결, 즉 의사소통이 그만큼 중요하다는 것이다. 의사소통을 통해 상대방이 이해와 존중을 받았다고 느끼게 만드는 것이 삶의 열쇠이자 신뢰와 충성을 얻기 위한 기본조건이다. 기본조건만 확실히 갖추면 나머지는 자연스럽게 해결된다. 남에게 관심을 쏟고 적극적인 소통을 통해 결속을 다지는 성품의 한 측면이 우리에게 필요하다.

5장

은혜를 베풀라

가끔 자신이 예전에 일했던 사람과 거래할지 고민이라며 조언을 구하는 연락을 받을 때가 있다. 그때 거래하지 않는 편이 좋겠다고 솔직히 말해야 할 상황에는 여간 마음이 불편한 게 아니다. 물론 범죄자나 악한에 대해서라면 그런 식으로 말해도 크게 양심에 거리끼지 않을 것이다.

그러나 거짓말이나 속임수라곤 모르고 살았으며 능력도 있지만 스스로 '흠'이라고 여기지 않는 흠이 있는 사람이라면 얘기는 다르다. 여기서 '흠'은 신뢰 쌓기의 핵심 요소 중 하나가 없는 것을 말한다.

예를 들어 보자. 몇 년 전에 나는 전화 한 통을 받았다. 누군가의 인테그리티에 관해 묻는 전화였다. 나는 침을 꿀꺽 삼켰다.

"말하나 마나예요! 거래를 하세요! 후회하지 않을 겁니다."

이렇게 말하고 싶었지만 내 입에서는 다른 말이 튀어나왔다.

"좀 난처하군요. 저는 조를 정말 좋아합니다. 그는 정말 재능이 뛰어나지요. 정직하고 거짓말이나 속임수나 도둑질을 전혀 모릅니다. 그러면 약속을 잘 지킬 겁니다. 그러니 그를 믿어도 좋습니다."

"그런데 뭐가 난처하단 말인가요?"

"음, 그냥 그렇게만 알아 두세요. 모든 걸 문서상으로 확실히 해놓으세요. 그래야 당신의 이익을 제대로 보호받을 수 있을 테니까요. 당신에게 중요한 것은 꼭 문서상으로 명시해 놓으세요."

"이상한 말씀이네요. 그가 믿을 만하다면서요? 정직하고 괜찮은 사람이라면서 왜 제 이익을 잘 챙겨야 한다는 거죠?"

그가 혼란스러운 듯 물었다. 그럴 만도 했다. 기본적으로 좋은 사람을 어떤 이유로 완벽히는 믿을 수 없다면 혼란스러울 수밖에.

"말하자면 이런 경우 때문에 당신의 이익을 알아서 챙기라는 거예요. 그는 거짓말을 하지도 당신의 것을 훔치지도 않을 겁니다. 자기 입으로 말한 그대로 행동할 거예요. 문제는 그가 남의 이익이 아닌 자기 이익만 생각한다는 거죠. 그가 당신의 이익까지 걱정해 주지는 않을 겁니다. 그러니 알아서 챙기세요. 무슨 말인지 아시겠죠?"

"아직도 잘 이해가 가지 않는데요."

"그가 자기 뜻대로 하지 않고 당신이 원하는 대로 행동하게 만들려면 정말 뛰어난 변호사를 불러 엄격한 계약서를 쓰세요. 확실히 협상을 하고 계약서를 써야 나중에 후회하지 않을 겁니다."

그는 결국 거래를 시작했고 성공을 거두었다. 3년 정도 지나 한 파티에서 그가 나를 보더니 반갑게 다가왔다.

"그때 정말 고마웠어요. 당신이 조언한 대로 했더니 일이 잘 풀렸습니다. 이제 당신의 말뜻을 정확히 알겠어요. 모든 사항을 철저히 명시하지 않았다면 지금의 저는 없었을 겁니다. 그는 동의한 대로는 하지만 남을 위할 줄은 모른답니다. 계약서로 옭아매지 않았다면 그가 알아서 하지 않았을 부분들이 적잖아요. 계약서를 꼼꼼히 작성하지 않았다면 저는 이만큼 성공하지 못했을 거예요."

"잘되었다니 다행입니다. 그와 다시 거래를 하실 겁니까?"

그는 나를 빤히 쳐다보기만 했다. 그것이 무슨 뜻인지는 말하지 않아도 알 수 있었다.

신뢰할 만한 상대

어떤 면에서 그 거래 상대는 '믿을 만한' 사람이다. 그는 합의대로 행동할 것이고 무언가 제공하겠다고 말했다면 그렇게 할 확률이 높다. 그가 동의한 부분에 대해서는 믿어도 좋다. 단, 필요한 모든 것을 미리 생각해 두었다가 그에게 말을 해야 한다. 미리 생각해 두지 못했던 것이 나중에 드러났을 때 그의 필요에 맞지 않으면 해결되지 않을 가능성이 높기 때문이다. 요컨대 알아서 챙겨야 한다.

반면, 완전한 인테그리티를 소유한 사람이라면 마음 푹 놓고 믿어도 된다. 그런 사람은 자기 이익뿐 아니라 상대방의 이익까지 알아서 챙긴다. 그에 대해서는 하나부터 열까지 우리가 다 챙길 필요가 없다. 이는 단순히 자신에게 유익할 때 남의 이익도 챙기는 윈윈 전략이 아니라 아무런 조건 없이 상대방의 이익을 추구하는 것이다.

'신뢰'를 뜻하는 히브리 단어 중 하나는 내가 아는 한 신뢰에 관한 최상의 의미를 담고 있다. 그 의미는 다음과 같다.

신뢰는 신경 쓰지 않는 것이다.

상대방이 알아서 챙기기 때문에 스스로 이익을 따지며 걱정할 필요가 없다는 뜻이다. 그가 우리에게 유익한 것과 유익하지 않은 것을 구별해 줄 것이기 때문에 우리는 전혀 신경을 쓸 필요가 없다. 또한 신의를 지킬 것이기 때문에 나중에 믿는 도끼에 발등 찍히지 않을까 조바심 내지 않아도 된다. 아무도 생각지 못했던 문제가 발생할 때에도 그가 먼저 우리의 이익을 챙겨 줄 것이다. 그는 자기 이익을 팽개치지는 않지만 굳이 그럴 필요가 없는데도 우리를 위해 준다.

언젠가 제조 업체를 운영하고 있는 친구가 내게 흥미로운 이야기를 해주었다. 사내에서 설문조사를 실시했는데 직원들이 복리후생 제도에 만족하지 않는다는 결과가 나왔다고 한다. 결과를 보자마자 내 친구는 높은 연봉에다 어느 경쟁사보다도 많은 복리후생 지원비를 받는데도 불만을 토로하는 직원들에게 화가 났다. 그는 직접 복리후생 예산을 할당했기 때문에 누구보다도 상황을 잘 알았다. 감사와 만족을 모르는 직원들에게 따끔한 교훈을 주고 싶었다.

하지만 통합된 성품을 소유한 그는 한 걸음 물러나 이면의 상황을 조사하기로 했다. 결과를 보니 그의 생각대로 경쟁사보다 지원비가 높은 것은 사실이었다. 하지만 자금 운용에 문제가 있었다. 더 연구하면 훨씬 더 좋은 복리후생 시스템을 찾을 수 있었다. 직원들은 그가 애초에 약속한 것과 달리 최선의 보상을 받고 있지 못했다. 이에 그는 인사과에 최상의 시스템을 구축하라고 지시했다. 인사과가 찾아낸 시스템은 회사 차원에서도 비용이 절감되는 그야말로 최상의 시스템이었다. 더 훌륭했을 뿐 아니라 비용이 덜 드는 시스템을 찾아낸 것이다.

이때부터 그의 성품이 본격적으로 작용했다. 그는 새 시스템을 발표하는 자리에서 자신이 직원들의 의견을 귀담아들었고 회사 차원에서는 비용 절감 효과까지도 있는 최상의 시스템으로 약속을 지켰다고 말할 수 있었다. 직원들의 환호를 받을 수도 있었다. 하지만 그는 그렇게 하지 않았다. 그는 먼저 고민했다.

'잠깐, 우리는 복리후생에 이미 이만한 예산을 짰잖아. 이미 정해진 예산이니 그만큼 직원들에게 지급할 수 있어. 그런데 비용은 그만큼 들지 않으니까 남는 돈을 직원들을 위해 보관했다가 퇴직금에 더해 주는 게 어떨까? 이 돈은 원래 직원들을 위해 떼어 두었던 돈이고 그것을 다른 후생비로 쓸 필요가 없으니까 그들에게 돌려주도록 하자.'

이 사실을 회사에 발표하자 네 가지 결과가 나타났는데, 여기서 네 번째 결과가 가장 중요하다.

첫 번째, 직원들은 부정적인 의견을 제시할 때도 사장이 경청할 것이라 확신한다. 그는 조사 결과를 진지하게 받아들였고 마땅한 조치를 취했다. 그는 직원들의 말을 진심으로 들었다.

두 번째, 사장이 약속한 대로 최상의 복리후생 시스템을 내놓은 만큼 직원들은 이후에도 사장이 약속을 지킬 것이라 확신한다. 그의 말에 무게가 실렸다.

세 번째, 직원들은 예상하지 못한 횡재를 얻었다. 그들은 생각보다 더 많은 혜택을 받게 되었다. 복권에 당첨되었다고나 할까?

네 번째야말로 알짜배기이다.

회사에는 직원 노조가 없었는데도 그들의 이익을 회사 측에서 먼저 챙겨 주었다.

직원들이 신경 쓰지 않았는데도 그들에게 이익이 돌아왔다. 이는 내 친구에게는 아무런 이익이 생기지 않았기 때문에 윈윈 상황이 아니었다. 이것이 진정한 신뢰다. 직원들이 내 친구나 회사를 상대로 '경계 태세'를 취했을까? 당연히 아니다. 경계를 하지 않는 것은 신뢰가 최고조에 달했다는 것이다. 모든 회사가 이런 식으로만 운영된다면 노동 분쟁은 옛말이 될 것이다.

나중에 나와 나눈 이야기 속에서 그의 통합된 성품은 더욱 분명히 드러났다. 그는 더 높은 신뢰를 낳는 '은혜'의 또 다른 측면을 이야기했다. 그는 '일방적으로' 호의를 베풀면 때로 권위적이거나 편향적이라는 느낌을 줄 수 있다며 걱정했다. "당신에게 무엇이 최선인지는 내가 알아"라는 식으로 비칠 수 있다는 말이다.

그는 상대방에게 가장 유익한 길을 찾는 과정에서 최대한 상대방의 입장을 헤아려 자신이 상대방의 현실을 결정하지 않도록 주의한다고 말했다. 그는 직원들에게 유익한 방향을 자기 멋대로 결정했을까 봐 걱정했다. 하지만 이런 걱정 자체도 은혜의 또 다른 모습이다. 자기 생각과 달리 직원들이 만족하지 않을지도 모른다는 걱정은 그만큼 그들을 배려한다는 증거이다.

두 당사자가 서로 '경계를 풀면' 놀라운 일들이 일어난다. 마음을 열고 창의력을 발휘하며 과감히 모험을 하고 서로에게 배우며 방어 자세로 임할 때보다 훨씬 많은 결실을 얻는다. 비즈니스뿐 아니라 결혼, 우정, 양육 같은 개인적 영역에서도 마찬가지이다. 두 사람의 마음과 정신과 영혼으로부터 최대한 많은 열매를 뽑아 내리려면 서로가 경계를 풀고 마음을 열어야 한다. 서로의 마음이 통해야 한다. 마음이 통하면 신뢰가 증폭된다.

마음이 통하면 이루 말할 수 없는 유익이 있다. 마음이 통하면 서로를 제대로 알게 되고 서로 반대하거나 무관심하지 않고 늘 서로를 위한다는 사실을 알게 되면서 신뢰가 새로운 차원으로 넘어간다. 진심으로 서로의 이익을 바란다는 것을 알게 되면 먼저 더 많이 내주고 싶은 마음이 생긴다.

방어 자세가 풀어지면 협상이 전혀 다른 방향으로 흐른다. 두 당사자가 서로의 이익을 추구하면서 자연스레 해법이 나타난다. 서로를 배려하면서 경계 태세에서는 나타날 수 없는 초월적인 상황이 벌어진다. 자신보다 상대를 더 배려한다는 믿음이 있을 때 부부는 어떤 문제라도 헤쳐 나갈 수 있다. 이런 식으로 이루어지는 비즈니스 관계는 다른 경우보다 변호사 비용이 적게 든다. 서로 적이 아니니 굳이 변호사를 부를 필요가 없다.

적이 아닌 친구

이러한 성품 측면은 중립이나 반대 입장이 아닌 상대방 편에 서는 자세를 기본으로 한다. 이는 상대방을 진심으로 소중히 여기는 자세이다. 상대방을 '물건'으로 본다면 그를 이용하고 속이거나 목적을 위한 수단으로 잘 대할 것이다. 하지만 상대방에게 사람으로서의 가치를 둔다면 정말 소중한 사람을 대하듯이, 악의가 아닌 선의와 배려로 그를 대할 수밖에 없다. 우리가 대접받고 싶은 대로 그를 대하게 된다.

상대를 믿고 상대에게서 믿음을 얻는 능력은 세 가지 부류 혹은 자세로 나눌 수 있다. 첫 번째는 피해망상증에 빠진 부류이다. 이 증상에 빠진 사람들은 신뢰라는 개념을 생각지도 않으며 일만 잘 풀리면 그만이라고 생각한다. 상대방이 언제 뒤통수를 칠지 모르기 때문에 진심을 보여 주거나 약점을 드러내는 단계까지 나아가지 않는다. "결국 당할 거야." "잘해 주면 뒤통수를 맞을지 몰라." 뭔가 잘못되면 그들은 곧바로 복수 자세로 돌입한다.

조그만 의심이라도 보이면 곧바로 앙갚음을 할 생각인 만큼 그들에게 신뢰는 어울리지 않는다. 항상 걱정 속에 사는 그들은 늘 중무장을 하고 언제라도 공격할 태세를 갖추고 있다. 그들의 눈에는 아무리 좋은 상황도 금세 험악한 분위기로 돌변할 수 있다. 사람들은 그들을 두고 이렇게 말한다.

"그의 눈에 벗어나지 않게 조심해."

그들은 세상을 선한 사람과 악한 사람으로 양분한다. 그들은 언제 악한 사람이 나타날까 노심초사하며 그 악한이 우리가 아닐까 하며 경계한다. 그들이 언제 우리를 '악한' 부류로 취급할지 모르니 우리도 그들을 경계해야 한다. 모든 사람이 용의선상에 있기 때문에 '경계를 푼 신뢰'는 가당치도 않다.

두 번째 부류는 의심하는 사람들이 아니다. 그들은 신뢰와 좋은 관계를 원하며 잘하는 상대에게는 그만큼 잘해 준다. 사소한 일로 따지지 않고 부주의한 실수를 악의로 곡해하지도 않는다. 용서할 줄 알며 문제를 잘 해결한다. '자신들에게 잘하는 사람들'에게는 베풀 줄도 안다. 그들은 자기들을 위하는 사람들을 위한다. 그런 면에서 그들은 '공평'하다. "네가 나를 잘 대하면 나도 너를 잘 대해 주겠다"는 태도가 그들의 인생철학이다.

하지만 큰 실수가 발생하거나 큰 실수는 아니더라도 공평하지 않다고 판단되면 그들은 안면을 바꾸고 상대를 비난한다. 상대가 건드렸으니 나도 건드린다는 식이다. "이건 윈윈 상황이 아니잖아"라며 상대를 '위하는' 마음을 버린다.

어찌 보면 이는 공평하다. 여기에서 공평이란 '눈에는 눈, 이에는 이'를 말한다. "나를 잘 대해 주면 나도 똑같이 잘 대해 주지만 그렇지 않으면 호의 따위는 생각하지도 마!" 대부분의 이혼과 동맹 결렬이 이런 태도에서 출발한다. 사람들은 서로 사랑에 빠져 서로에게 많은 것을 준다. 하지만 이는 조건부 베풂이자 조건부 사랑이다. 받았기 때문에 그만큼 주는 것일 뿐이다. 감사하는 마음으로 '되돌려 주는' 것이다.

막 사랑에 빠져 서로에게 많은 것을 주는 부부는 언젠가 이혼이 찾아오리라는 상상을 하지 않는다. 하지만 상대방이 전보다 약간 적게 주거나 조금 덜 사랑한다는 생각이 들면 곧 이혼을 생각한다. 그러면 상대방은 배신감을 느끼고 뒤로 물러난다. 화가 난 나머지 전처럼 사랑을 주지 않는다. 이처럼 서로에게서 정을 떼는 악순환이 계속된다. 결국 한 명 혹은 둘 다 밖으로 눈을 돌리고 불륜이 일어나 갈라서게 된다. 비록 처음에는 서로를 끔찍이 사랑했지만 이들에게 신뢰는 아낌없이 받는 것을 의미했던 것이다.

조건부 신뢰는 진짜 신뢰가 아니다. 우리가 잘 대해 줄 때만 상대가 우리를 위해 주리라 믿는다면 곧 문제가 발생한다. 어떤 식으로든 우리는 실수를 저지르기 마련이고 그때는 상대의 적대감이 아니라 도움이 필요하다. 하지만 우리가 실수할 때 상대가 금세 안면을 바꿀 사람이라면 우리는 언제라도 상대의 지지를 잃을 수 있기에 두려움과 방어 자세로 일관할 수밖에 없다. 결국 신뢰가 아닌 상호 두려움 속에서 살게 된다.

대부분의 국제 관계가 이런 식이다. 국제 관계가 쉽게 끊어지는 이유가 여기에 있다. 국가들은 서로를 '믿고' 동맹국이 된다. 하지만 동시에 서로를 두려워한다. 서로의 이익이 충족되지 않으면 상황이 언제라도 바뀔 수 있기 때문이다. 조건에 따라 사는 결혼생활은 '더 좋은 거래' 앞에서 언제라도 깨질 수 있다. 이들의 사랑은 상대방에 대한 만족도에 좌우된다.

진정한 신뢰는 상대방의 호의와 배려가 무조건적일 때 나타난다. 이는 개인적인 인테그리티의 일부이다. 남의 이익을 생각하며 그것을 위해 최선을 다하는 마음이다.

이러한 성품을 소유한 사람과의 관계에서는 두려워할 게 아무것도 없다. 우리가 일을 저질러도 그는 우리 편에 설 것이다. 우리가 보지 않을 때도 우리 편에서 행동한다. 물론 실수를 내버려둔다는 뜻은 아니다. 그는 우리가 잘못을 직시하도록 개입하거나 더 강력한 수단을 쓰기도 한다. 하지만 그의 마음은 언제나 우리 편이다. 그러니 그가 우리의 일에 개입하도록 믿고 맡겨도 좋다.

그는 자신이나 다른 사람들에게 해가 되지 않는 한 먼저 상대방을 '공격'하지 않는다. 공격을 하더라도 파괴를 막기 위한 공격일 뿐이다. 누군가를 보호하기 위해 으르렁거리는 셰퍼드와 잡아먹으려고 달려드는 늑대는 완전히 다르다. 그것은 충성스러운 신하와 약탈자의 차이이다. 인테그리티를 소유한 사람은 좋은 것을 파괴하는 자를 공격하되 그것도 사람이 아닌 파괴 행위 자체만 겨냥할 뿐이다. 그리고 되도록이면 상처를 입히거나 죽이지 않고 저지하거나 겁만 주는 편을 택한다.

은혜, 같은 편 되기

위의 역학은 여러 가지로 해석될 수 있다. 혹자는 '이타주의'나 '사랑'의 관점에서 해석한다. 철학, 심리학, 신학 모두 오랫동안 이 문제를 다뤄 왔다. 각자 표현하는 방식은 다르지만 눈으로 보면 그것을 느낄 수 있다. 이러한 종류의 성품을 표현하는 단어 중에 내가 가장 좋아하는 단어는 '은혜grace'이다.

이 단어는 돈을 제때 상환하지 않았을 때 받는 '지불 유예 기간grace period'에서 찬송가에 나오는 '은혜'와 뛰어난 사람에게 쓰는 '장점'까지 쓰임새가 다양하다. 그중에서 내가 가장 좋아하는 용례는 '공로 없이 받는 호의'를 뜻하는 신학적 용례이다. 은혜는 상대에게 자격이 있어서가 아니라 단지 우리에게 '호의'가 있다는 이유로 그 호의를 베푸는 것이다. 은혜는 삶의 태도이자 존재 방식이다. '은혜로운 사람'은 남에게 등을 돌리지 않고 남을 위하며 자기가 대접받고자 하는 대로 남을 대접한다. 이 은혜 속에서 궁극적인 신뢰가 싹튼다. 최선의 흔적을 남기고 싶다면 '같은 편'이 되어 주라.

자신의 상사에 대해 이렇게 말하는 사람이 있었다.

"나의 상사는 무서운 분이었지만 항상 내가 잘되기를 바랐어요.

내게 모질게 대할 때도 사실은 나를 위해 그랬다는 걸 알아요."

은혜로운 사람은 만난 사람을 더 좋은 사람으로 키워 떠나보내며 아무런 보상을 바라지 않는다.

분에 넘치는 도움

리더십의 관점에서 '분에 넘치는 도움'이란 리더가 아랫사람이 잠재력을 최대한 발휘하기를 바라고 부족한 사람이 모든 것을 갖추도록 돕는 것을 뜻한다. 그렇다고 상대방에 대해 바라는 기준이 없다는 뜻은 아니다. 상대방이 기준에 도달하도록 돕는다는 뜻이다.

은혜로운 리더는 아랫사람들을 자신의 높은 기준으로 끌어올리기 위해 조언이나 훈련, 격려, 자원 등을 제공한다. 그는 아직 자격을 갖추지 못한 사람들이 기준점에 도달하도록 섬기고 돕는다. 반면에 은혜롭지 않은 리더는 요구만 할 뿐 도와주지 않으며 상대가 기대에 미치지 못하면 그를 적으로 몰아붙인다.

은혜로운 부모도 마찬가지이다. 성장은 자녀의 책임이지만 자녀에게 힘을 주는 것은 부모의 책임이다. 따라서 은혜로운 부모는 단순히 기준만 세우지 않고 자녀가 거기에 도달할 수 있도록 지지하고 조언, 가르침, 환경, 역할 모델, 도움, 영향력을 제공한다. 아이들은 이 것들을 제공할 수 없기 때문에 부족한 존재이다. 스스로 얻을 능력이 없는 대상에게 이것들을 주는 것이 바로 은혜이다. 하지만 은혜는 기준을 없애지 않는다. 기준은 그대로 있다. 은혜로운 사람은 상대가 그 기준에 도달하도록 도움을 아끼지 않는다.

부부 같은 가까운 관계 속에서도 마찬가지이다. 기준은 분명히 있지만 상대가 기대에 못 미칠 때 이러한 성품을 소유한 사람은 보복하거나 즉시 다른 상대를 찾지 않는다. 그보다는 상대에게 용서와 '분에 넘치는 도움'을 베푼다. 이를테면 "어떻게 도와줄까?"라고 묻거나 상담자나 다른 친구를 통해 회복의 길을 제시한다. 여기서 관건은 기준을 유지하는 동시에 상대가 그 기준에 도달하도록 돕는 것이다. 이런 사람이야말로 우리가 꾸준히 믿고 의지할 수 있는 상대이다.

현실의 요구를 충족시키는 성품, 인테그리티를 소유한 사람은 상대방의 부족함을 다룰 줄 안다. 그는 상대방이 부족하다고 해서 공격하거나 관계를 끊지 않고 긍정적인 도움을 통해 그를 더 높은 수준으로 끌어올린다. 상대방을 실패에서 구출해 내고 오히려 더 높은 성공으로 이끌 줄 안다. 그 결과 개인적으로는 인간관계가 치유되고 비즈니스 세계에서는 기업이 되살아난다.

또한, 그러한 성품을 소유한 사람의 장기적인 흔적을 보면 지속적이고 성공적인 인간관계와 업무 성과가 나타난다. 그 사람은 문제투성이인 현실의 요구를 충족시키고 치유력을 발휘한다.

6장
약점을 두려워하지 말라

　신뢰를 얻으려면 막강한 힘이 있어야 한다. 잠깐 생각해 보자. 당신은 힘없는 사람을 얼마나 신뢰하는가? 겁쟁이나 무능력자를 신뢰하는가? 그들이 거짓말을 하지 않으리라 믿을 수는 있을지언정 당신 삶을 그들에게 맡기려 하지는 않을 것이다. 그들은 당신 삶에 별 도움이 되지 않는다.

　예컨대 우리는 시장통에 있는 가건물에는 보험을 계약하지 않는다. 누구나 아는 거대한 건물이라면 또 모를까. 안정성과 신뢰가 보장되어야 보험을 계약할 것이다. 신뢰에는 힘이 필수요소이다. 예를 들어 아이는 강한 부모와 함께 있을 때 안도감을 느낀다. 배우자가 존경하고 기대도 좋을 만큼 강할 때 부부 관계는 유지된다.

한편으로 상대방이 찔러도 피 한 방울 나오지 않을 정도로 강인하거나 압도될 정도로 힘이 세면 그와 우리 사이에는 마음의 다리를 놓을 수 없을 만큼 넓은 강이 생긴다. 그와 동질감을 느낄 수 없기에 그가 우리를 이해해 주리라 기대할 수 없다. 믿음을 주기에는 우리와 너무 다르기 때문이다.

결국 우리는 '외계인'처럼 보이는 그를 떠나 우리와 비슷한 '인간'과 관계를 맺는다. 리더십, 부부관계, 양육, 비즈니스 등 어떤 인간관계에서든 신뢰가 싹을 틔우려면 틈, 즉 인간미가 있어야 한다. 우리는 위대한 권력자를 두려워하기도 하고 존경하기도 하지만 신뢰는 다른 문제이다. 결과적으로 힘과 신뢰의 역학에는 팽팽한 긴장감이 존재한다.

힘이 없는 사람에게는 소중한 것을 맡길 수 없다. 반면에 너무 힘이 센 사람은 우리의 약점을 이해하기 힘들다.

현실과 협상할 줄 아는 사람은 힘과 약점 사이에 존재하는 역동적인 긴장감을 다룰 수 있다. 나의 어머니는 이러한 긴장감을 효과적으로 이용할 줄 아는 분이었다. 내가 초등학생이었을 때 어머니는 어려운 현실을 이겨 내야 했다. 당시 나는 단핵증(말초 혈액 속에 백혈구의 일종인 단구單球가 지나치게 늘어 가는 병-옮긴이)에 걸려 한 달 이상 집에서 300킬로미터나 떨어진 병원을 다녀야 했다. 그동안 학교를 쉬어야 했고 내가 다시 수업을 따라갈 수 있을지 미지수였지만 다들 나를 격려해 주었다.

오래지 않아 나는 막다른 골목에 닥치고 말았다. 산더미처럼 밀린 학업에다 병으로 인한 피로 그리고 급우들과의 서먹서먹함이 나를 힘들게 만들었다. 도무지 이 높은 산을 넘을 엄두가 나지 않았다. 이제 부모가 되어 생각해 보니 당시 어머니는 위기도 보통 위기에 처한 것이 아니었다. 내가 한 학년을 유급하고 낙제자가 되어 낯선 반에서 낯선 친구와 지내지 않도록 내 마음을 움직이기란 이만저만 힘들지 않았을 것이다. 열한 살짜리 꼬마의 삶에 무슨 위기냐고 말할지 모르지만 부모의 입장에서는 중대한 국가 위기 문제를 처리하는 대통령의 심정이 될 때가 종종 있다. 어머니는 분명 벼랑 끝에 선 심정이었을 것이다.

어머니의 한마디

하루는 아침에 등교할 채비를 하는데 지긋지긋한 하루를 또다시 보낼 생각에 눈앞이 깜깜했다. 방과 후에는 혼자 남아 밀린 공부를 해야 했고 친구들과 잘 어울리지도 못해서 버림받은 느낌이었다. 나는 옷을 입다 말고 멍하니 서 있었다. 시간이 멈춰 버린 듯 뻣뻣하게 서서 나를 짓누르는 무게감을 홀로 감당하고 있었다. 영원처럼 느껴지는 순간이 흐른 후에 어머니가 방 안으로 들어왔다.

"빨리 준비해라. 학교에 가야지."

어머니는 나를 재촉했다.

"학교에 가고 싶지 않아요. 더는 공부하고 싶지 않아요. 해 봤자 소용없어요."

얼핏 보면 사소한 일이지만 그 다음에 일어난 일을 나는 평생 잊을 수 없다. 어머니는 내 어깨에 팔을 두르면서 이렇게 말했다.

"나도 안단다. 엄마도 일하러 가기 싫을 때가 있어."

갑자기 세상이 멈춘 것 같았다.

"뭐라고요? 엄마도 일하러 가기 싫을 때가 있어요?"

"그럼! 아프거나 기분이 좋지 않을 때는 꼼짝도 하기 싫지."

"하지만 엄마는……."

어머니는 그저 고개만 끄덕였다. 그 순간, 내 안에서 뭔가가 바뀌었다. 피곤하고 힘들기는 여느 때와 마찬가지였지만 어떤 이유에서인지 갑자기 자신감이 솟아났다. 지치고 무너진 내면이 할 수 있다는 자신감으로 바뀌었다. 그 과정을 거치면서 내 안에서 용기, 인내, 희망이 꿈틀댔다.

어머니는 나에게 용기와 끈기 그리고 힘을 주었다. 내가 변화되었다고 말한 것은 말 그대로를 의미한다. 형태나 본질, 핵심이 변한 것이다. 내 경우는 어머니와의 상호작용과 연결을 통해 감정적 상태와 진실을 대하는 태도가 변했다. 그 정확한 과정을 설명하는 것은 심리학자의 몫이겠지만 그 의미는 매일 '현실의 요구를 충족시켜야' 하는 모든 이에게 실질적인 것이다. 서로가 소통이 되면 사람들의 감정적, 지적 상태와 진실을 대하는 태도가 변할 수 있다.

리더십에서 부부관계, 양육에 이르기까지 모든 중요한 관계 속에는 누군가가 우리 안의 '변화'를 요구하는 순간이 있다. 이것은 성품에 대한 현실의 요구이다. 이 현실을 잘 다루면 신뢰를 얻는다.

성품의 여러 측면들이 통합되면 열한 살짜리 꼬마가 인생 속의 1년을 포기하지 않고 이겨 내도록 도울 수 있다. 회사나 부서가 자산을 모두 잃지 않고 수익을 내도록 만들 수 있다. 사랑하는 사람이 떠나지 않도록 붙잡을 수 있다. 스쳐 지나가는 사람을 도울 수도 있다. 어떤 경우든 상대방에게 필요한 것을 줌으로써 연결되면 그에게 큰 도움을 줄 수 있다.

리더, 교사, 부모, 경영자, 코치가 바로 이러한 일을 한다. 이렇게 하기 위해서는 힘의 균형을 통해 신뢰와 연결을 이루어야 한다.

초등학생이었던 나는 내 안의 실행 기능executive function과 연결되지 못했다. 나의 장점, 추진력, 재능을 활용할 능력이 있음에도 거기에 연결될 수가 없었다. 쉽게 말해 낙심한 것이다. 이런 감정적 상태는 문제 해결 능력과 인내력을 마비시킨다. 자기 능력을 다시 찾아 활용할 수 있는 '용기'는 사라져 버리고 낙심한 마음과 실행 능력은 끊긴 배선처럼 연결되지 않는다. 낙심한 나는 나의 일부를 활용할 수 없었고 그것을 찾을 수도 없었다.

어머니는 나의 분리된 부분들을 하나로 모았다. 내가 분리되었을 때 어머니는 통합되어 있었고 그러한 어머니와 연결됨으로써 내 분리된 부분들이 한데 뭉쳤다. 나는 감당하기 어려운 좌절감과 앞으로 나아갈 진정한 능력 사이에서 분리되어 있었다. 둘이 서로 연결되지 않았기에 낙심과 무기력 속에서 헤맸다. 이때 어머니가 다가와 내게 도움을 준 것이다.

"아프거나 기분이 좋지 않을 때는 꼼짝도 하기 싫어. 그래도 엄마는 일하러 간단다."

이것이 성품의 통합적인 측면이다. 어머니가 마냥 기분이 나빠서 일하러 가지 않은 것도, 마냥 기분이 좋아서 일하러 간 것도 아니다. 어머니는 두 감정을 다 느꼈지만 그래도 일하러 나섰다. 나쁜 감정과 능력을 하나로 통합한 것이다. 어머니를 통해 나는 낙심과 두려움과 절망을 내 안의 능력과 강점에 통합시켰다. 내 무너진 부분이 다시 일어섰다. 이는 그것이 내 안의 힘과 연결되었기 때문이다. 그 결과 나는 앞으로 나아가고 눈앞의 일을 해낼 수 있었다. 변화된 것이다.

약점을 극복하는 힘

이러한 현상의 다른 측면은 '내면화'라는 과정과 관련이 있다. 내면화란 우리가 가지지 못한 것을 다른 이로부터 받는다는 뜻이다. '격려encourage'는 문자 그대로 '용기 안in courage'에서 온다. 용기는 밖에서 우리 '안으로' 들어온다. 우리가 가지지 못한 것을 남으로부터 받아 내면화할 때 우리의 진실성과 능력은 성장한다.

만약 어머니가 "두려워하지 마. 너는 할 수 있어"라든가 "이 정도는 어려운 일이 아니야"라고 말했다면 내면화는 일어나지 않았을 것이다. 이런 말은 약점과 강점을 통합시키지 못한다. 내가 도움을 받아들이고 어머니와 연결되기 위해서는 '의지할 만큼 강한 동시에 동질감을 느낄 만큼 약한' 역할 모델이 필요했다. 이 둘의 조합이 관건이었다. 사실상 내 안에서는 이런 추론 과정이 이루어졌다.

'봐, 엄마도 나랑 다르지 않아. 때로 두려움을 느낀다고 하시잖아. 하지만 엄마는 그래도 일하러 나가셔. 억지로 자리를 털고 나가시지.'

나는 어머니의 약점을 봤기 때문에 어머니의 강점을 받아들일 수 있었다.

바로 이 점이 이러한 성품 측면에서 가장 중요한 요소이다. 다른 사람의 신뢰를 얻으려면 친근감을 유도할 만큼 약해야 한다. 외계인처럼 보여서는 곤란하다. 아울러 의지할 수 있을 만큼 강해야 한다.

연구에 따르면 사람들이 믿고 따르는 사람들은 다음과 같은 특성을 보인다고 한다.

1. 강점이 있다.
2. 다른 사람들과 '닮았다.'
3. 따뜻하다.
4. 완벽하지 않고 불완전하지만 그것을 극복해 나간다.

첫 번째, 성품은 '힘'과 '약점'을 동시에 가지고 있어야 한다. 예컨대 약한 리더는 믿음이 가지 않는다. 우리는 무능력한 리더에게 인생이나 미래를 맡기지 않는다. 여기서 리더의 강점이란 강압적인 힘이 아니라 실행력이나 능력을 말한다. 강압으로 밀어붙이는 사람은 커다란 성과로 능력을 증명하는 사람만큼 신뢰를 얻지 못한다. 능력으로 이끄는 사람과 달리 강압적인 태도로 주도하려는 사람은 최악의 리더이다. 사람들은 능력에 주목한다.

두 번째, 강한 리더라 하더라도 우리와 '닮은 점'이 있다면 낯설게 느껴지지 않는다. 정치 선거에서 후보자를 남편이나 아내, 아버지나 어머니로 소개하는 까닭이 여기에 있다. 후보자들이 공원에서 공을 던지거나 자녀나 친구들과 거니는 모습을 부각시키는 것도 마찬가지 이유이다. 그 모습을 보고 사람들은 후보자를 평범하고 믿을 만한 사람으로 여긴다. 후보자를 우리와 다르지 않은 '닮은꼴'로 볼 때 '낯설음'은 사라진다. 결과적으로 우리는 후보자와 연결되는 동시에 그의 강점을 따르게 된다.

세 번째, '따뜻함'은 남을 향한 기본적인 태도가 긍정적이고 친절하다는 것이다. 차갑고 냉담하며 멀게 느껴지는 사람은 연결 고리가 없기 때문에 신뢰를 얻지 못한다. 앞서 마이클 델 사례에서 이런 모습을 찾을 수 있었다. 하지만 그가 마음을 열자 직원들이 그에게 동질감과 친근감을 느꼈고 신뢰가 싹텄다.

네 번째, '불완전함'은 항상 옳지는 않다는 뜻이다. 사람은 실수도 하고 단점도 있다. 하지만 그것을 직면하고 극복해야 한다. 불완전함을 느꼈을 때 문제를 해결하고 극복하는 과정을 보면서 사람들은 동질감과 함께 존경심을 가진다. 여기서 중요한 점은 있는 그대로의 모습이다. 자아도취에 빠진 사람이나 과대평가 받는 걸 좋아하는 사람은 존경받을 수 없고 남들이 따르지도 않는다. 연결이 이루어지기에는 틈이 너무 크다. 남을 지배하거나 강압적 자세로 겁을 주려고 해도 신뢰가 나타나지 않는다. 억지로 복종compliance을 이끌어 낼 수는 있을지언정 사람들의 마음을 붙잡지는 못한다. 결국 모두 떠날 것이다.

언젠가 한 기업에서 강연했던 때가 기억난다. 그때 나는 내가 가르치고 있는 개념이 기억나지 않아 강연을 망친 적이 있었다고 고백했다. 강연이 끝나자 한 남성이 내게 다가와 말했다.

"정말 많은 도움이 되었습니다. 하지만 솔직히 처음에는 전혀 공감이 가지 않았습니다. 선생님이 제 현실을 전혀 알지 못하고 이론을 너무 단순화했다고만 생각했죠. 그런데 선생님의 실패담을 듣고 문득 선생님의 말을 믿을 수 있겠다는 생각이 들더군요. 선생님도 실패를 경험했으니까요. 그때부터 선생님의 말에 귀를 기울였고 좋은 교훈을 얻었습니다. 제게 도움이 될 게 분명해요. 선생님 또한 실패를 통해 배웠다는 이야기를 듣지 못했다면 선생님의 교훈을 받아들이려 하지 않았을 거예요."

자신도 실패를 경험했지만 그것을 통해 약점을 극복했음을 드러내는 상사나 동료 그리고 부모는 우리의 신뢰를 얻는다.

필요를 통한 신뢰

도움이 필요하다고 말하는 것도 약점을 통해 신뢰를 쌓는 방법의 한 측면이다. 자신이 필요한 존재라고 느끼는 사람은 다른 조건하에서 일하는 사람보다 훨씬 뛰어난 성과를 이룬다. 그저 쫓겨나지 않으려고 할당량을 맞추는 사람과는 다르다. 상대방의 필요에 의해 일하는 사람은 최선을 다하기 때문에 성과를 목표량 이상으로 끌어올린다. 다음 두 리더의 말에는 어마어마한 차이가 있다.

"자, 이것이 목표입니다. 위에서 지시한 겁니다. 본부에서 이 목표량만큼은 채우라고 하는군요. 이 수치를 채우지 못하면 다들 옷 벗을 각오를 하세요. 제가 직접 감독할 겁니다. 자기 몫을 제대로 해내지 못하는 사람은 장담컨대 이력서를 다시 써야 할 거예요."

"자, 제군들, 어마어마한 목표가 내려왔어요. 식은땀이 날 정도지요. 하지만 어쩌겠습니까, 위에서 내려온 목표인 걸. 그래도 우리는 할 수 있습니다. 단, 여러분의 도움 없이는 어림도 없지요.

여러분 한 명 한 명이 다 필요합니다. 조, 당신의 두뇌가 없으면 이

숫자들의 의미를 알아낼 수 없어요. 당신의 철저한 분석이 꼭 필요합니다. 젠, 사막에서도 난로를 팔 수 있는 당신의 능력이 필요해요. 당신의 헌신이 없으면 목표에 이를 수 없어요. 패티, 당신이 공급망을 조율해 줘야 해요. 저 혼자 이 일들을 다 처리하고 개발까지 하려면 엄청난 혼란에 빠지게 될 거예요. 여러분 모두가 도와주어야 이 목표를 달성할 수 있습니다."

'투명한' 리더에 관한 책은 수도 없이 많다. 내 경험상 최고의 리더는 투명성의 균형을 유지한다. 그는 현재 상황을 솔직히 드러낸다는 점에서 투명하다. 우리는 사실을 털어놓는 리더를 진심으로 믿을 수 있다. 하지만 투명성이란 사실뿐 아니라 자신까지도 드러낸다는 말이다. 자신의 취약성과 상황에 대한 솔직한 심정까지 드러내는 것이다. 또 뜻대로 풀리지 않았던 자신의 경험까지 이야기하는 것이다. 우리는 이러한 리더를 마음으로 따른다.

"내가 자네 위치에 있을 때는 어땠는지 아는가? 도대체 손을 쓸 수 없을 정도로 일을 망쳐 놓았었지. 그때……."

곤란에 빠진 부하직원에게 이렇게 말할 수 있는 리더야말로 진정으로 믿을 만한 리더이다. 자신도 항상 성공한 것은 아니라는 고백은 상대방에게 큰 용기를 준다.

하지만 이번에도 균형이 관건이다. 리더는 약점과 강점 사이의 긴장을 놓치지 말아야 한다. 리더가 부하직원들의 도움으로 약점을 해결하려 하면 혼란을 빚을 수밖에 없다. 약점을 드러내는 것은 좋지만 부하직원들의 힘을 빌려 약점을 극복하면 그들을 이끌 수 없다. 치유는 외부에서 해결해야 한다. 마이클 델의 경우 수줍은 성격 문제를 직원들이 아닌 치료 전문가나 컨설턴트의 도움으로 해결했다. 마이클은 자신도 인간이지만 동시에 충분한 능력이 있다는 점을 인식시켰다.
신뢰를 얻으려면 이러한 투명성이 요구된다.

3부
현실과 진실

INTEGRITY

◢Ⅲ The courage to meet the demands of reality

7장
현실을 직시하라

곤경에 빠진 어느 애견 사료 제조 업체에 관한 유명한 일화가 있다. 그 회사의 매출은 날이 갈수록 악화됐다. 회사를 설립한 이후 매일 성과를 체크하던 CEO는 급락한 매출에 속이 무척 상했다. 결단력 강한 그는 즉시 조치를 취하기로 하고 전국적으로 마케팅을 담당했던 광고 업체를 바꾸었다.

브랜드 네임을 새로 정하고 포장을 바꾸고 새로운 모델까지 등장시켜 매출 회복에 박차를 가했지만 매출액은 변동이 없었다. CEO는 더 화가 났다. 이번 광고 업체도 그를 실망시켰던 것이다. 무엇을 더 해야 하는 것일까?

"그 업체를 당장 해고하고 이번에는 더 뛰어난 업체를 찾아내도록 하시오! 더 이상 실패는 없습니다. 다시는 실패하지 않도록 엄청난 투자를 감행하시오!"

그는 지엄한 명령을 내렸다. 명령을 받은 팀은 재빠르게 움직여 최고의 광고 업체와 손을 잡고 엄청난 기대감으로 다시 출발했다. 이번만큼은 실패할 리가 없었다. 상점들의 고급 인테리어, 엄청난 샘플 공세, 개를 데리고 공원을 산책하는 사람들을 대상으로 한 대대적인 시식 행사 등 애견 사료 분야에서 생각할 수 있는 방법이란 방법은 총동원했다. 삼척동자도 이 사료에 관해 알 정도였다.

일사분기를 마감했으나 여전히 매출 신장은 나타나지 않았다. 이에 CEO는 더 공격적인 조치를 취했다. 마케팅 부서 직원들을 전원 해고하고 최고의 인재들로 다시 팀을 짠 것이다. 이제 약점은 완전히 사라졌다. 회사 내부나 외부의 패인을 모조리 제거했다. 완전히 새로운 시작이었다.

새로운 팀은 새로운 전략을 세워 의욕적으로 일했다. 드디어 매출을 보고하는 날, 웃는 사람은 아무도 없었다. 지난 몇 년간 달라진 게하나도 없었고 또다시 제자리걸음이었다.

CEO는 회의를 소집했다. 그는 누구의 책임인지 알고 싶었다. 누군가 농땡이를 부린 게 틀림없었다. 범인을 잡아내야 했다. CEO는 죄인을 처단하고 적임자를 찾아내라는 지시를 내렸다. CEO가 공급망의 배송 스케줄, 상점들의 공간 배치, 인구 통계, 광고 업체의 가격 정책 같은 실행 요소들을 분석하고 있는 중에 조용히 있던 젊은 팀장이 손을 들었다.

"회장님, 한 말씀 드려도 되겠습니까?"

"좋네. 뭔가?"

CEO는 자기 말을 끊은 데 대해 약간 기분이 나쁜 눈치였다.

"안타깝지만 개들은 저희 사료를 좋아하지 않습니다."

찬물을 끼얹은 듯 방 안이 싸늘해졌고 CEO는 멀뚱멀뚱한 눈으로 그를 쳐다보기만 했다. 다음에 무슨 일이 벌어졌을까? 지금부터 그것을 주제로 이야기하고자 한다.

진실성의 기본

앞서 살폈듯이, 정직과 윤리가 인테그리티의 전부는 아니지만 하나의 측면인 것은 분명하다. 정직과 윤리가 없으면 나머지도 없다. 거짓말쟁이나 사기꾼을 따를 사람은 어디에도 없다.

잭 웰치Jack Welch가 그의 저서 『잭 웰치, 위대한 승리Winning』에서 말했듯이 정직하지 못한 사람을 해고하는 것은 "생각하고 말고 할 문제가 아니다." 모든 사람이 기본적으로 정직하다면 월스트리트를 혼란에 빠뜨린 '엔론Enron' 사태 등은 일어나지 않았을 것이다. '진실 말하기'는 진실한 태도의 첫 번째 측면이다. 누구나 진실한 사람과 함께하기를 원한다.

하지만 안타깝게도 많은 사람들이 거짓말을 한다. 사실 우리 대부분은 가끔씩 거짓말을 한다. 누군가 "몸은 어때?"라고 물을 때 몸이 좋지 않을지라도 괜찮다고 말한다. "내 노래 어땠어?" 예배가 끝난 후 성가대인 친구가 물으면 형편없었음에도 "정말 좋았어!"라고 대답한다. 우리는 마음속에 있는 말을 늘 그대로 표현하지는 않는다.

우리는 여러 가지 이유로 그렇게 대답한다. 기분을 띄워 주고 싶어서, 상처를 주기 싫어서, 다투기 싫어서 등 여러 가지 요인이 우리로 하여금 작은 거짓말을 하게 만든다. 우리는 이 정도 거짓말은 대수롭지 않게 여긴다. 기껏해야 가끔 형편없는 노래를 들어주기만 하면 그만이라고 생각한다. 이런 태도의 문제점에 관해서는 나중에 다룰 것이다.

그러나 슬프게도 거짓말은 이 수준에서 멈추지 않는다. 좋은 성품을 지닌 사람들은 대개 이렇게 말한다.

"굳이 상대방의 마음을 아프게 할 필요는 없잖아(이를테면 '이 옷을 입으면 뚱뚱해 보이니?'라는 질문에 마땅히 해줄 만한 답은 없다). 하지만 객관적인 문제에 대해서는 거짓말을 하지 않으니까 괜찮아."

우리는 보통 이런 사람들을 상대하기 마련이다. 하지만 정말 좋은 사람인데도 자기 이익을 위해서라면 거짓말을 하는 경우가 적지 않다. 언젠가 직원이 주택 융자금 대출을 받기 위해 연봉을 허위로 작성해 달라는 부탁을 했다. 그는 대출금을 갚을 능력이 충분했고 현실 측면에서는 아무런 문제가 없었다.

정말 그럴까? 그는 기본적으로 정직했다. 대인관계에서나 사업상 관계에서나 믿을 만한 사람이었다. 하지만 그에게 이런 거짓말은 아무런 문제가 아닌 듯했다. 갚을 능력이라는 '현실 측면'에서는 문제가 없었지만 그것과 상관없이 나는 그의 부탁을 거절했다.

그의 아이디어가 괜찮다고 말해 주고 싶었지만 사실을 왜곡할 수는 없었다. 그것은 엄연히 사기이고 옳지 못한 행동이었다. 그가 나를 어떻게 생각할지 몰라도 나로서는 다른 선택의 길이 없었다. 하지만 많은 사람들이 나와 다르게 생각한다. 마땅한 이유가 있고 아무에게도 상처를 주지 않는다면 상황에 따른 거짓말은 상관없다는 태도가 우리 사회에 팽배해 있다. 납세 부정에서 지각에 대한 변명까지 사람들은 다양한 거짓말을 한다.

물론 상황 윤리를 적용해야 할 때도 있다. 누군가 총을 들고 사무실에 난입해 다른 사람이 있냐고 물으면 우리 대부분은 책상 밑에 숨어 있는 사람의 생명을 보호하기 위해 거짓말을 한다.

그러나 이에 대한 도덕적 가치 판단은 '최대의 선'이 무엇이냐를 따져야 하기 때문에 다소 복잡한 문제이다. 일단 이러한 고민을 하는 사람들은 대개 정직한 사람이므로 그들에 대해서는 걱정할 필요가 없다. 그들은 충분히 고민을 한다. 그들이 때로 그릇된 행동을 하더라도 그들의 의도는 언제나 최대의 선을 실현하는 것이다.

사실을 감출 만한 상위의 도덕적 근거가 없을 때는 어떤 대가를 치르더라도 진실을 말해야만 인테그리티 성품을 소유한 사람이라고 할 수 있다. 사실 대가가 따를 때에도 진실을 말할 수 있는지가 진실성의 진정한 척도라 할 수 있다. 일종의 손실이나 부정적인 결과가 예상될 때 사람들은 거짓말을 한다. 성품 진실성에 대한 이 책의 탐구는 대가가 따를 때의 상황에 초점을 맞춘다.

"나는 르윈스키라는 여성과 성적 관계를 맺지 않았습니다."

누구나 아는 이 발언은 눈앞의 손실이나 부정적인 결과에 대한 두려움에서 나온 것이다.

"실수를 저질렀습니다. 죄송합니다."

당사자가 처음부터 이렇게 말했다면 아마도 다른 흔적을 남겼을 것이다. 그러나 대가가 따르는 진실을 숨기려는 경향은 인간 본성의 일부이며 안타깝게도 이런 경향은 진실을 말하는 것보다 오히려 더 나쁜 결과를 초래하곤 한다.

오랫동안 부부들을 상담하다 보니 이러한 사례를 상담한 적이 많았다. 가정의 재정 현실이 남편의 말과 매번 달랐다는 사실에 절망한 나머지 내 사무실에서 흐느끼던 여성이 생각난다.

남편은 가정을 꾸리기 위해 필요한 돈을 벌려고 최선을 다했지만 매번 일이 뜻대로 풀리지 않았다. 아내는 계속된 재정적 불안 속에서 힘든 생활을 했다. 그런데도 남편은 남의 밑에서 안정적으로 월급을 받기보다는 자기 사업을 고집했으니 아내로서는 답답할 따름이었다. 알다시피 사업은 불안정한 길이다. 유독 이러한 불안정을 잘 견디지 못하는 사람들이 있는데 바로 그녀가 그랬다. 그녀는 남편의 약속처럼 가정 형편이 풀리지 않자 짜증을 내고 바가지를 긁었다.

이런 상황이 되풀이되자 점차 남편은 아내에게 불안감을 주지 말아야 한다는 압박감을 느끼게 되었다. 아내의 분노와 실망감에 놀란 남편은 상황이 실제보다 나은 것처럼 꾸몄다. 아내가 알아채기 전에 상황을 바로잡고자 했다. 그는 아내를 안심시키고 아내의 바가지를 피하기 위해 여기서 꿔다가 저기를 메우는 식의 행동을 되풀이했다. 그러나 가장 큰 문제는 그가 자금을 돌린 것이 아니라 그 사실을 아내에게 말하지 않은 것이었다. 그가 아내의 분노와 실망감을 피하기 위해 사실을 과장시킨 일은 이외에도 많았다. 결국 아내가 진실을 알게 되었을 때 그는 상대를 안심시키거나 나쁜 결과를 피하기 위해 진실을 왜곡한 대가가 얼마나 큰지 깨달았다.

기만의 대가는 진실의 대가보다 크다.

그녀가 내 사무실에서 흐느낀 것은 돈 문제 때문만은 아니었다. 그녀는 재정적 늪에서 함께 벗어나고자 하는 의지가 충분했다. 그녀가 울먹인 이유는 더 이상 남편을 믿을 수 없었기 때문이었다.

"사막 위에 서 있는 기분이에요. 이런 상황인가 싶으면 저런 상황이더라고요. 진실을 알면 답을 찾을 수 있어요. 하지만 진실인 줄 알았는데 알고 보니 전부 거짓인 상황은 견딜 수가 없어요."

돈으로 아내를 실망시킨 것보다 관계와 삶의 현실에 대한 아내의 신뢰를 잃은 것이 남편에게는 더 뼈저린 손실이었다. 현실을 알면 그것을 다룰 수 있다. 그러나 진실을 알지 못하면 곤란에 빠질 수밖에 없다. 이제 아내는 남편이 무슨 말을 해도 불안하기만 했다. 남편의 말이 사실이라고 믿을 신뢰의 기본이 무너져 버린 것이다. 남편이 괜찮다고 말해도 내일이면 압류 통지서가 날아올 게 뻔했다.

이 여성의 근심을 월스트리트 세계로 옮겨 보면, 지난 몇 년간 기업 회계 추문 이후에 투자자들이 증발한 이유를 알 수 있다. 진실성이라는 기본적인 문제점을 철저히 다루지 않는 한 신뢰를 회복할 길은 없다. 사생활이나 월스트리트 세계나 다를 게 없다. 인테그리티 성품이 관건이다.

내가 말하고자 하는 진실성의 기본 원칙은 좋은 성품을 소유한 사람은 진실을 숨김없이 말하는 사람이라는 것이다. 기업에서 정부, 가정, 거래, 우정에 이르기까지 삶의 모든 측면에서 진실성은 뼈대를 이룬다. 진실성이 없으면 아무것도 없는 것이나 다름없다. 몇몇 국가에 경제적 소망이 없는 것도 따지고 보면 진실성 결여가 주된 원인이다. 부패와 부정직한 행태가 사회 전반에 깔려 있는 곳에 누가 투자를 하거나 사업을 하려 하겠는가? 진실성은 삶의 뼈대이다. 그런데 이것이 애견 사료와 무슨 관계가 있는 것일까?

더 높은 차원의 진실성

거짓말을 하지 않는 것이 진실성의 기초라면 그 다음은 무엇인가?
진실성은 성공과 관련되어 있는가? 있다. 그것도 아주 깊게.

사랑과 삶에서 성공하려면 진실을 말하는 것만으로는 부족하다.
거짓을 모르는 수많은 정직한 사람들이 잠재력을 제대로 실현하지 못
하고 있다. 지능과 재능에 비해 턱없이 낮은 수준의 성과와 성공에 머
물러 있다. 그것은 거짓말을 하기 때문이 아니라 성과에 꼭 필요한 현
실의 일부를 놓쳤기 때문이다.

성공한 사람, 곧 통합적이고 완전한 성품을 소유한 사람은 늘 진실
을 제대로 알고 그것을 점점 더 깊이 이해하려고 노력하는데 그러려
면 몇 가지 특징들이 필요하다. 이 특징들은 나중에 살피고 여기서는
통합적이고 완전한 성품이 왜 그토록 중요한지만 정확히 이해하고 넘
어가자.

앞서 CEO가 생각한 것처럼 세계 최고의 애견 사료가 있어도 그것
에 관해 아는 사람이 없다면 돈을 벌 수 없다. 이 경우에는 마케팅과
홍보를 통해 제품을 세상에 알려야 한다.

마케팅 능력이 없으면 입소문이 전국에 퍼질 즈음 자본 비용이 감
당할 수 없을 만큼 치솟아 결국 사업에서 손을 뗄 수밖에 없다. 제품
을 아는 사람의 수가 재빨리 임계 규모critical mass 혹은 티핑 포인트tipping
point에 이르러야 사업이 성공을 거둘 수 있다. 따라서 마케팅이 시원치

않다면 그 현실을 직시한 다음 마케팅 인력을 교체하여 성공으로 나아가야 한다.

마케팅은 세계 최고인데 제품이 최악이라면? 마케팅 능력을 키워봤자 실망하는 고객의 수만 늘어날 것이다. 갈수록 브랜드 이미지만 나빠질 테니 오히려 팔리지 않는 편이 이익이다. 한 번 제품을 이용한 고객은 결코 다시 구입하지 않을 것이다. 이때는 애견들이 자사의 사료를 싫어한다는 현실을 재빨리 파악하고 제품이 세상에 나오기 전에 맛을 바꿔야 한다. 한마디로 현실 위에 서 있어야 한다는 말이다. 성공은 오직 현실의 바탕 위에서만 나타난다.

좀 더 복잡하게 가정해 보자. 애견 사료를 판매하는 슈퍼마켓이 진짜 시장이 아니라면? 세상이 진작 바뀌었는데 당신이 그것을 모르고 있다면? 차에 탄 채 사료를 구매하는 패스트푸드 애견 사료 전문점이 새로운 추세임을 모르고 있다면?

마찬가지로 개인적인 영역으로 눈을 돌렸을 때, 아이의 선생님이 무능력한 게 아니라 아이가 외로움에 빠진 게 성적 하락의 원인이라는 사실을 당신이 모르고 있다면? 이런 현실을 놓치면 인생에서 가장 중요한 영역에서 끔찍한 결과를 맞을 수 있다. 다음은 내가 가장 좋아하는 말이다.

현실은 항상 우리의 친구이다.

이유는 너무도 뻔하다. 현실 외에 모든 것은 공상이기 때문이다. 따라서 진짜 세상에서 진짜 결과를 얻으려면 내가 바라는 현실이나 남이 말하는 현실이 아니라 있는 그대로의 현실을 직시해야 한다. 결국 진짜는 현실뿐이다. 현실 속에서 수익도 생기고 사랑도 싹튼다.

짐 콜린스Jim Collins는 그의 저서 『좋은 기업을 넘어 위대한 기업으로 Good to Great』에서 시장의 성과를 6.9배나 앞질러 위대함으로 나아가고 그 자리를 15년이나 지킨 기업들을 연구하고 소개했다. 매우 실질적인 흔적을 남긴 이 기업들은 콜린스가 "냉혹한 사실을 직시하라"고 부른 원칙을 지켰다. 이 원칙은 현실을 똑바로 직시하고 정면 대결해야만 성공을 거머쥘 수 있다는 것이다. 애견들이 자사의 사료를 싫어한다면 그 사실을 직시해야 한다. 콜린스는 다음과 같이 표현했다.

"좋은 수준을 넘어 위대함으로 발돋움한 기업들은 두 가지 독특한 형태의 훈련된 사고를 실천했다. 첫 번째, 이들 기업은 전체 프로세스에 철저한 사실적 사고를 주입시켰는데, 이는 이 책의 주제이기도 하다. 먼저 냉혹한 사실을 직시하지 않고서는 결코 계속해서 좋은 결정을 내릴 수 없다. 좋은 수준을 넘어 위대함으로 발돋움한 기업들은 이 원칙에 따라 운영된 반면 비교 기업들은 전반적으로 그렇지 않았다."

이 글의 요지는 베트남 전쟁 때 8년간 포로로 고문을 당한 후에 의회의 명예훈장을 받은 짐 스톡데일Jim Stockdale 장군과의 대화에서 비롯한다. 대화 속에서 스톡데일은 자기 생존의 비결을 밝힌다.

"이것은 매우 중요한 교훈이다. 결국에는 성공할 거라는 믿음, 결코 실패하지 않으리라는 믿음과 '눈앞에 닥친 상황에서 냉혹한 사실을 있는 그대로 직시하는 자세'를 혼돈해서는 안 된다."

처절한 포로수용소 속 현실이든, 가정의 재정 문제로 인한 갈등이든, 『포춘』 선정 500대 기업의 전략이든 간에 현실을 직시해서 손해볼 일은 없다. 현실 직시는 새로운 현실을 만들어 내기 위한 열쇠이다. 현재 서 있는 자리를 정확히 알기 전에는 결코 새로운 자리로 갈 수 없다. 앞서 내가 상담한 여성은 이렇게 표현했다.

"그게 뭐든 진실을 듣고 싶어요. 진실을 알아야 뭘 해야 할지 알 수 있거든요."

큰 성공을 거둔 사람들은 현실을 직시한 후 그것을 다룬다. 반대로 실패자들은 어떤 식으로든 현실을 피한다. 앞으로 살피겠지만, 이는 그들 안에 현실과 접촉하지 못하도록 만드는 뭔가가 있기 때문이다. 보통 원인은 평안의 욕구이다. 나쁜 현실을 직시하고 그것을 떠안기란 쉽지 않다. 어떤 형태로든 사실을 왜곡해야 마음이 편하다. 자신의 성과에 관한 진실을 외부의 탓으로 돌리는 것도 한 방편이다.

"나 때문이 아니야."

애견 사료 업체의 CEO도 마케팅이 문제가 아니라 다른 데 문제가 있다는 현실을 직시하지 못했다. 문제는 사료였다. 어떤 부분이 그의 눈을 가린 것일까?

나는 골프를 배우며 자랐는데 까다롭고 노련한 프로 선수인 코치로부터 인생 최대의 교훈 중 하나를 배웠다. 나는 토너먼트 시합을 한 후에는 늘 코치에게 상황을 보고해야 했다. 코치가 점수를 물으면 늘 사견부터 늘어놓았다.

"선생님, 전 정말 잘했어요. 16번 홀까지는 언더파를 쳤거든요. 그러다가 그만 공이 지독한 러프에 떨어졌어요. 결국 더블 보기를 범하고 말았죠. 만약 그 사고만 없었다면 69타에 마무리했을 거예요. 하지만 그 일로 집중력을 잃고 보기를 두 번이나 더 범했어요."

73타로 바뀌기 전 언더파 라운드의 흥분이 여전히 나를 감싸고 있었다. 하지만 내가 코치에게 말한 것은 거짓 현실이었다. 나는 69타가 73타보다 더 현실적인 것처럼 말하고 있었다. '만약'이란 말이 내게는 휠씬 편하게 느껴졌다.

"헨리, 나는 과정을 묻는 게 아니야. 몇 점이냐니까?"

코치가 언제 처음 이 말을 했는지는 기억나지 않지만 그는 내가 깨우칠 때까지 귀에 못이 박히도록 말했다. 코치의 말뜻을 해석하자면 이렇다.

"점수판은 네가 이런저런 실수를 범했다거나 좋은 점수를 낼 뻔했다는 식의 과정은 따지지 않아. 물론 지구가 평평하면 너도 잭 니클라우스Jack Nicklaus처럼 칠 수 있겠지. 하지만 점수판은 그런 것 따위엔 관심이 없어. 현실은 네가 친 점수야. 몇 타로 마무리했어? 그것만 말해!"

실제로 낸 점수가 곧 현실이다. 원하는 점수나 과정에 연연하는 한 현실을 볼 수도 잠재력을 실현할 수도 없다. 이 교훈을 깨달은 후에 나는 현실을 직시해야 했다. 나는 공을 러프에 떨어뜨렸고 두 번의 보기를 더 범했다. 나는 그 라운드에서 패했다. 이제는 이런 현실을 다룰 차례이다. 문제의 원인인 스윙 습관을 직시한 후에 연습을 하면 다음에는 조금 나아질 수 있다. 하지만 현실을 깨닫기 전까지는 마음으로 바라는 69타가 아닌 73타를 칠 수밖에 없다.

"우리가 살고 있는 우주가 더 좋은 곳으로 느껴지도록 존재하지 않는 다른 우주에 머물자." 내 고객의 남편이나 짐 콜린스가 소개한 실패한 기업들 대부분은 이런 어리석은 사고에 빠져 있었다. 하지만 우리가 살고 있는 곳을 더 좋게 만드는 길은 그곳에서 일어나는 일을 직시하고 그것을 정면으로 다루는 것뿐이다. 콜린스가 말했듯이 성공은 현실 속에서 이루어지며 현실을 직시하기만 하면 성공은 그리 멀지 않은 곳에 있다. 그 이유는 단순하다. 모든 일에는 이유가 있기 때문이다.

한번은 성공한 출판업자에게 책이 잘 팔리는 이유를 물었다. 이는 곧 사람들이 성공하는 이유에 관한 대화로 이어졌다. 끝 무렵에 그가 이런 말을 했다.

"결국 사람들은 마땅히 이를 곳에 이릅니다. 성공한 사람이나 실패한 사람이나 다 이유가 있다는 말입니다."

나는 그의 말뜻을 정확히 이해했다. 때로 예외적인 행운이나 인생의 복이 찾아오기도 하고 어처구니없는 비극이 결과에 영향을 미치기도 하지만 보통은 전체 상황 속에 '이유'가 있다.

중력과 비행기의 경우가 그렇다. 비행기가 공중에 떠 있는 것은 행운이 아니다. 비행기가 추락하지 않고 날아가는 것은 날개가 똑바로 펴 있고 엔진이 불을 뿜고 있기 때문이다. 한마디로, 비행기가 떠 있는 데는 이유가 있다. 이것이 우주를 다스리는 현실이다.

혼돈 이론이나 무작위에서 질서가 나온다는 이율배반처럼 우리가 이해하지 못하는 이상한 일들이 있지만 그럼에도 우주에는 질서가 있다. 무작위든 질서든 우리는 현실을 찾아 그에 보조를 맞춰야 한다. 현실은 어디까지나 현실이다. 성공한 사람은 현실 안에서 살며 현실을 다룬다.

그러나 그러려면 먼저 현실을 봐야 한다. 마케팅이 아니라 사료에 문제가 있다는 것을 보지 못하도록 시야를 막는 눈가리개는 무엇인가?

더 높은 차원의 진실성은 정직한 이들의 이야기이다. 거짓말을 하지 않는 진실성의 기본을 갖추었다고 끝나는 것이 아니다. 눈가리개를 풀고 현실을 볼 수 있어야 한다. 애견 사료 업체의 CEO는 거짓말쟁이가 아니었다. 단지 눈가리개를 썼을 뿐이다. 그리고 여기에 핵심이 있다. 이런 현상을 야기하는 것은 성품에 뿌리를 두고 있다. 이제 우리는 기본적인 정직honesty을 넘어선 많은 것들을 살펴볼 것이다.

그들을 볼 수 있도록 돕고 다른 사람들보다 더 많은 현실을 직시하도록 돕는 사람의 성품이 무엇인지, 무엇이 그들에게 명쾌한 시야를 제공하는지 알아보자.

8장

현실을 분석하라

릭 워렌Rick Warren 목사는 세계적인 베스트셀러 『목적이 이끄는 삶The Purpose Driven Life』으로 출판계의 역사를 바꿨다. 그는 저술뿐 아니라 교회 성장에 관해서도 믿기 어려운 성공을 거두었다. 그가 세운 새들백 교회는 등록 교인만 자그마치 8만 명에 달한다.

하지만 그가 언제나 탄탄대로를 달렸던 것은 아니다. 1980년에 신학교를 갓 졸업한 릭과 아내 케이Kaye는 무일푼으로 서던 캘리포니아로 건너갔고 거기서 독특한 목회 방식으로 교회를 세웠다. 여느 교회들처럼 시설을 물색하고 대단한 음악가들을 모으고 그럴싸한 설교 준비부터 한 것이 아니라 먼저 집집마다 돌아다니며 사람들에게 교회에 나가지 않는 이유를 물었다. 그리고 나서 '교회에 나가고 싶지 않은 이유'가 없는 교회를 만들어 비그리스도인들이 원하는 것을 제공했다. 오늘날 새들백 교회는 미국에서 가장 큰 교회 중 하나이다. 다음은 2004년 2월 16일자 『포브스Fobes』에 실린 기사이다.

새들백 교회는 기업으로 따지면 델, 구글, 스타벅스에 버금간다.

현실을 탐구하라

이 이야기가 성품과 무슨 관계가 있는가? 생각해 보라. 릭 워렌 목사는 이미 현실을 다 아는 것처럼 행동하지 않고 집집마다 돌며 현실을 분석했다. 어느 정도 위치에 오른 사람들은 대부분 오만함이나 아집에 빠져 "나도 다 아니까 상관하지 마"라는 식으로 행동하기 쉽다. 이러한 태도는 진짜 현실을 놓치게 만든다.

현실을 지레짐작하지 않는 사람들은 겸손한 태도로 탐구한다. 여기서 피앤지P&G에서 국제 마케팅 부장을 지낸 내 친구의 일화를 소개하고자 한다. 그는 미국과 유럽에서 엄청난 성공을 거둔 후에 새로운 사업의 책임자로 임명되어 중국 지사에서 일하게 되었다. 아무런 기반도 잡히지 않은 상태에서도 그는 2년 만에 10억 달러에 가까운 매출을 달성했다. 나는 그에게 비결을 묻지 않을 수 없었다.

"모르는 게 있으면 조사해야 해. 모든 사람들이 이를 그저 이로만 생각하고 있을 때 현실을 뒤져 보면 색다른 광경이 드러나지."

중국에 도착한 내 친구는 먼저 사람들을 이해하려고 노력했다. 그는 쌀 농장을 거주지로 택했는데 이는 사람들의 세제 사용법뿐 아니라 그들에 관해 알기 위함이었다. 중국 사람들에 대한 색다른 정보는 그에게 막대한 수익을 안겨 주었다.

"알고 보니 중국 사람들은 이가 딱딱한 에나멜처럼 충격에 매우 강하다고 생각하더군. 그래서 그들에게 칫솔질은 단순히 '표면을 닦는' 행위였지. 중국의 치약들은 거품이 많고 냄새가 좋았지만 중소 브랜드 한두 종류에만 불소가 함유되어 있었어. 불소가 함유된 '콜게이트Colgate 치약'은 3년 전 중국에 입성했기 때문에 우리는 상당히 불리한 처지에 있었지. 이에 맞선 우리 측 전략은 소비자들의 통념을 깨는 것이었어. 이에는 수천 개의 작은 구멍이 있으며 불소 함유 치약인 '크레스트Crest'가 그 구멍을 채워 이를 강하게 만든다고 홍보했지. 그 결과 소비자들은 우리 브랜드에 강력하고도 지속적으로 반응했어."

이러한 일을 가능하게 한 것은 바로 성품이다. 마케팅 분야에 있어서는 세계 최고 수준이었는데도 자만하지 않고 더 많은 것을 배우려는 자세가 바탕이 되었기 때문이다. 그는 모르는 것을 알아내려고 노력한 끝에 현실을 찾아냈다.

그는 겸손한 태도로 현실을 탐구했다. 이처럼 진실을 추구하는 사람들은 진실을 탐구하고 다음 단계 등을 알아내기 위해 최선을 다해 현실을 파헤친다. 현실을 최고의 파트너로 보기 때문에 파트너를 파악하는 일이 그들에게는 최우선 과제이다.

이런 사람들의 흥미로운 특징 중 하나는 늘 현실을 갈구한다는 것이다. 정직하기는 하나 현실을 적극적으로 갈망하지 않는 사람들과는 다르다. 현실이 눈앞에 다가와 문제로 닥칠 때 그것을 부인하는 사람은 거의 없다. 그때는 누구나 현실을 인정할 수밖에 없다. 그러나 수동적일 뿐 적극성이 없다. 내가 여기서 말하는 사람들은 목숨을 걸고 현실을 좇는 사람들이다.

앞서 마이클 델의 예에서 직원의 절반이 회사를 떠날 생각을 한다는 사실을 회장에게 말해 준 사람은 아무도 없었다. 델이 직접 현실을 탐구해 알아낸 것이다. 그는 사람들이 처한 상황과 그들의 기분을 알아내고자 적극적으로 내부 조사를 실시했다. 이것이 내가 말하는 탐구이며, 이는 삶의 모든 측면에서 극히 중요하다. 행복한 결혼생활 이면에는 상대방의 현실을 꾸준히 탐구하는 배우자들이 있다. 존 고트맨John Gottman의 연구 결과를 보면 잉꼬부부들은 상대방의 현실을 아주잘 파악하고 있다. 존 고트맨 박사는 내 실버Nan Silver와 함께 쓴 『행복한 부부 이혼하는 부부The Seven Principles for Making Marriage Work』에서 이렇게 말했다.

"감성 지능이 높은 부부들은 배우자의 세상에 매우 익숙하다. 나는 이들을 '정밀한 사랑의 지도를 갖고 있는 부부'라 부른다. 내가 말하는 사랑의 지도란 배우자의 삶에 관련된 모든 정보를 담고 있는 두뇌의 한 부분이다. 달리 표현하자면, 이들 부부에게는 배우자를 위한 방대한 인지 공간이 있다. 그들은 부부에게 중요한 행사들을 기억하며 서로의 세상에 관한 사실과 감정이 변할 때마다 꾸준히 정보를 업데이트한다."

뒷부분에는 이런 내용이 실려 있다.

"배우자의 세상에 대한 정밀한 사랑의 지도를 가진 부부들은 결혼생활의 스트레스와 갈등을 평범한 부부들보다 훨씬 잘 극복한다."

"서로의 세상에 관한 사실과 감정이 변할 때마다 꾸준히 정보를 업데이트한다"라는 말은 서로의 현실을 적극적으로 탐구한다는 뜻이다. 사업이든 결혼생활이든 현실을 아는 것이 성공의 첫 번째 단계라는 것이다. 수동적인 자세로는 결코 현실을 알 수 없다. 적극적인 탐구 자세가 필요하다.

적극적인 현실 탐구의 반대는 회피이다. 현실을 군이 탐구하지 않는 사람들에게는 다양한 성품 문제가 있다. 애견 사료 업체의 CEO를 보자. 그는 제품이 문제라는 현실을 회피한 나머지 막대한 돈과 인력, 시간, 시장 점유율을 잃어버렸다. 그는 왜 그토록 무지몽매했을까? 이야기를 들어 보면 별것도 아니다. 그런데도 사람들은 기본적인 성품 문제로 매일같이 이 CEO와 똑같은 실수를 되풀이하고 있다. 가장 흔한 문제는 다음과 같다.

- 다른 현실에 대한 감정적 집착 : CEO의 아버지가 독특한 애견 사료 제조법으로 회사를 창립했다고 하자. 아버지가 남긴 애견 사료 제조법을 버리려면 아버지에 대한 감정적 애착을 억눌러야 한다.
- 세부 사항들을 다루는 데 대한 두려움 : 제품이 나쁘다면 우리의 현 상태는? 사업을 계속할 수 있는 상황인가? 핵심 제조법이 그토록 엉망이라면 다음 단계에서 취해야 할 조치는 무엇인가? 이 CEO가 처한 현실은 모든 것을 포기하고 완전히 새로운 방향으로 나아가는 용기를 요구한다.

오만하고 자아도취에 빠진 사람은 자신이 가장 많은 것을 알고 있으며 누구보다도 현실을 정확히 파악하고 있다고 자부한다. 자신의 판단이 틀렸다는 것은 상상조차 하지 못한다.

어떤 이유나 두려움 때문이든 그것은 결국 그 사람의 기질 문제이다. 진실을 추구하는 것은 사람들이 삶 속에서 취하는 자세이다. 그것은 사람들이 이 땅에서 존재하는 방식이며 실존주의자들의 말을 빌리자면 "세상에 있는" 방식이다. 진실을 추구하는 사람들은 현실을 삶의 나침반으로 삼는다. 그것이 그들의 존재 방식이다.

올바른 진실 탐구는 세 가지 영역에서 균형을 이룬다. 첫 번째, 진실을 추구하는 사람들은 외부 세계에 관해 탐구한다. 회사나 시장 같은 주위의 현실이 어떻게 돌아가는지 깊이 알고자 한다. 그들은 진실만이 궁극적인 성공으로 향하는 유일한 길임을 알며 "현실을 이미 안다"는 식의 오만을 내려놓고 현실을 찾아냄으로써 이익을 얻는다. 이에 대해 경영학의 거장 피터 드러커Peter Drucker는 『피터 드러커 경영 바이블The Daily Drucker』에서 다음과 같이 말했다.

"끊임없이 대두되는 문제 중 하나는 개별 기업의 의사 결정자가 현실을 직시하고 '모두가 아는' 사실의 유혹, 즉 내일이면 유해한 미신이 될 수밖에 없는 어제의 확실성의 유혹을 뿌리쳐야 한다는 것이다. 거친 시대를 다루려면 새로운 현실을 직시해야 한다. 다시 말해, 다음과 같은 질문으로 시작해야 한다. '세상의 진짜 모습은 무엇인가?' 몇 년 전에나 통했던 주장과 가정에 얽매여서는 안 된다."

두 번째, 그들은 남들이 피드백을 줄 때까지 기다리지 않고 자신에 대한 솔직한 피드백을 직접 찾아 나선다. 피드백을 성장의 디딤돌로 보기 때문이다. 몇 년 전 현실을 헤쳐 나가기 위해 모인 몇몇 CEO들과 경영자 수련회를 주관한 적이 있는데, 업계의 떠오르는 별부터 산전수전으로 잔뼈가 굵은 베테랑 CEO들까지 대거 참석했다. 첫날 저녁, 모두가 둥그렇게 앉아 각자 어디서 살고, 무슨 일을 어떻게 하며, 이번 수련회에서 무엇을 얻어 가고 싶은지를 이야기했다.

떠오르는 별이라 불리던 CEO의 이야기가 끝나자 베테랑 경영자들 중 한 명이 질문했다.

"피드백을 얻고 싶소?"

그의 말투로 봐서는 지혜로운 조언을 해주려는 것인지 젊은 경영자의 어리석음을 꾸짖으려는 것인지 알 수 없었다. 포커페이스에서도 아무런 단서를 읽을 수 없었다. 이에 대한 젊은 경영자의 짤막한 대답을 영원히 잊지 못할 것 같다.

"뭐든 선물을 베푸세요."

그는 자신이 알지 못하는 현실을 밝혀 주기만 한다면 어떤 피드백이든 선물로 받아들일 준비가 되어 있었다. 당시 내 머리를 스치고 지나갔던 생각이 지금도 기억난다. '이 경영자의 행보를 유심히 지켜봐야겠어.'

진실을 추구하는 사람들은 자신에 관한 현실을 알기 원하지만 스스로 자신을 정확하게 바라볼 수 없다는 사실을 인정한다. 그래서 그들은 다양한 통로로 자기 현실을 분석한다. 이를테면 자신의 상황을 보기 위해 전문 기관에 360도 피드백을 의뢰한다. 멘토나 믿을 만한 친구, 심리 치료 전문가 등 합리적인 의견을 줄 누군가에게 자기 상황을 털어놓는 것도 한 방법이다. 입에 발린 소리를 들으려는 게 아니라 현실의 소리를 듣기 위해서이다.

자신이 현실의 소리에 얼마나 마음이 열려 있는지 확인하고 싶은가? 그렇다면 직장 동료나 개인적으로 가까운 사람에게 100퍼센트 솔직한 의견을 구했을 때 자신의 심정이 어떨지 상상해 보라. 이를테면 상대방에게 "나와 통화할 때 어떤 기분이 들어?"라고 물어 보라. 이때 자신에 관한 많은 것을 알 수 있다는 생각에 들뜨는 사람이 있는 가 하면 신경을 곤두세우는 사람도 있다. 진실을 추구하는 사람이라 면 현실을 파트너로 보기 때문에 호기심 가득한 눈으로 귀를 쫑긋 세 울 것이다. 불쾌한 답변이 돌아오더라도 그는 그것을 긍정적으로 받 아들인다.

있는 그대로의 현실을 통해서만 우리는 자신의 진정한 강점과 약 점을 파악할 수 있다. 정상에 오른 사람들은 오직 현실을 근거로만 판 단한다. 그들은 강점을 활용하며 약점으로부터 자신을 보호한다. 그 러나 자신에 관한 현실을 알지 못하면 강점과 약점이 무엇인지조차 알기 힘들다. 강점과 약점을 아는 지식이야말로 성패를 가르는 열쇠 이다.

갤럽Gallup Organization의 마커스 버킹엄Marcus Buckingham과 도널드 클리프 턴Donald Clifton은 그들의 저서 『위대한 나의 발견 강점 혁명Now, Discover Your Strengths』에서 이렇게 말했다.

"약점을 고치는 게 아니라 오직 강점을 극대화함으로써만 두각을 나타낼 수 있다. 자기 약점을 무시하라는 말은 아니다. 우리가 소개한 사람들은 자기 약점을 무시하지 않았다. 그보다는 훨씬 더 효과적인 방법을 사용했다. 그들은 약점을 다룰 수 있는 길을 찾았고 그 덕분에 강점을 더 날카롭게 갈고닦을 여유를 얻었다. 각 사람마다 방법은 조 금씩 달랐다.

팜Pam은 전략적 계획을 써 줄 외부 컨설턴트를 고용함으로써 여유 를 얻었다. 빌 게이츠Bill Gates도 비슷했다. 그는 파트너인 스티브 발머 Steve Ballmer에게 경영을 맡겼고 자신의 강점인 소프트웨어 개발 분야로 복귀했다. 피부병학자 세리Sherie는 적성에 맞지 않는 의료 행위들을 그만두었다. 잡지 편집자 폴라Paula는 밀려드는 일감을 거절했다."

승자들은 자신을 정확히 알고 그에 맞게 발전을 꾀한 사람들이다. 그들은 강점을 활용하고 약점을 다룰 줄 안다. 내 견해로, 이런 종류의 약점은 여기서 논하고 있는 성품의 문제가 아니라 재능이 없는 영역을 의미한다. 재능과 달리 성품은 다루고 '고쳐야' 할 영역이다. 단, 완전한 성품으로 성장해 가는 내내 우리는 현실을 정확히 알아야만한다. 자신을 제대로 알아야 입지가 강해진다.

역기능 장애를 일으키는 사람을 보면 대개 자기 인식이 부족하다. 아이러니하게도 우리가 보지 못한 단점은 남의 눈에 더 잘 띈다. 우리는 자신의 문제를 부인하려고 애쓰지만 남들은 문제를 캐내려고 애쓴다. 우리가 알아서 자신을 인식하지 못하면 결국 남들에게 창피만 당하게 될 것이다.

물론 '보지 못하는 것'은 인간의 본성이다. 이것이 이 장에서 말하고자 하는 요점이다. 에덴동산의 무화과 나뭇잎 이야기부터 프로이트의 방어기제 개념, 셰익스피어, 실존주의 및 인본주의 심리학의 '거짓 자아false-self' 개념에 이르기까지 진실 외면이 인간의 한 특징이라는 것은 누구도 부인할 수 없는 사실이다.

"바보는 스스로를 현자로 생각하지만 현자는 스스로를 바보로 생각한다."

셰익스피어의 『뜻대로 하세요As You Like It』에서 나온 말이다. 바보는 자신의 어리석은 부분, 즉 약점뿐 아니라 강점조차 보지 못한다. 이처럼 자신을 있는 그대로 보지 못하는 것이 인간이다.

하지만 현명한 성품을 소유한 사람은 자신을 직시한다. 그런데 여기서 의문이 생긴다. 인간이 스스로를 속이는 존재라면 속임을 당하는 '관찰자(우리)'가 어찌 자신을 볼 수 있다는 말인가? 답은 외부에서 진실을 '구하는' 성품의 속성에 있다. 승자들은 질문을 던지고 진실을 깨우쳐 줄 사람들을 구한다. 자기 눈으로 볼 수 없는 영역이 있음을 알기에 자신에 관한 외부의 피드백을 소중히 여길 줄 안다. 마이클 델의 경우, 스스로는 수줍음이 많은 성격이라고 생각했지만 남들은 무관심한 사람이라고 생각했다. 그는 자신의 정보에서 그치지 않고 외부의 정보를 구한 덕분에 성공할 수 있었다.

자신에 관한 진실을 두려워하고 숨기는 태도를 지니고 있으면 현실에서 멀어져 엉뚱한 방향으로 흘러갈 수밖에 없다. 진실로 향하는 길을 막고 두려움을 만들어 내는 성품 문제들은 다음과 같다.

- 내가 틀렸거나 심각한 흠을 안고 있다는 사실을 직시하지 못하도록 만드는 두려움 : 이는 수치심이나 가까운 사람들의 사랑과 관심을 잃을지 모른다는 두려움으로 이어진다.
- 과거의 좋거나 나쁜 경험에서 비롯한 고정된 자아상 : 우리의 어릴 적 관계들은 자아상을 형성하는데, 새로운 시각을 얻으려면 기존의 자아상에 의문을 제기해야 하기 때문에 불안감이 나타난다.
- 새로 발견한 현실을 다루기 위한 기술이나 자원의 부족 : 판도라의 상자가 열리면 어떻게 감당해야 하나?
- 인생 계획이나 방향을 완전히 바꿔야 할 필요성 : 부모님은 내게 이러한 재능이 있으니 이러한 일을 해야 한다고 했는데 현실은 그렇지 않으면 어쩌지? 내 진정한 재능이 내 꿈과 일치하지 않으면 어쩌지?

자신의 현실을 탐구하는 사람은 어떤 현실이든 받아들일 용기가 있다. '현실의 요구를 충족시키는 성품'에는 자신에 대한 진실의 요구를 충족시킨다는 의미도 포함된다. 현실을 직시할 때 그에 따른 고통을 감내하면 외부 세계의 요구를 더 잘 충족시킬 수 있다. 자신을 있는 그대로 볼 줄 안다면 자기 밖의 세상도 훌륭히 다룰 수 있을 것이다.

시카고 교외에 있는 윌로우크릭 교회Willow Creek Church는 하버드 비즈니스 스쿨의 연구 대상이 되었을 정도로 놀라운 성장률을 보인 교회이다. 밑바닥에서 시작한 이 교회는 현재 2만 명이 출석하는 미국 최고의 교회로 발돋움했다. 미국 재계의 내로라하는 인물들은 물론이고 대통령들까지 이 교회의 리더십 강연회에 강사로 참여했다. 이 교회 교인들과 이야기를 나누다 보면 우리는 곧 "마지막 10퍼센트를 말해주세요"라는 말을 듣게 될 것이다. 이는 이 교회가 다음과 같은 두 가지 사실을 알고 있다는 뜻이다.

하나는 사람들은 남들이 듣기 싫어하는 말은 하지 않는 경향이 있다는 점이다. 대부분 남들의 성과를 있는 그대로 비판하지 않고 이런 식으로 말한다.

"좋습니다. 당신이 노력한다면 더 잘할 수 있겠지만 이 정도로도 괜찮습니다."

하지만 속에 감추어 둔 나머지 10퍼센트는 다르다.

"있는 그대로 다 말씀드릴게요. 당신은 처음부터 다시 시작해야 합니다."

그리고 다른 하나는 잠재력을 최대로 발휘하려면 나머지 10퍼센트를 알아야 한다는 점이다. 나는 윌로우크릭 교회의 엄청난 성공 이면에 나머지 10퍼센트를 찾는 문화가 있었다고 확신한다.

나머지 10퍼센트를 알아내려면 진실을 갈구하는 성품이 있어야 한다. 부정적인 진실뿐 아니라 긍정적인 진실과 중립적인 진실까지 모두 갈구해야 한다. 부정적인 현실을 받아들이는 법과 진실을 가로막는 문제들에 대해서는 나중에 더 살필 것이다.

여기서는 인테그리티를 지닌 성품에는 자신에 관한 진실을 알고자 하는 목마름 혹은 욕구가 있어야 한다는 사실 자체에 주목하자. 이 진실을 얻으려면 외부의 목소리에 마음을 열어야 한다. 긍정적인 진실도 외면해서는 안 된다. 때로 우리는 너무 큰 책임이 따른다는 이유로 자신에 관한 진실을 모른 체한다.

"당신에게는 아직 사용하지 않은 재능과 능력이 있습니다. 그래서 당신을 부서 책임자로 임명하려 합니다."

어떤 이들에게는 이것이 두려운 소식이 되기도 한다. 이 소식이 외부로부터 억지로 침투하지 않는 한 그들은 이 사실을 외면하거나 아예 보지 못한다. 결국 잠재력을 끌어내 성장할 기회를 놓쳐 버린다. 때로 우리는 긍정적인 진실과 부정적인 진실을 모두 외면한다. 그러나 승자들은 두 가지 진실을 모두 찾는다. 그것이 설령 불안감을 안겨주는 진실이라 할지라도 말이다.

세 번째, 진실을 추구하는 사람들은 남들에 대한 진실도 찾는다. 우리는 자기 자신에 대한 진실만 외면하는 게 아니다. 우리는 과거의 경험 때문에 혹은 자신의 내적 안정을 유지하기 위해 남들을 있는 그대로 보지 못한다.

앞서 나온 CEO 브래드를 기억하는가? 그는 판매 부장 릭의 현실을 보지 못했다. 릭이 어떤 사람인지 그의 강점과 약점이 무엇인지 제대로 파악하지 못했다. 이는 브랜드가 나쁜 면이라고는 아예 생각조차 못하는 낙관론자였기 때문이 아니다. 문제의 뿌리는 자기 자신의 성과를 릭에게 의존한다는 데 있었다. 브랜드의 행동은 친절하게 부장을 감싸려는 것이 아니라 자신을 지키려는 것이었다. 그러나 그는 다른 사람에 관한 진실을 직시하지 못한 탓에 스스로 무덤을 파고 말았다.

도대체 정상적인 면이라고는 찾아볼 수 없는 사람과 사랑에 빠지는 외로운 남녀에서부터 엉뚱한 사람을 고용하거나 어리석은 제휴를 맺는 기업인까지 남들에 관한 진실을 왜곡하는 것은 우리를 곤란에 빠뜨리는 결정적 원인 중 하나이다. 이러한 경향이 나타나는 데는 우리의 기질과 관련된 몇 가지 이유가 있다.

첫 번째, 우리는 과거에 안 좋았던 기억을 떠올리게 만드는 사람들을 정확하게 보지 못한다. 이러한 현상을 '전이transference'라 한다. 이는 과거 경험에 비추어 남들을 보는 인간 성향이다. 어렸을 때 겪었던 가슴 아픈 경험과 비슷한 일이 일어났을 경우, 남들이 놓치는 부분을 포착할 수 있다는 점에서는 이러한 현상이 유용할 수 있다. 그러나 그 경험을 극복하지 못한 사람의 경우에는 비슷한 경험 앞에서 맹목적으로 대처하거나 과잉반응을 보일 수 있다. 누구나 어느 정도 이러한 성향을 지닌다. 예를 들어, 남들은 단지 별난 사람 정도로만 여기는데 나만 유독 끔찍하게 꺼려지는 사람이 있을 수 있다. 이는 과거에 비슷한 유형의 사람에 대한 안 좋은 경험이 있기 때문이다.

두 번째, 우리는 자신의 필요 때문에 남들에 관한 진실을 왜곡한다. 브랜드와 릭의 경우가 그랬다. 사람이 너무 그리운 나머지 누구를 봐도 좋게만 보이는 외로운 사람도 그렇다. 좌절감이 너무 크면 강한 사람들을 이상화할 수 있다. 그들을 보면 혼란의 한복판에서도 안정감이 느껴진다. 문제는 그들이 남들의 형편은 아랑곳하지 않고 막무가내로 밀고 나가는 불도저 유형일 수도 있다는 점이다. 이때 힘에 대한 갈망이 사라지고 나면 자신이 어리석었음을 깨닫는다.

반대의 상황도 이루어진다. 불도저 유형에게 호되게 당했던 사람은 다감한 사람에게 끌리기 쉽다. 하지만 다감한 모습의 이면에는 지나치게 수동적인 태도가 있을 수 있다. 이런 경우, 초반의 안도감이 사라지면 상대에 대한 존경심도 함께 사라진다.

세 번째, 우리는 우리 자신을 제대로 보지 못해 남들에 관한 진실을 왜곡하곤 한다. 나를 찾아온 고객 중 무책임한 사람들과 거짓말쟁이들을 마구 욕했던 사람이 있었다. 그들은 단지 그의 심기를 건드렸을 뿐이었고 그렇게 매도당한 사람들 중에는 그렇게 나쁘지 않은 사람들도 있었다. 좀 별나기는 해도 무책임하거나 기만을 일삼는 사람들은 아니었다. 하지만 그는 그들을 막무가내로 비판했다.

당시 나는 그가 그들을 너무 왜곡된 시선으로 보고 있으며 내가 진실을 말해 주면 곧 수긍할 것이라고 생각했다.

그런데 얼마 후 그의 동료들이 와서 새로운 진실을 알려 주었다. 그는 자신의 무책임과 기만행위는 전혀 깨닫지 못하고 있었다. 심리학 용어로 표현하자면 그는 '투영'하고 있었다. 자신의 문제점은 보지 못하고 오히려 그것을 남들에게 투영했다. 그 결과, 남들에 관한 현실을 보지 못했고 우수한 인재들을 놓치고 말았다. 자신의 단점을 남들에게 투영했으니 그들의 장점이 보일 리 만무했다.

어떤 리더는 특정 분야에 '놀라운 강점'이 있다는 사람을 영입하기 위해 큰 대가를 치르려 했다. 코칭의 일환으로 그 영입 대상과 이야기를 나눈 결과, 리더가 그의 강점을 얼마나 과대평가했는지 알게 됐다.

그는 리더가 말한 것처럼 결코 엄청난 사람이 아니었다.

더 놀라운 점은 리더가 그토록 비싼 값을 치르면서까지 얻으려 했던 능력이 리더 자신에게 있었다는 사실이다. 그 놀라운 강점이 리더의 자아상 안에 없었기 때문에 밖으로 꺼내지 못했을 뿐이다. 리더는 자기 안에 있던 강점을 다른 사람에게 투영했다. 그는 밖에서 그 능력을 찾을 필요가 없었다. 자신에게 그 능력이 있다는 사실을 깨닫기만 한다면 그것을 얻을 수 있었다. 그는 늘 자신의 능력을 무시하던 아버지와 형 때문에 잘못된 자아상을 가지고 있었다. 이제 껍질을 깨고 성장의 길로 나아가야 했다.

반면 통합된 성품을 소유한 사람들은 남들에 대한 진실을 왜곡하지 않는다. 그들은 자신의 문제와 남들에 대한 왜곡된 진실을 극복한 후에 수정처럼 맑은 시각을 얻고 그것을 통해 더 많은 진실을 탐구한다. 현명한 사람들은 속담의 교훈처럼 친구를 신중하게 사귄다. 고용이나 결혼, 제휴, 이혼, 해고, 결별 등을 결정할 때 상대방의 진짜 모습을 알려고 노력한다. 어느 방향으로든 갈 수 있지만 결정에 앞서 늘 "이것이 진짜 나인가? 이것이 그의 진짜 모습인가?"라는 질문을 던진다. 자신의 인식이 어디서 오는지 꾸준히 확인하며 진실을 알아내려고 애쓴다.

"그녀를 과대평가했어."

"그를 과소평가했어."

주위에서 심심치 않게 들리는 말이다. 하지만 통합된 성품을 소유한 사람들은 늘 현실을 갈구하기 때문에 그런 후회거리를 남기지 않는다. 아무리 두려워도 아무리 비싼 대가가 예상되어도 그들은 끝내 현실을 찾아 직시한다.

성공의 열쇠, 관찰적 자아

지금까지 외부로부터 현실에 관한 피드백을 얻으면 자신에 관해 더욱 분명히 알 수 있다는 이야기를 했다. 이 외에도 중요한 피드백 메커니즘은 '우리 자신'에게서 피드백을 얻는 것이다. 이 메커니즘은 자신의 생각, 행동, 태도, 감정, 능력, 선택, 가치, 욕구, 재능 등을 점검하는 능력이다. 백미러로 경찰이 보일 때 안전하게 운전하는 것은 외부 피드백에서 나온 것이다. 반면, 아무도 없을 때도 안전하게 운전하는 것은 성숙하다는 증거이다.

인간 기질의 이 측면을 지칭하는 용어들이 많지만 심리학자들은 '관찰적 자아observing ego'라는 용어를 쓴다. '자아'는 '나'를, '관찰적'은 '지켜보다', '민감하다', '주목하다'를 뜻한다. 종합하면 '관찰적 자아'는 '나를 관찰하는 나의 일부'이다. 최상의 흔적을 남기는 사람들에게는 이런 자아가 풍부하다. 그들은 자신과 자신의 행동을 있는 그대로 본다.

현재 함께 출판 프로젝트를 진행하고 있는 사람들과 전략 기획 모임을 가진 적이 있었다. 그런데 모임 끝 무렵에 분위기가 다소 침체되었다. 문제는 모임을 진행하는 회사 사장에게 있었다. 그는 모임을 독단적으로 끌고 갔고 자기 의견이 전체의 의견인 양 밀어붙였다. 나는 분위기가 바뀌는 과정을 분명히 느낄 수 있었다. 모임 장소를 떠나면서 사장의 문제점을 어떤 식으로 깨우쳐 줄지 고민했다. 그는 평소에도 자주 그런 모습을 보였다. 좋은 사람이었고 함께 일하고 싶은 동반자였기 때문에 어떻게든 문제의 원인을 찾아 고쳐 주고 싶었다.

그를 찾아가기 전날 사장으로부터 당시 일을 사과하는 이메일이 도착했다. 자신이 회의 분위기를 망쳐 놓았다는 것을 시인하는 내용이었다. 나중에 만났을 때 그는 자신의 문제점을 고칠 수 있도록 조언을 해달라고 했다. 그는 누군가가 말해 주기 전에 자기 잘못을 깨달았던 것이다. 스스로 헤아릴 줄 아는 그의 모습을 보면서 그가 다시는 그런 행동을 하지 않으리라 확신할 수 있었다. 스스로를 볼 줄 아는 사람에게는 '자정 능력'이 있다.

누구나 문제점이 있고 어리석은 행동을 하는 순간이 있다. 중요한 것은 스스로 문제점을 보고 고치는 능력이다. 그 사건으로 인해 우리 팀의 미래에 대한 확신이 더욱 강해졌을뿐더러 왜 그가 공기업의 CEO 자리까지 오르고 그 많은 세월 동안 성공을 거두었는지 새삼 깨닫게 되었다.

또 다른 모임이 생각난다. 당시 유수 텔레비전 방송국의 국장이 연설 중 말을 잠시 멈췄다가 이런 말을 꺼냈다.

"제가 마이크를 오래 잡고 있더라도 용서해 주세요. 제가 가끔 그러거든요. 그러니 제가 말이 너무 많다고 생각하시면 말씀을 해주세요. 하지만 이 문제에 대해 드릴 말씀이 너무 많습니다."

그러자 여기저기서 괜찮다는 말들이 튀어나왔다. 이번에도 내가 감명을 받은 부분은 그의 '즉각적인' 자기 인식 능력이었다. 그는 자신의 성향이 얼마나 파괴적일 수 있는지 알고 있었으며 자신의 그런 행동을 '즉석에서' 알아챘다. 자기 인식 능력을 갖춘 사람은 비행기나 우주선에 비견할 만하다. 비행기가 항로를 벗어나거나 과속을 하고 있으면 즉시 계기판이 그 사실을 조종사에게 알려 준다. 그러면 조종사는 사고가 일어나기 전에 문제를 해결할 수 있다.

인간은 누구나 완전히 성숙하지 못한 감정과 오류, 약점, 착각, 왜

곡, 판단 착오 등 문제의 소지를 안고 살아간다. 물론 성장하면서 점점 틈이 메워지지만 틈을 완전히 없앨 수는 없다. 인간인 이상 이러한 불완전성을 피할 수는 없다. 그러나 불완전성이 일으키는 문제점을 인식하고 있다면 해결 방법은 있다. 자신과 자신의 행동을 인식하기만 하면 마땅한 조치를 취할 수 있다. 인식하지 못한다면 해결책도 없다. 분야를 막론하고 관찰적 자아는 성공의 결정적 열쇠 중 하나이다. "내가 여기서 뭘 하고 있지?"라는 물음은 올바른 방향을 가리키는 나침반과 같다.

진실에 대한 중립적인 태도

좋은 흔적을 남기는 사람은 진실과 관련된 또 다른 성품의 측면을 지닌다. 이 측면은 심리학에서 말하는 진실에 대한 '감정 수가emotional valence'와 관련이 있다. '수가'는 감정을 자극하는 상황의 힘을 나타내는데 어려운 현실에 닥치면 부정적인 감정 수가가 현실 대처 능력을 압도하기도 한다. 극단적인 경우에는 감정 수가가 극도로 높아져 심한 정신적 충격을 받아 살아갈 힘을 송두리째 잃어버릴 수도 있다. 이처럼 극단적인 경우는 아닐지라도 우리는 가슴 아픈 소식을 들으면 그 소식에 동화되곤 한다.

성공하는 좋은 성품의 사람은 가슴 아픈 진실을 '중화'할 줄 안다. 별일 아닌 척 진실을 왜곡하는 것이 아니라 지나친 감정을 배제한 채 상황을 바라보는 것이다. 진실에 대한 중립적인 태도에 대해서는 나중에 자세히 다룰 것이므로 여기서는 현실을 직시하는 핵심 요소로서 중요한 역할을 한다는 것을 이해하면서 간단히 살펴보자.

감정이 없는 냉혈한이 되자는 말은 아니다. 통합된 성품을 소유한 사람들은 상황이나 자기 자신, 남들에 대한 어려운 진실을 살피되 그 속의 '독침'을 뺄 줄 안다. 예를 들어 부정적인 진실을 부드러움으로 중립화한다. 그들은 현실에 사적 감정을 개입시키지 않는다. 그 덕분에 현실을 받아들여도 탈이 나지 않는다. 그들은 자신이나 남들을 미워하거나 해답을 찾기 어려울 정도로 부정적인 감정을 품지 않는다.

몇 년 전 인터넷 열풍이 처음 불었을 때 나는 온라인 판매를 위한 웹 사이트를 구축했다. 당시에는 생소한 개념이었던 전자 상거래에 참여한다는 기분에 나는 한창 들떠 있었다. 그때 전자 상거래로 큰 성공을 거둔 친구가 전화를 했다.

"자네 사이트를 보게."

"응? 왜 그래?"

"자네 사이트에서 물건을 사려면 GPS가 있어야 할 걸세. 문제가 좀 있어."

마른하늘에 날벼락이 따로 없었다. 조언을 하는 내 친구의 어조는 '중립적'이었다. 부정적인 소식을 듣고 동요되었던 내 마음은 그의 어조와 배려를 통해 안정을 찾아갔다. 그는 나를 깔아뭉개지 않았다. 걱정하는 마음으로 현실을 전한 것이었고 나는 그의 조언대로 사이트를 수정했다.

만약 그가 가혹하고 거만한 태도로 말했다면 그의 피드백을 받아들이기 힘들었을 것이다. 나는 아마 문제 자체보다 그의 태도를 놓고 고민했을 것이다. 이것이 여기서 말하고자 하는 요점이다. 극단적인 감정은 진실을 활용하지 못하도록 만드는데 일관된 진실성을 소유한 사람들은 그런 감정에 휘말리지 않는다. 그들은 쓰라린 진실에서 '독침'을 뽑아냄으로써 상황을 좋은 쪽으로 바꿀 줄 안다.

그들은 긍정적인 현실도 '중립적인 태도'로 수용한다. 좋은 소식이 날아오더라도 진실과 그 관련 상황을 헤아리지 못할 정도로 들뜨지 않는다. 나중에 '분열'에 관한 논의에서 이 점을 더 다루겠지만 진실이 눈앞에 나타날 때 그 분위기를 파악하는 것은 중요하다. 진실의 분위기가 우리를 파괴시킬 만큼 가혹한가? 그러니까 그 안에 독침이 있는가? 좋은 소식임에는 틀림이 없지만 분위기가 지나치게 들떠 있어서 아직 해결해야 할 부분이 있다는 사실을 자칫 망각하게 할 수 있는가? 성숙한 사람은 진실의 모든 측면을 종합적으로 고려한다.

감정과 합리적인 판단

인간에게는 뇌가 하나가 아니다. 정확히 말하면 뇌의 시스템이 하나가 아니다. 한 시스템은 감정적이고 주관적으로 '생각'하는 반면 다른 시스템은 논리적이고 이성적으로 '판단'한다. 각 시스템이 서로에게 정보를 제공하며 서로의 의사결정을 돕는다. 균형 잡힌 인간의 뇌 시스템은 팀워크를 이루어 회사의 위원회처럼 움직인다.

인간의 뇌 시스템은 서로 조화를 이룰 때도 있지만 '독식'을 하기도 한다. 실제로 위원회의에서 힘센 위원이 전 과정과 발언권을 독식하는 일이 벌어지기도 한다. 우리의 두뇌도 그럴 수 있다. 예를 들어, 감정적 측면의 힘이 너무 강하면 아주 어리석은 결정을 내릴 수 있는 것이다.

통합된 성품을 소유한 사람들은 장기적으로 볼 때 강한 감정과 판단력 사이의 균형을 이룬다. 그들도 분노할 때는 균형을 잃은 것처럼 '보이지만' 사실은 그렇지 않다. 그들은 언제나 사고력의 모든 기능을 활용할 수 있으며, 감정 상태가 '도에 지나치는' 일은 없다.

여기서 첫 번째 논점은 감정 상태의 힘이다. 앞서 말했듯이 성품은 도덕의 옳고 그름을 초월한다. 도덕 문제는 나중에 초월에 대한 논의에서 다룰 것이다. 우리가 말하는 성품은 어디까지나 '현실의 요구를 충족시키는 능력'이다. 감정 상태가 너무 강하면 사고력이 떨어지며, 그 순간에는 현실의 요구를 다루는 능력이 약해진다.

누구나 그런 경험을 할 수 있다. 정말 나쁜 소식을 듣고 나서 중차대한 결정을 내려야 했던 순간을 떠올려 보라. 닥친 상황을 해결하기 전까지는 회사 일을 제대로 할 수 없을 것 같아 하루 휴가를 낸 적은 없는가? 단순히 모임 전에 누군가와 언짢은 일이 있어 모임에 온 신경을 집중하지 못했던 기억은 없는가? 이는 이전 사건에서 발생한 감정의 힘이 정신의 힘을 압도했기 때문이다. 지극히 정상적이고 흔한 일이다.

힘 측면 외에 감정은 철저히 주관적이다. 예컨대, 슬픈 감정이 너무 강하게 일면 그 순간만큼은 '온 세상'이 어둡게 보이는 것이다. 고등학교 졸업 파티 때 짝을 찾지 못한 사람의 기분이 어떻겠는가? 아마 인생이 끝난 기분일 것이다.

주관적인 감정 상태에 빠지면 사건의 의미를 분석하는 사고력이 제힘을 발휘하지 못한다. 두려운 일이나 나쁜 일이 일어나면 주관적 감정이 힘을 얻고 중요한 사실들을 망각하게 만든다. 그 순간에는 인생의 순리를 떠올리지 못한다. '시간이 지나면 나아지고, 다른 사람에게 도움을 요청하고 상황을 더 정확히 파악한다면 충분히 극복할 수 있을 거야', '이 사람이 나를 못살게 굴어도 어디선가 도움의 손길이 나타날 수도 있지' 등 우리는 이러한 인생의 순리를 이미 알고 있지만 감정이 고조되면 아무런 생각도 하지 못한다.

감정 상태의 힘과 주관성이 하나로 모이면 우리는 이성적 사고력을 전혀 활용하지 못한 채 매우 어리석은 결정을 내릴 수 있다. 통합된 성품을 소유한 사람들은 이런 감정의 함정에 빠지지 않는다. 사업에는 내리막과 오르막이 있다. 승자들은 인생의 힘든 여정을 헤쳐 나가면서도 감정에 굴복하지 않고 현실을 있는 그대로 직시한다. 상황이 나빠지면 그들은 마음을 다잡은 뒤에 헤쳐 나갈 길을 모색한다.

또한 흥분된 감정을 다스릴 줄도 안다. 자사 제품이 시장에서 어마어마한 성공을 거두었다고 해서 즉시 거기에 자신의 전부를 걸지 않는다. 냉정한 이성을 바탕으로 결정했던 예비금 비축, 다각화, 투자, 차익거래, 기타 '현명한' 전략들을 다시금 철저히 고민한다. 첫 데이트가 매우 황홀했다고 해서 성급하게 청혼하지 않는다. 그들은 뇌의 양편을 모두 사용할 줄 안다.

선생님에게 화가 났다고 즉시 아이를 전학시키는 부모에서 매출 하락에 더럭 겁을 먹은 나머지 그 의미를 철저히 고민해 보지도 않고 전략을 바꾸는 CEO에 이르기까지 수많은 사람들이 감정 때문에 일을 그르치곤 한다. 성공하려면 감정의 불길이 타오를 때 사고력으로 통제할 수 있어야 한다. 나는 감정이 올바른 판단력을 마비시키는 바람에 말 그대로 수백만 달러를 날리는 사람들을 수없이 목격했다. 감정의 힘이나 주관성 때문에 어리석은 판단을 내리는 것이다.

왜 통합된 성품을 소유한 사람들은 그러한 우를 범하지 않는 것일까? 결단력의 힘 때문일까? 감정에 지배당하는 사람들의 정신력이나 의지가 약하다고만 볼 수는 없다. 그보다는 내면의 상처를 꺼내 해결하지 않은 탓이다. 해결되지 않은 많은 상처를 안고 살아가는 사람일수록 감정으로 일을 그르치기 쉽다. 우리 모두는 그럴 수 있다. 따라서 우리는 어려운 현실 앞에서 판단력이 흐려지지 않도록 마음에 남은 상처를 다루어야만 한다.

감정이 너무 강한 것만이 문제가 아니다. 약한 사고력을 키울 필요성도 있다. 나중에 다시 살피겠지만 '흑백논리'나 '비관론'에 빠질 때나 격한 감정을 가라앉힐 때 도움이 되는 구조화된 경험들을 충분히 내면화하지 못한 것이 문제의 원인이 되기도 한다. 이런 경우 경험이 많은 사람들에게 자신의 격한 감정을 솔직히 털어놓고 감정을 가라앉히기 위한 사고 과정들을 배워야 한다. 이유야 어쨌든 감정 상태에 휘말리지 않고 합리적인 판단을 내릴 때 인생의 흔적은 완전히 달라진다.

지킬 박사와 하이드

어디를 가든 지킬 박사와 하이드 같은 사람은 존재한다. 그 정도까지는 아니라도 우리 모두는 어느 정도 양면성을 가지고 있다. 전문 용어로는 '분열'이라 하는데 우리의 일부가 다른 부분과 연결되지 못하고 때로 양극화됨을 의미한다.

가장 흔한 형태는 '선'과 '악'의 분열이다. 이는 자신이나 다른 사람, 세상을 '완전히 좋거나 완전히 나쁘게' 받아들이는 경향으로 성숙하지 못한 사람에게서 나타나는 주요 특징이다. 여기서 성숙하지 못하다는 말을 사용한 것은 그것이 사고와 인식의 '정상적인' 발달 단계이기 때문이다. 삶을 회색으로 보는 유아나 어린아이는 거의 없다. 아기들에게 삶은 흑 아니면 백이다. 아기는 따뜻하고 배부르고 뽀송뽀송함을 느끼면 행복하게 웃지만 그렇지 않을 때는 곧 울음을 터뜨린다. 중간은 없다. '약간 불편하지만 그나마 이 정도라 다행이야. 엄마가 몇 시간 전에 젖을 주었지. 감사한 일이야. 너무 늦지 않게 엄마가 다시 젖을 줬으면 좋겠어.' 이렇게 생각하는 아기는 없다. 아니, 진정한 의미에서 '생각' 자체를 하지 않는다. 아기들은 '느끼고 인식'한다. 그들은 우리가 '상태'라고 부르는 것, 즉 좋거나 나쁜 상태를 경험한다. 여기에는 자신과 다른 사람, 세상의 상태도 포함된다.

성숙한 사고를 통해 사람을 다루거나 임무를 완성하거나 배우자와 부모 등의 노릇을 할 필요가 없는 아기들이라면 아무래도 상관없다. 그러나 아기가 아닌 이상, 자신이나 다른 사람들을 흑백논리로 보면 많은 현실을 놓치고 어리석은 판단을 내릴 수밖에 없다.

중요한 프로젝트를 앞두고 프로젝트 팀 인원을 구성하는 문제를 놓고 회의를 한 적이 있었다. 특히 한 직원의 참여 여부를 놓고 논란이 일어났는데, 그는 훌륭한 강점을 지녔고 능력이 뛰어나서 매우 큰 도움을 줄 수 있는 사람이었다. 물론 약점도 없지는 않았다. 그런데 회의 중 이사 한 명이 들어와 우리 이야기를 듣더니 다짜고짜 과민반응을 보였다.

"가당치도 않은 소리요! 그 녀석은 얼간이요! 바보라고요. 그 녀석이랑은 함께 일할 수 없어요."

나는 어리둥절했다. 도대체 왜 그러는지 묻기도 전에 그가 이유를 설명했다. 예전 프로젝트 때 그 직원이 자기 마음에 들지 않게 행동했다는 것이었다. 그는 묵은 감정을 쏟아 내며 그 직원이 세상에서 가장 몹쓸 인간이라도 되는 양 철저히 깔아뭉갰다. 그때 나는 그 이사에 대해 더 많은 것을 알 수 있었고 앞으로는 그의 평가를 함부로 받아들이지 말아야겠다고 다짐했다. 또한 내가 그를 실망시키면 나쁜 사람으로 낙인찍힐 테니 너무 신뢰하지도 말아야겠다고 생각했다.

상황을 흑백논리로만 판단하는 사람들은 현실의 많은 부분을 놓친다. 자신이 실패하거나 실수를 저지르면 스스로를 '완전히 나쁜' 쪽으로 몰아붙여 늪에 빠지고 만다. 남이 실수를 해도 마찬가지이다. 프로젝트가 문제에 빠지면 그들은 '심각'해진다.

성숙한 사람들은 세상을 '전체 표상whole representation' 안에서 본다. 다시 말해 자신을 실망시킨 사람이라도 그의 실수만이 아니라 그의 '전체'를 보고 판단한다는 것이다. 따라서 약점과 더불어 강점도 놓치지 않는다.

외부 현실을 볼 때도 마찬가지이다. 성숙한 사람들은 일면이 아니라 전체 그림을 볼 줄 안다. 정치 토론 프로그램을 보면 일부 토론자들은 전체 그림을 보는 능력이 절대적으로 떨어진다. 특히 감정이 개입될 때는 극단으로 치닫는다. 성숙한 사람은 온갖 종류의 복잡한 현실을 다룬다. 아이들은 서로 뭔가를 빼앗고 뺏기는 광경을 보면 지레 나쁜 일이 벌어지고 있다고 판단한다. 그러나 경찰관이 범죄자를 좇기 위해 누군가의 차를 잠시 빌리면 어른들은 좋은 일이 벌어지고 있다고 이해한다.

한쪽 조건으로만 세상을 바라보면 성숙한 기능을 할 수 없다. 테니스 경기를 할 때 포핸드는 사용하지 않고 백핸드로만 공을 치는 것과 같다. 백핸드만으로는 칠 수 없는 공이 많다. 조그만 복잡성도 참지 못하는 경직된 사고의 사람과 일하면 여간 힘들지 않다. 이런 사람과 갈등을 해결하기란 하늘의 별 따기이다. 갈등 해결에는 외부로부터 들어온 진실을 직시하고 그것을 자신의 진실과 접목시켜 양극단을 초월한 해결책을 찾는 능력이 요구되기 때문이다.

다르게 보기: 동화와 조절 능력

1993년, 몇 가지 일을 함께 추진하던 회사에서 회의를 마치고 나서는데 사장이 내게 명함을 달라고 했다. 당시는 인터넷 열풍이 막 시작될 때였다. 내 명함에는 얼마 전에 만든 이메일 주소가 적혀 있었는데 그는 그 명함을 찬찬히 뜯어보았다.

"명함에 적힌 게 이메일 주소입니까?"

그가 곁눈질로 명함을 보면서 물었다.

"예."

"도대체 왜 명함에 이메일을 넣은 겁니까?"

"요즘 보는 책마다 앞으로는 사업이 이메일과 인터넷을 통해 이루어진다고 쓰여 있어서 말이죠. 이제 일터에서 문서와 정보를 나누는데 팩스 같은 도구보다도 이메일이 더 많이 쓰일 거라고 하더군요."

나는 시대를 앞서가야 한다는 점을 말하고 싶었다. 하지만 그는 고개를 갸웃거리고 눈알을 굴리면서 말했다.

"그런 일은 일어나지 않습니다."

나를 지구상에서 가장 어리석은 사람으로 생각하는 듯했다. 그는 세상사에 어두웠던 것이 아니라 자신의 세계관과 다른 새로운 정보를 대하는 태도에 문제가 있었다. 내가 제시한 정보를 깊이 생각해 보지도 않고 무시해 버렸으며 즉각적이고도 반사적으로 반응했다. 나는 그의 경직된 사고를 한눈에 알아챘다.

문득 그의 성과에 관심이 생겼다. 조사 결과, 그가 여태껏 몸을 담았던 기업들이 원래부터 일정 수준의 매출과 잠재력을 가진 기업들임을 알아냈다. 그는 기존의 운영 방식을 그대로 유지한 채 좋은 원칙과 구조를 적용하여 기업들을 6,000만 달러 규모 정도로 성장시켰다. 하지만 거기까지가 한계였다. 그가 속한 기업들은 거기서 성장을 멈추고 현상만 유지했다. 기업을 특정 수준까지 끌어올리는 것이 그가 가진 능력의 한계였다.

그와 함께 몇 번의 프로젝트를 더 추진해 본 결과, 원인을 알 수 있었다. 그는 이미 일정 수준에 오른 기업을 열심히 다듬어 그 안에서 최상의 결과를 뽑아냈다. 그는 철두철미했다. 그러나 자신의 세계관을 넘어 새로운 사업 방식을 찾아내거나 새로운 정보를 받아들이지 못했기에 어떤 변화도 추구할 수 없었다. 자신의 세계관과 다른 것은 모조리 틀린 것으로 간주했다. 따라서 그가 한계를 넘어 발전할 가능성은 희박했다. 기껏해야 똑같은 방식을 더 좋게 다듬을 수만 있을 따름이었다.

이는 '동화assimilation'와 '조절accommodation'이라는 과정과 관련이 있다. 동화와 조절이란 어느 정도 외부의 정보를 처리할 수 있게 되면 현실에 적응하고 외부 현실을 자신의 현실로 받아들이는 능력을 말한다. 이는 매우 중요한 능력이다. 자신의 세계관이 진짜 현실과 일치한다면 다행이지만 그렇지 않을 때는 많은 기능을 상실하게 된다.

예를 들어 보자. 피츠버그에서 로스앤젤레스까지 가야 하는데 당신의 손에 75년 전의 지도밖에 없으면 어떻게 하겠는가? 75년 전에는 존재하지 않았던 고속도로 등 당신이 활용할 수 없는 현실이 많다. 꼭 필요한 외부 현실이 당신의 지도상에 없는 것이다. 이때 당신은 낡은 시각만 활용할 뿐이고 능력도 그 수준을 벗어날 수 없다.

변화를 위해서는 먼저 당신이 알지 못했던 새로운 지도, 곧 정보를 얻어야 한다. 마음이 열린 사람이라면 나아가 그 정보를 받아들인다. 이처럼 새로운 정보를 받아들이는 것이 '동화'이다. 이로써 일단 정보가 당신 안에 들어온 셈이다.

다음 단계는 '조절'이다. 이는 새로운 정보에 맞게 당신의 세계관을 조절하는 것으로, 새로운 가족을 받아들이는 과정과 비슷하다. 새로운 가족에게 방을 내주면 가족의 구성이 바뀐다. 마찬가지로 새로운 정보가 들어오면 세계의 지도가 바뀐다. 새로운 정보에 맞춰 관점이 조절된다. 지도에서 새로운 고속도로를 찾을 수 있으므로 그만큼 세상을 보는 눈이 달라질 뿐만 아니라 정확한 시각을 갖게 된다.

미성숙한 성품이나 통합적인 못한 성품의 사람들은 다양한 이유로 부정적인 정보를 무시한다. 이를테면 다 안다는 식의 교만이 원인일 수 있다. "내가 틀렸다는 사실을 받아들이고 싶지 않아"라는 식의 독선도 한 원인이다. 새로운 현실에 적응하기에는 걱정과 두려움이 앞설 수도 있다. 부정확한 세상에서 사는 게 안전해 보일지라도 우리는 확실한 세상으로 나아가야 한다. 거짓 안전을 포기하는 것이 강하고 성숙한 사람의 태도이다.

내 명함을 보고 무시했던 사장이 이끄는 소매 체인은 운영은 효과적이지만 똑같은 매출 수준에 묶여 있다. 같은 지역에 있는 경쟁사들보다도 훨씬 뒤처져 있고 사업 방식은 80년대 수준이다. 사장은 신

기술을 믿지 않고 직원들도 그럭저럭 굴러가는 낡은 방식에 만족한다. 그러나 과거에 얽매여 있는 한 그들은 현재의 한계를 벗어날 수 없다.

세계적인 기업 애플Apple의 사례를 보자. 스티브 잡스Steve Jobs와 애플의 직원들은 남들이 보지 못한 트렌드를 발견했다. 당시는 소비자들이 음악을 즐기는 방식이 극적으로 바뀌기 직전이었다. 디지털 음악을 쉽게 구하고 쉽게 전송할 수 있다는 것이 새로운 현실이었다. 애플은 그러한 현실에 동화된 다음 대대적인 조절 과정을 거쳤다. 그 결과 탄생한 전혀 새로운 사업 부문은 mp3 플레이어였다. 요즘 사람들은 다른 회사의 mp3 플레이어를 손에 들고서도 아이팟iPod을 든다고 말한다. 애플은 남들보다 먼저 현실을 보고 효과적으로 자신을 조절했기 때문에 엄청난 변화를 이끌어 낼 수 있었다. 현재 애플은 계속해서 동영상 부문에서도 조절 과정을 거치고 있다. 만약 애플 직원들이 진실성이 닫혀 있어 "그런 일은 절대 일어나지 않아"라며 새로운 정보를 수용하지 않았다면 얼마나 큰 기회를 놓쳤겠는가?

그렇다. 통합된 성품이 부족한 대가는 실로 엄청나다. 방황하는 십대 자녀를 꾸지람과 매로만 다스리고 외출을 금지시킨다면 자녀는 더욱 마음의 문을 닫고 더 큰 탈선으로 빠질 것이다.

우리가 아들의 반항을 싹부터 잘라 버려야 할 문제로 단순하게 생각한다고 가정해 보자. 그 아들은 이만저만한 반항아가 아니다. 그러던 어느 날 출장 중 비행기 옆자리에 앉은 남성도 열다섯 살짜리 딸의 반항 때문에 꽤 골머리를 앓고 있다는 얘기를 한다. 아이가 어머니나 아버지 혹은 부모 모두에게 소외감을 느끼기 때문에 탈선한다는 내용의 책을 읽은 후에야 자신이 일에 치여 딸에게 신경을 쓰지 못했다는 사실을 깨달았다고 한다. 그때부터 그는 딸과 만나는 시간을 늘렸고 지금은 상황이 많이 좋아졌으며 딸의 반항이 단순한 것이 아니라 여러 요소가 얽혀 생긴 문제라는 것을 알고 자신의 생활 방식을 변화시켰다고 한다.

이제 우리는 어떻게 해야 하는가? 이 남성의 정보에 동화하고 그에 맞춰 우리의 관점과 행동을 조절함으로써 가족을 변화시킬 수 있을 것이다. 물론 동화와 조절을 거부하는 꽉 막힌 사람이라면 십중팔구 아들을 잃게 될 것이다.

결혼생활에서도 마찬가지이다. 부부간의 관계나 성 역할 등에 대한 자신의 시각이 현실과 동떨어져 있더라도 동화와 조절을 활용할 줄 아는 사람은 성공한다. 그렇지 않으면 점점 깊은 수렁에 빠지게 된다.

비즈니스에서도 마찬가지이다. 시장, 고객, 배송 방식, 고객의 필요는 시시각각 변한다. 짐 콜린스는 『좋은 기업을 넘어 위대한 기업으로』에서 크로거Kroger와 에이앤피A&P의 차이를 소개했다.

크로거는 세상이 변하고 있으며 이제 사람들이 잡화점 대신 슈퍼마켓을 찾는다는 현실을 직시했다. 그리고 이 현실에 대해 동화와 조절 과정을 거쳤다. 크로거는 그야말로 '모든 것'을 바꾸었고 그로 인해 엄청난 성공을 거두었다. 하지만 에이앤피는 과거의 현실에 맞춰 사업을 계속했고 그로 인해 엄청난 실패를 겪었다. 에이앤피의 세계지도는 부정확했다. 비틀즈Beatles를 놓친 음반 회사 사장의 이야기는 현실을 보지 못하면 얼마나 큰 기회를 잃어버리는지를 단적으로 보여주는 사례이다. 비틀즈라는 신인 그룹을 본 그는 음악도 별로인 데다 기타를 치는 시대는 지나갔다며 콧방귀를 뀌었다.

철도 회사들은 철도 사업이 아닌 운송 사업을 하는 것이다. 철도 회사들이 그런 현실을 직시했다면 비행기의 등장과 함께 판도가 바뀌었다는 새로운 정보에 동화되었을 것이다. 음반 회사들도 자신들이 카세트테이프나 CD 사업에 참여하고 있는 게 아니라는 현실을 깨달아야 한다. 세상이 달라졌으며 이제 사람들이 음악을 다운로드한다는 현실에 동화되어야 한다. 그리고 나서 그 현실에 자신을 조절해야 한다. 그렇지 않으면 오래 버티기 힘들다. 마이크로소프트Microsoft가 사람들이 명령어를 기억했다가 입력하는 방식보다 아이콘을 클릭하는 방식을 선호한다는 현실을 알아채지 못했다면 아마 지금쯤 매킨토시Macintosh가 세상을 주름잡고 있을 것이다.

인지와 감정의 유연성은 변화와 현실 타개의 열쇠이다. 이런 유연성을 얻으려면 두려움, 편견, 판단력, 경험, 자긍심, 오만, 의심, 불안, 게으름 등 인간의 여러 특징들을 통합해야 한다. 통합된 성품을 소유한 사람들은 그런 통합을 이루어 냈다. 그들은 성숙을 위한 과정을 겪은 끝에 사생활뿐 아니라 직장생활에서도 '현실의 요구를 충족시키는' 수준에 이른 것이다. 자신의 세계관을 현실 세계에 조절시키지 않는 사람은 성과에 대한 현실의 많은 요구를 다룰 수 없다. 카세트가 없는 고객들에게 카세트테이프를 팔 수 있겠는가?

현실을 직시하는 능력에 버금가는 능력은 없다. 자신과 다른 사람들, 주위 세상의 현실을 보는 능력이 날마다 성숙을 거듭하면 현실의 요구를 충족시키는 능력도 폭발적으로 증폭된다. 그들은 자신의 세계에서만 허우적대는 사람보다 훨씬 아름다운 관계와 성과의 흔적을 남긴다.

4부
결과와 성과

INTEGRITY

9장

성과를
내기 위해
노력하라

우리가 직장에서 받는 훈련은 대개 '업무'에 관한 정보와 경험으로 이루어진다. 의사는 질병의 종류와 치료법에 대해 전문적인 지식을 습득하고 병을 진단하고 치료하는 과정을 자세히 배운다. 영업사원은 고객 확보, 생산 라인, 계약 체결 등에 대해, 기술직 사원은 설계와 업데이트, 수리, 개조 등에 대해, 경영자는 사업 운영에 관한 원칙 등에 대해 배운다. 이처럼 배우는 내용은 다르지만 훈련의 대부분은 업무에 초점이 맞춰져 있다.

한 분야에서 오랫동안 일하다 보면 한 가지 사실을 깨닫게 된다. 일의 '내용'을 아는 사람은 많다는 것이다. 업무에 대한 정보, 과정,

목표, 방법 등은 잘 알고 있지만 뛰어난 성과를 거두는 사람은 별로 없다. 우리는 어떤가? 무엇을 해야 할지 잘 알고 있는데도 어떤 이유에서인지 남들이 더 뛰어난 성과를 내는가? 열심히 했는데도 왜 뒤처지는지 이해할 수가 없는가?

어떤 요소가 빠진 것일까? 어떤 부분을 바꾸면 좋은 성과를 거둘 수 있을까? 잘나가는 사람에게는 뭔가 있다. 성과를 만들어 내는 데는 많은 요인이 작용한다. 시장 변화나 경기 변동과 같은 요인은 우리의 힘으로는 어쩔 수 없다. 때로는 설명이 불가능한 이유로 인해 개인, 프로젝트, 상품, 사업이 성공하는 경우도 있다.

운이 좋은 경우를 제외하면 성공에는 그만한 이유가 있다. 높은 성과를 거두는 사람들에게는 특별한 '비법'이 있다. 그들이 행동하고 생각하고 관계를 맺는 방식에는 공통된 패턴이 있다. 이 패턴 역시 '아는 것'보다는 인간 됨됨이, 즉 현실의 요구를 충족시키는 성품과 관련이 있다. 특정한 패턴을 지닌 이들은 그저 열심히 일하는 사람들과는 다른 방식으로 일하며 더 많은 성과를 얻는다.

안타깝게도 우리는 이러한 성향과 '훈련'을 연결 지어 생각하지 못한다. 일을 하는 사람의 '성품'은 무시하고 일의 '내용'에만 모든 초점을 맞추기 때문이다. 20년이 넘는 시간 동안 수많은 리더와 조직을 컨설팅하면서 나는 사람들 대부분이 자기 분야에서 해야 할 일을 잘 알고 있다는 사실을 발견했다. 그러나 두각을 나타내는 사람들의 업무 방식은 보통 사람들과는 달랐다. 이는 지식보다는 성품과 관련이 있다. 모든 조건이 동일한 상황에서는 성품이 성패를 가른다.

하지만 이렇게 성과에 큰 영향을 미치는 성품 측면을 훈련시키는 회사가 얼마나 되겠는가? 대성하기 위해 필요한 특성들을 가르쳐 주는 교관이 얼마나 될까? 인간 됨됨이를 집중적으로 다루는 직원 수련회는? 사업 성공에 필요한 인간으로의 성장을 가르치는 대학 혹은 대학원의 과목은? 지금까지 살면서 성품에 관해 배울 기회가 얼마나 있었는가? 아마도 별로 없었을 것이다.

이제 '직업윤리'나 '헌신' 같은 주제로 성품을 이야기하는 수준을 넘어서야 한다. 물론 열심히 일하지 않거나 쉽게 포기하면 장기적인 성공은 꿈도 꿀 수 없다. 그러나 많은 사람들이 열심히 일하고 헌신하는데도 그리 좋은 성과를 거두지 못한다. 그 이유는 대개 진정한 성과를 거둘 만한 기질적인 측면들이 결여되었기 때문이다. 여기서는 이 문제를 살피고자 한다. 성과를 거두려면 어떤 인간이 되어야 하는가?

자신을 알라

위성 방송국을 세워 큰 성공을 거둔 친구가 있었다. 지금처럼 성공하기까지는 '외부의 개입'이 큰 역할을 했다. 처음 회사를 시작할 때 그는 자연스러운 과정을 성실하게 밟았다. 비전을 세우고 주위에 조언을 구하고 인재를 영입하고 장애물을 극복했다. 회사는 점점 좋은 기업으로 발전해 나갔고 고객들과 시청자들은 서비스에 만족했다. 그러나 어디까지나 그저 '좋은' 수준이었다. 그는 열심히 일해서 일정 수준의 성과를 거두는 많은 이들과 다를 바 없었다. 어마어마한 성공이라고 말할 만한 수준은 아니었다. 누구나 그렇겠지만 그 역시 단순히 좋은 수준을 넘고 싶었다. 최대한 잠재력을 끌어내고 싶었다.

그는 위대한 발전을 이루기 위해서는 자금이 더 필요하다는 판단을 내렸다. 더 높은 단계로 성장하기 위해서는 새로운 프로그램과 서비스로 시장을 확장해야 했는데 현재의 자금력으로는 어림도 없었다. 그가 찾은 답은 뻔했다. 더 많은 현금!

"자원만 더 있으면 더 많은 일을 할 수 있어."

그는 자금줄을 찾기 시작했다. 이때 '외부의 개입'이 찾아왔다. 그는 추가 자금을 찾는 과정에서 더 큰 것을 발견했다. 무언가 변화가 필요하다는 지혜를 깨달은 것이다. 그의 회사를 살펴본 노련한 투자자 그룹은 자금력 확대와 시장 확장으로 막대한 성장을 이룰 수 있다는 데 동의하면서 자금과 전혀 관계가 없는 조건을 내걸었다. 무언가를 빼내야만 자금을 투자하겠다는 것이었다. 그들이 말한 무언가란 바로 내 친구였다. 노련한 경영자를 영입해 기업 운영을 맡기고 내 친구는 비전과 파트너, 전략, 제휴, 새로운 서비스 측면에만 집중하라는 것이 그들의 요구 사항이었다. 다시 말해, 잘하는 일을 하고 못하는 일에서는 손을 떼라는 것이었다.

그 결과는 우리의 경험과 다양한 연구를 통해 드러난 그대로였다. 바로 성장과 성공! 강점에 집중하고 약점을 피해야 성공할 수 있다. 우리 모두 다 알고 있는 사실이지만 과연 비즈니스에서 이런 상식을 따르는 사람들이 얼마나 될까? 나아가 이 상식을 성품과 연결 지어 생각하는 사람이 얼마나 될까?

가장 잘하는 일을 하는 사람들은 다양한 부분에서 제대로 정립된 '정체성'을 갖고 있다. 자신의 한계와 좋아하는 것과 싫어하는 것을 정확히 알고 있으며 가치관이 분명하다. 정체성 혼란에 빠져 있지 않으며 자신이 만능이라고 생각하지 않는다. 정체성이 잘 정립되어 있으면 자신이 잘하는 것과 못하는 것을 알고 강점과 재능에 맞는 영역을 고수할 줄 알며 자신에게 맞지 않는 영역임을 깨달은 후에는 과감하게 떠날 줄도 안다. 열심히 일할 뿐 아니라 성공 가능성이 높은 영역에서 일하기 때문에 훌륭한 성과를 낼 수 있는 것이다.

앞서 말했듯 마커스 버킹엄과 도널드 클리프턴은 약점이 아니라 재능이 있는 영역에 에너지를 쏟는 사람이 큰 성과를 거둔다고 했다. 그러기 위해서는 강점과 재능이 있는 영역을 중심으로 통합된 성품을 갖추어야 한다. 무엇보다도 자신의 강점과 재능을 알아야 한다. 평생 자기 본모습에서 벗어나 남이 원하는 대로 사는 사람들이 적지 않다.

예전에 나와 일한 적이 있는 한 외과의사는 단지 아버지와 할아버지가 외과의사였다는 이유로 의사의 길을 택했다. 그의 인생 방향은 이미 정해져 있었다. 그는 아버지와 할아버지가 해온 일을 물려받아야 했다. 잠시 동안은 그 일을 떠맡아서 능력 있는 외과의사 노릇을 그럭저럭 해냈다. 그의 진짜 재능은 미술 영역에 있었지만 그의 정체성이 가족의 뜻에 철저히 묶여 있었기 때문에 그는 자신의 본모습을 전적으로 받아들이지 못하고 있었다. 그 후 몇 년 동안 그는 무관심으로 인한 실수 탓에 몇 차례의 심각한 의료사고 소송에 휘말렸다. 그의 실수는 무엇보다도 집중력 부족에서 비롯했다. 그의 몸은 수술실에 있었으나 마음은 다른 곳에 있었다. 오래지 않아 할아버지가 창립한 병원 측에서 그를 내보내기로 결정했다. 아버지는 가족의 선례를 따르지 않는 아들을 이해할 수 없었으나 그는 결심을 굳히고 다른 도시로 떠났다.

새로운 도시에 정착한 그는 새 삶을 찾았고 전혀 다른 흔적을 남겼다. 자신의 진짜 재능이 있는 예술 분야로 뛰어드는 순간 그는 난생처음으로 진정한 자신을 발견했다. 그는 예술 작업에 온 마음과 관심을 쏟았다. '온 마음을 쏟는다'는 것은 자기 존재의 중심에서 우러난 마음으로 일한다는 뜻이다. 이를 위해서는 자신의 가짜 모습이 아닌 진짜 모습을 찾아야 한다.

이러한 성품을 소유한 사람들은 자신에 대한 남들의 기대나 정의에 굴복하지 않는다. 그들에게는 외부의 압력을 물리치고 "그건 내가 아니야"라고 말할 수 있는 힘이 있다. 내적으로 분명하게 정립된 것이다. 물론 그들이 아무런 갈등과 고통 없이 하룻밤 사이에 그러한 힘을 얻은 것은 아니다. 자신의 진짜 모습을 찾으려면 도전 정신이 필요하다. 실패를 두려워하는 사람은 안전지대를 벗어나 새로운 시도를 하려고 하지 않는다. 정체성 형성을 방해하는 이러한 두려움은 일종의 정신적 장애이다. 두려움에 매여 사는 사람은 언제까지나 자신의 진정한 정체성을 발견할 수 없다.

또한 자신의 정체성을 확립하려는 사람은 '겸손'하다. "나는 이 일을 잘해"라고 자신 있게 말하는 사람들은 우리가 흔히 말하는 '겸손'과는 거리가 멀어 보인다. 그러나 다시 보면 그들은 자신의 가짜 모습과 자신이 못하는 영역을 확실히 알고 있다. 따라서 도에 지나친 자신감을 품지 않는다. 겸손은 자기 비하가 아니라 진실과 정직이다. 당당하게 자신의 본모습대로 살아가고 본모습보다 더 대단한 척하지 않는 것은 교만함이 아니라 확실한 정체성을 지녔기 때문이다. 확실한 태도에서 유능한 행동이 나오고 열매가 열린다.

이러한 사람들은 겸손하고 자신이 약한 분야를 정확히 알고 있기 때문에 거짓 정체성을 따라 엉뚱한 분야로 뛰어들지 않는다. 따라서 낮은 성과를 내는 일도 드물다. 위대한 기업가들은 대개 자신이 관리자에 어울리지 않는다는 사실을 처음부터 깨달은 사람들이다. 그들은 사업을 시작한 후 회사를 전적으로 경영 전문가들에게 맡김으로써 자신이 창출한 가치를 보존한다. 스스로를 창조적인 비전가로 착각하지 않는 관리자들은 무에서 시작하여 전부를 잃는 우를 범하지 않는다. 요컨대 성공한 사람들은 자기가 잘하는 일에 집중하고 그 일에서 성과를 낼 방안을 모색한다. 나아가 그들은 자신이 약한 분야를 보완해 줄 사람들을 끌어들인다. 콜린스의 말을 빌리자면 그들은 적당한 사람들을 버스에 태울 뿐 아니라 각 사람들을 버스의 적재적소에 앉힌다.

반면 자아도취에 빠지거나 자신의 실제 모습과 다른 자아상에 빠진 사람들은 성품의 결함으로 인해 파멸을 맞는다. 예를 들어 CEO 역할을 부러워한 나머지 자신과 맞지도 않는 역할을 억지로 떠맡은 사람은 2인자로서 빛을 볼 기회를 놓치고 만다. 2인자로는 훌륭하지만 1인자에는 어울리지 않는 사람들도 있다. 그들은 2인자로는 슈퍼스타가 될 수 있지만 1인자로서는 낙오자가 되기 십상이다. 이 사실을 바라보는 시각에 따라 그들의 운명은 갈린다. 자아도취에 빠지거나 외부 압력에 굴복하거나 이상적인 자아상을 좇는다면 엉뚱한 방향으로 가게 된다. 반면 겸손과 확립된 정체성을 찾으면 생각지 못한 방향에서 전혀 다른 흔적을 남기게 된다. 언젠가 기업 훈련 강연이 끝난 후 나를 찾아와 이런 말을 한 사람이 있었다.

"제가 사업을 할 재목이 아니라는 사실을 깨닫고 나서야 제 직업 인생이 풀렸습니다. 저는 여기서 좋은 자리를 얻었고 그 후로 줄곧 상승세를 탔습니다. 제가 제 자신에 관한 진실을 직시할 수 있어서 얼마나 다행인지 모릅니다."

이런 사람이 겸손한 동시에 유능한 사람이다.

준비, 조준, 발사

모든 일에는 다양한 요소로 이루어진 과정이 있다. 이 과정은 여러 방식과 단계로 쪼개질 수 있으나 성품과 관련된 과정은 간단히 '준비, 조준, 발사'의 단계로 이루어진다. 이 모든 단계가 하나도 빠짐없이 과정에 더해질 때 성과를 낼 가능성이 높아진다.

'준비'란 능력을 갖춘다는 의미이다. 절호의 기회를 만났을 때 경쟁할 능력을 갖추지 않은 채 뛰어들면 십중팔구 실패한다. 돈의 관점에서 생각하면 쉽다. 충분한 자금력 없이 사업에 뛰어들면 도중에 자금이 떨어져 파산하고 만다. 인력이 충분하지 않아도 똑같은 사태가 벌어진다. 준비 없이 경쟁에 뛰어드는 것은 모래성을 쌓는 것과 같다.

충동적인 사람들은 준비라는 카드를 사용할 줄 모른다. 그들의 모토는 '발사, 준비, 조준'이라 할 수 있다. 그들은 자신이나 주위 여건이 준비도 되기 전에 섣불리 달려들었다가 진창 얻어터진다. 충동적인 본성은 어리석은 사업에 뛰어들거나 좋은 사업이라도 준비 없이 뛰어들게 만든다.

보통 이런 사람들은 준비와 관련된 원칙들을 지키지 않는다. 이를테면 계약을 체결하거나 누군가를 고용할 때 당연히 해야 할 사전 조사를 하지 않는다. 의욕이 넘친 나머지 상황이 무르익을 때까지 기다리지 못하고 충동적으로 뛰어든다. 물론 그로 인해 톡톡한 대가를 치른다.

인생의 어떤 영역이든 철저한 사전 조사를 하려면 상당한 인내심이 요구된다. 그런데 어떤 이들에게는 이러한 과정이 지루하게만 느껴진다. 그들은 무엇이든 당장 해결되기를 원하며 무모한 모험의 스릴감을 즐긴다. 그러나 장기적으로 진정한 성공을 거두는 이들을 보면 결코 충동적이고 성급한 결정을 내리지 않는다. 때를 기다리고 계획하고 모든 측면을 살필 줄 안다. 컨설팅을 하면서 성급한 결정 때문에 나중에 땅을 치고 후회하는 사람들을 많이 만났다.

"이 거래를 체결하기 전에, 이 사람을 고용하기 전에, 이 사람과 결혼하기 전에 좀 더 시간을 두고 고민했더라면 좋았을 것을. 충분히 고민을 했더라면 어려운 상황들 대부분을 피할 수 있었을 텐데. 처음부터 상황을 바로잡았을 텐데. 상황이 이처럼 악화되지 않았을 텐데."

이것이 처음부터 성품에 따라 움직이지 않은 사람들이 나중에 가서야 깨닫는 교훈이다.

'감성 지능'의 여러 요소들을 기술한 다니엘 골먼Daniel Goleman은 그의 저서 『감성 지능 EQEmotional Intelligence』에서 스탠퍼드 대학의 심리학자 월터 미셸Walter Mischel의 연구를 인용했다. 미셸 박사는 네 살짜리 아이들의 충동 억제력을 실험하고 장기적인 성공과 관련된 능력을 연구했다. 그 결과 고등학생들의 미래 성과를 결정짓는 주된 요소는 IQ가 아니라 감성 지능, 즉 EQ라는 사실이 드러났다. 이는 내가 앞서 말했듯이 두뇌와 재능만으로는 성공할 수 없다는 주장과 일맥상통한다. 두뇌와 재능을 이끄는 성품이 없으면 목표를 달성하거나 경쟁에서 성공할 수 없다. 골먼은 이에 대해 다음과 같이 말했다.

"이 연구를 수행한 월터 미셸은 '목표 지향적이며 자발적인 충족 지연delay of gratification'이라는 다소 부적절한 표현을 사용하고 있지만 그것이야말로 자발적 감정 조절의 핵심이다. 이는 목표가 사업 성공이든 수학 등식 해결이든 스탠리컵Stanley Cup(북아메리카 프로 아이스하키 리그의 플레이오프 우승 트로피-옮긴이)이든 간에 그 목표를 위해 충동을 억누르는 능력을 말한다. 그의 연구 결과는 감성 지능이 다른 정신적 능력들의 올바른 활용 여부를 결정하는 '메타(초월) 능력meta-ability'이라는 점을 보여 준다."

준비를 하려면 상황 속에 뛰어들기 전에 기다리면서 '만족스럽지 못한' 일을 해야 한다. 비행 전 점검을 하는 조종사, 수술 전에 손을 씻고 의료 기록을 읽는 외과의사, 시장 조사를 하고 표적 기업의 재정 상태를 꼼꼼히 따지는 인수 전문가, '탐나는' 사람을 고용하기에 앞서 광범위한 인터뷰와 신원 조회를 실시하는 경영자, 애견들이 자사 제품을 정말로 좋아하는지부터 조사하는 마케팅 그룹, 만난 지 한 달밖에 되지 않은 상대와 결혼하기 전에 신용 조회를 의뢰하는 로맨티스트, 새로운 관계를 맺기 전에 이혼 회복 치료를 받는 이혼 남녀 등 이들은 모두 기다리면서 준비하는 사람들이다.

앞서 말했듯이 『목적이 이끄는 삶』의 저자이자 현재 8만 명이 출석하는 새들백 교회의 목사인 릭 워렌은 캘리포니아 주 새들백 밸리를 목회를 위한 장소로 정했다. 그러나 목회에 뛰어들기에 앞서 그는 정확한 사실들로 무장했다. 그는 지역 공동체에 영향을 끼치고자 하는 목사들에게 먼저 철저한 준비를 하라고 조언한다.

"영향력 있는 교회를 세우고 싶다면 자기 공동체에 관한 전문가가 돼라. 목사들은 자기 공동체에 관해 누구보다도 많이 알아야 한다. 나는 지역 공동체 속으로 뛰어들기 전 3개월 동안 인구 통계 자료를 통해 새들백 밸리에 어떤 사람들이 살고 있는지 조사했다. 그곳에 얼마나 많은 사람들이 사는지, 어디에서 일하는지, 한 달 수입은 어느 정도인지, 교육 수준은 어느 정도인지 등 다양한 정보를 충분히 파악한 후에 그곳에 발을 디뎠다."

준비의 또 다른 측면에서는 '준비된 자기 자신'이 필요하다. 자신에 대한 훈련과 관리가 되어 있어야 한다는 말이다. 리더라면 원하는 일을 추진하기 전에 준비된 조직을 갖추어야 한다. 예를 들어, 시장 진입을 시도하기 전에 구조조정을 단행해야 할 때가 있다. 그러나 당장 결실이 나타나지 않는 지루한 준비 과정을 견뎌 낼 능력이 리더에게 없다면 그 단계를 건너뛸 수밖에 없다. 그 대가는 나중에 조직 전체가 치르게 된다. 자신이나 조직의 준비는 훈련, 학습, 변화, 재편, 구조조정 등 다양한 모습을 띤다. 어떤 모습이든 간에 승리는 언제나 미리 준비하는 자의 몫이다. 장기적으로 높은 성과를 거두는 사람들은 결코 '즉흥 연기'를 펼치지 않는다. 그들은 늘 준비되어 있다.

'조준'은 집중력과 관련이 있다. 에너지와 자원을 목표와 목적에 집중하는 능력을 말한다. 많은 사람들이 일에 에너지를 쏟아붓지만 산만한 성품 탓에 특정 목표와 성과에 꾸준히 집중하지 못한다. 목표를 향해 직행하려면 다른 일을 하고픈 충동과 욕구를 거부하고 최선이 아닌 새로운 기회를 포기하는 것이 필요하다. 자신이 모든 것을 할 수 있다고 생각하는 탓에 아무것도 이루지 못하는 이들이 주위에 참으로 많다. 반면에 모든 에너지와 재능을 특정 목표에 집중하는 사람은 성공을 거머쥔다.

집중은 대개 한계와 관련이 있다. 한계를 무시하거나 거부하는 사람들은 집중력이 부족하다. 그들은 시간과 에너지의 한계를 받아들이지 않고 그런 현실 속에서 살 필요가 없다고 생각한다. 그들은 이 일을 하면 저 일을 할 수 없다는 현실을 인정하지 않기에 곁길로 빠질 수밖에 없다. 결국 그들은 어느 쪽에도 충분한 관심을 쏟지 못한다.

어린아이가 사탕 가게나 장난감 가게에 왔다고 해 보자. 아이는 물건을 보고 말한다.

"이걸 주세요."

점원이 그 물건을 꺼내기도 전에 아이의 관심은 저쪽에 있는 다른 물건으로 옮겨간다. 이내 아이는 첫 번째 물건을 완전히 잊어버린다.

"저걸 주세요."

아이는 두 번째 물건을 보자마자 즉흥적으로 마음을 바꾸었다. 여기서 두 가지 흥미로운 점을 발견할 수 있다. 먼저, 아이는 첫 번째 물건을 잊어버렸다. 집중력을 잃은 것이다. 또한 아이는 "됐어요. 이것 대신에 저걸 주세요"라고 말하지 않았다. 그러니까 성숙한 사람처럼 두 번째 물건을 얻기 위해서는 첫 번째 물건을 포기해야 한다는 사실을 인식한 상태에서 다른 결정을 내린 것이 아니다. 아이는 그저 충동에 휩쓸렸을 뿐이다. 이는 집중력이 부족한 탓이다.

이러한 상황을 어른의 세계로 옮겨 보면 우리와 함께 일하는 많은 사람들이 머릿속에 떠오를 것이다. 그들은 뭔가 일을 시작했다가 끝까지 마무리하기도 전에 다른 일에 관심을 빼앗긴다. 혹은 첫 번째 일을 끝까지 해내지만 그 외에도 많은 일들을 벌인 탓에 첫 번째 일에서 생각보다 기대에 못 미치는 성과를 거둔다. 세부 사항을 놓치는 바람에 업무와 성과의 질이 크게 떨어질 것이고 주변 동료들은 무시당했다는 생각에 불만을 품게 된다. 심각한 경우 고객과 거래 파트너들마저도 그들을 외면할 수 있다. 집중하지 않으면 모든 인간관계와 프로젝트가 낮은 수준에 머무른다.

시간과 에너지 그리고 자원은 유한하다. 집중이란 하나의 일에서 만족할 만한 성과가 나타날 때까지 이러한 요소들을 꾸준히 쏟아붓는 것이다. 한곳에 꾸준히 물방울을 떨어뜨리면 결국 바위도 뚫린다. 여기저기 물을 뿌려 대면 아무런 변화도 일어나지 않는다. 일을 수없이 벌려 놓고 성과를 얻지 못하는 습관은 일종의 주의력 결핍 장애라 할 수 있다.

마지막 세 번째 '발사'는 실제로 방아쇠를 당기는 능력을 말한다. 준비하고 조준한 다음에는 발사해야 한다. 감수해야 하는 위험이라면 굳이 피하지 않는다. 게다가 준비를 철저히 한 만큼 이제 위험은 최소화되었다. 이것이 투자와 투기의 차이이다. 주사위를 굴리는 일에 대해 준비할 수는 없다. 주사위를 던져 어떤 숫자가 나올지는 아무도 모른다. 기껏해야 확률을 따질 수 있을 뿐이다. 하지만 투자는 강에 독이 있는지, 어느 정도 오염되었는지 확인한 후에 물속으로 뛰어드는 것과 같다. 물론 번개가 칠 위험은 여전히 남아 있지만 전혀 낯선 늪에 들어가거나 수영하는 법을 모르는 채 뛰어드는 것에 비하면 다칠 확률이 훨씬 적다.

그러나 무엇보다도 물속에 뛰어드는 용기가 중요하다. 위험 요소를 철저히 계산한 후에도 씨를 뿌리지 않는 사람들이 많다. 도중에 어떤 일이 벌어질지 모르는 두려움 때문에 씨를 뿌리지 않는 것이다. "금년에 비가 오지 않으면 어쩌지?" 그들의 수준에서는 중간 과정이 너무 두렵다. 이번에도 문제는 성품이다. 행동하고 찾아가고 거부나 손실에 맞서는 능력은 성품의 문제이며 이 능력이 없으면 성과는 나타나지 않는다. 실패, 거부, 반대, 의심, 예기치 못한 결과, 불안정 등에 대한 두려움은 충분히 거둘 수 있는 성과에 이르지 못하도록 우리의 길을 가로막는다.

통합된 성품을 소유한 사람들은 잘 풀리지 않는 상황도 극복해야 할 또 다른 현실로 인식할 뿐 실패라고 단정 짓지 않는다. 어떤 면에서 그들은 실패 가능성을 아예 생각하지 않는다. 그들의 눈에는 해결해야 할 문제점만 보인다. 그들은 도전이 찾아오면 맞설 각오로 나아간다. 물론 준비가 되고 목표에 조준한 상태여야 한다. 훈련을 마치고 낙하산을 조심스럽게 접어 가방에 넣고 착륙 지점을 눈으로 확인했다면 이제 비행기에서 뛰어내려야 한다.

균형, 통합, 순서가 관건이다. 성숙한 사람은 '준비, 조준, 발사'의 순서를 지킨다. '발사, 준비, 조준'이나 '조준, 발사, 준비'와 같은 식으로 순서를 바꾼다거나 균형을 잃어 준비나 조준에만 치우치다가 뒤늦게 발사하면 문제가 생긴다. 통합된 성품을 소유한 사람들은 특정 부분에 강점이 있음에도 고루 균형을 유지한다.

힘든 결단을 내리는 용기

한번은 갓난아이 부모들을 상담하다가 정말 웃기면서도 믿기 어려운 이야기를 들었다. 어찌 보면 심각한 얘기였지만 나는 눈물이 다 날 정도로 웃었다. 그들은 자녀의 주변 사람들과 겪는 어려움들을 토로했다. 이를테면 담당 의사나 학교를 바꾸는 일처럼 상대방의 마음을 다치게 할 수 있는 결정을 내려야 할 때가 정말 곤혹스럽다고 했다. 그때 제인이 흥미로운 고백을 했다.

"꽤 쑥스러운 얘기인데…… 에이, 그만둘래요."

"어서 해 봐요. 한번 말을 꺼낸 이상 끝까지 해야죠. 안 그래요?"

주위 사람들이 그녀를 부추겼다.

"좋아요. 하지만 제가 어리석다고 생각할 거예요. 그래도 얘기를 해 볼게요. 저희 보모가 워낙 일을 못했어요. 마음에 안 드는 게 한두 가지가 아니었지만 무엇보다도 아이를 너무 꾸짖는 게 싫었어요. 물론 좋은 사람이라 해고하기가 참 미안하더라고요. 하지만 제 딸애를 위해서 어쩔 수 없었어요. 딸애 걱정을 하다 보니 저도 일을 못하겠더 군요. 일을 채 마치기도 전에 부랴부랴 집으로 향한 적이 한두 번이 아니었어요. 이대로는 안 되겠다 싶었죠. 그래서 하루는 그녀를 해고 하러 집에 갔어요. 뒤뜰로 가서 얘기를 하자며 그녀를 자리에 앉혔죠. 그런데 차마 입이 떨어지지 않는 거예요. 그녀가 입을 상처만 머릿속 에 떠올랐어요. 그래서 제가 어떻게 했게요? 집에 들어가 남편에게 전화를 걸었죠. 저 대신 말 좀 하라고요. 그랬더니 저더러 지독한 겁쟁이라네요.

다음 날 남편이 집에 와서 그녀와 얘기를 하더군요. 저는 일이 잘 해결되었으리라 생각했어요. 하지만 그날 밤 제가 곧 외출했다가 늦게 들어오는 바람에 남편과 보모에 대해 이야기할 새가 없었어요. 다음 날 아침에 남편이 나간 뒤에 보모가 출근을 하더군요. 혼란스러웠지만 내게 해고 이야기를 할까 봐 얼른 일하러 나갔어요. 남편이 일주일쯤 마무리할 시간을 주었나 보다 하고 생각했죠. 아무튼 일이 해결돼서 마음이 편했어요.

그날 늦게 남편이 어떤 여자와 함께 집으로 들어오더군요. 남편은 집에 들어서자마자 그녀에게 보모가 있는 뒤뜰을 가리켰어요. 그러자 그녀가 나가서 보모와 얘기를 하더군요. 남편에게 무슨 일인지 물었어요. 남편의 말을 듣노라니 우리 둘이 얼마나 한심한지 답답하더군요. 글쎄 직접 이야기를 꺼낼 수가 없어서 보모를 해고할 여자를 고용했다지 뭐예요. 우리는 보모를 해고할 사람을 고용할 정도로 한심해요. 좀 도와주세요!"

장내는 웃음바다가 되었다. 물론 그녀를 비웃은 것은 아니었다. 괴로운 결정을 내리는 일이 얼마나 어려운지 다들 잘 알고 있었다. 이제 중요한 문제를 생각해 보자. 남의 마음을 지나치게 헤아리는 이 부부가 큰 성공을 거둘 가능성은 얼마일까? 모두를 만족시키려고 하는 한 그들은 스스로 정해 놓은 한계를 벗어날 수 없다.

일을 이루려면 남에게 불리한 결정도 내릴 줄 알아야 한다. 복권 당첨금을 전해 주는 일을 하지 않는 이상 때로 사람들에게 불쾌한 통보를 해야 할 때가 있는 법이다. 큰 성과를 추구할수록, 높은 자리에 있을수록 더 괴로운 결단을 내릴 줄 알아야 한다. 때로 어머니는 아이를 보호하기 위해 누군가의 마음에 상처를 주어야 한다. 경영자는 부서나 브랜드의 책임자로서 곤란한 통보를 해야 한다. CEO는 회사의 존속과 성과뿐 아니라 고객과 주주들을 책임져야 하기 때문에 때로 어려운 결정을 밀고 나가야 한다. 대통령은 국가를 수호하기 위해 전쟁에 참여하고 수많은 사람들을 위험한 전장으로 보내야 한다.

괴로운 결단을 내리지 못하는 우유부단함은 비열하고 무자비한 태도만큼이나 사람의 평판을 갉아먹는다. 반면 곤란한 통보를 할 줄 아는 사람은 아랫사람들의 존경을 받는다. 잭 웰치가 오늘날 가장 위대한 경영자로 추앙받는 데는 단호한 태도가 큰 역할을 했다. 링컨도 첫 취임 연설에서 국민들에게 참전이라는 힘든 결정을 통보했다.

"불만을 품은 국민 여러분, 독립전쟁이라는 중대한 결정은 제가 아닌 여러분의 손에 달려 있습니다. 정부는 여러분을 공격하지 않을 것입니다. ……여러분이 정부를 파괴하겠다고 맹세한 적이 없는 만큼 저는 정부를 보존하고 보호하고 방어하겠다고 엄숙히 선서하는 바입니다."

어떤 면에서는 까다로운 결정을 내릴 수 있는 능력과 용기의 크기에 따라 그 사람의 지위와 성공의 크기가 결정되기도 한다. 이는 두뇌가 아닌 성품의 문제이다. 압력을 받고 비판이 쏟아지고 사람들이 등을 돌리고 앙심을 품을지도 모르는 상황에서도 꼭 해야 할 일을 하는 용기가 필요하다. 팔을 자르기로 결정하는 의사, 부서를 없애거나 생산 라인을 폐쇄하거나 구조조정을 단행하기로 결정하는 CEO, 가족을 위해 이사를 결심하는 부모. 이들이 내리는 모든 결정에는 희생이 따른다. 하지만 이런 현실의 요구를 다룰 줄 아는 능력이 있어야 결과적으로 환자나 회사, 가족에게 유익을 가져올 수 있다.

어떻게든 방법을 찾아내라

나는 스물아홉에 처음으로 회사다운 회사를 시작하면서 다음과 같은 소중한 교훈을 얻었다.

일은 저절로 풀리지 않는다. 일이 풀리지 않을 때는 풀리게 만들어야 한다. 그러면 일이 풀린다.

나에게는 최고의 치료 전략, 재료, 환경, 철학, 팀을 갖춘 정신 치료 센터를 세우겠다는 꿈이 있었다. 나는 가장 훌륭한 치료법을 사용하고 환자를 최우선시하는 병원을 꿈꾸었다. 치료뿐 아니라 연구, 훈련, 공동체 교육도 병행할 수 있는 센터를 설립하고 싶었다. 한마디로 가슴 뛰는 비전을 품었다. 병원을 설립하기까지의 이야기는 소설 몇 권으로도 모자랄 지경이지만 간략히 소개하면 이렇다.

나는 치료 프로그램, 프로토콜, 전략적 제휴에 이르기까지 모든 계획을 준비했고 투자자들과 경영진까지 섭외해 놓았다. 우리의 계획은 적당한 병원을 사서 비전을 실행하는 것이었다. 6개월 후 우리는 첫 번째 장애물에 직면했다. 당시에는 병원의 수익성이 너무 높았고 캘리포니아 주에는 기존 병원들의 독점을 보장하는 것이나 다름없는 CON_{Certificate of need} 규정이 있었다. 따라서 우리가 병원을 살 수 있는 희망은 전혀 없었다. 결국 투자자들은 떠나갔고 경영진은 다른 사립 요양원으로 흡수되었다. 그렇게 그해의 대부분이 무의미하게 흘러갔고 나는 다시 출발점으로 돌아왔다.

하지만 여전히 나의 비전은 강했다. 나는 젊었고 실패로 배운 점도 많았다. 방법만 찾으면 할 수 있다는 자신감이 있었다. 병원을 설립하기 위해 필요한 모든 것이 갖춰져 있었다. 딱 하나 병원만 없었을 뿐이다. 이 장애물 하나만 넘으면 고지가 눈앞에 보일 것 같았다. 어느 날 드디어 돌파구가 나타났다. 전국적인 병원 체인들과 계약 관계를 맺고 남부와 중서부, 동해안에서 병원 몇 개를 운영하다가 서부 진출을 노리는 사람을 파트너로 만난 것이다. 이 체인 중 한 곳에서 롱비치에 있는 병원을 새롭게 단장하기를 원했고 외과 건물을 정신과 치료센터로 리모델링하도록 허락했다. 마침내 병원이 생긴 것이다. 새 파트너 덕분에 미래는 훨씬 더 밝아졌다. 그래서 나는 내친김에 존 타운센드_{John Townsend} 박사까지 끌어들였다.

물론 전과 상황은 달랐다. 이제 우리는 우리가 어찌할 수 없는 기존의 의료 환경에서 운영을 해야 했다. 게다가 병원 측은 의료 책임자가 아닌 심리학자가 센터 운영을 맡는 것을 원하지 않았다. 그래서 우리는 저명한 정신질환학자를 의료 책임자로 영입하고 사소한 이해 갈등들을 해결해 나갔다. 마침내 길고 긴 사전 작업 끝에 준비가 완료되었다. 개원 날짜를 정하고, 의료 팀을 꾸미고, 일정을 짜고, 마케팅 비용을 지출하고, 광고를 내보내고, 간호사를 고용하고 훈련시켰다. 그야말로 살맛 나는 나날이었다. 개원 한 달을 앞두고 내 꿈은 차근차근 실현되고 있었다. 그런데 갑자기 장애물이 나타났다.

그 병원을 소유한 회사가 파산했다는 기사가 조간신문에 난 것이다. 도저히 믿을 수 없었다. 모든 준비가 끝났는데 우리가 탄 배가 침몰하기 직전이라니. 배와 함께 침몰할 수는 없었으나 다른 배를 찾을 수도 없었다. 아무런 대책이 없었다. 그저 기도하고 돌파구를 찾아 이리저리 뛰어다니는 방법밖에 없었다. 1년 반을 이 잡듯이 뒤진 끝에 심리학자에게 전권을 맡길 병원을 겨우 찾아냈건만 이제는 모든 희망이 사라졌다. 한 달 만에 또 다른 병원을 어찌 찾는단 말인가?

수없이 전화번호를 누른 끝에 해결의 실마리를 찾았다. 차로 30분쯤 떨어진 곳에서 기존 틀에서 벗어난 방식으로 운영되고 있는 병원을 발견했다. 우리는 그들을 찾아갔으나 누가 생각해도 우스꽝스러운 노릇이었다. 애송이 몇 명이 은퇴를 앞둔 베테랑 의사들을 설득해 한 번도 해 보지 않은 일을 하기 위해 병동 하나를 얻어 낸다? 게다가 이미 마케팅 자금이 바닥난 상태였기 때문에 그 비용까지 그들에게 떠맡겨야 했다. 하지만 어차피 망한 마당에 한 번 더 실패하지 못할 것도 없었다.

그들을 처음 만나 황당무계한 제안을 했던 순간을 영원히 잊지 못할 것 같다. 나는 외래 환자 사무실 공간을 임대료 없이 가구까지 그대로 쓰겠다고 말했다. 그리고 몇 번 헛기침을 하다가 홍보용 라디오 쇼의 제작비 및 시간대 사용료와 광고비도 대신 내달라고 덧붙였다. 나는 기어들어가는 목소리로 겨우 말을 마쳤다.

그런데 홍해를 가른 하나님의 기적이라고 생각할 수밖에 없는 일이 일어났다. 도저히 알 수 없는 이상한 이유로 의사들이 내 제안을 받아들인 것이다. 단순히 검투사를 응원하는 팬으로서 우리가 잡아먹히는 것을 보고 싶어 경기장을 제공했는지도 모를 일이다. 이유야 어쨌든 그들은 우리의 제안을 수락했고 우리는 한 달 안에 의료 서비스를 시작했다.

나는 계속해서 꿈을 펼칠 수 있었으나 결과적으로 실패를 한 번 더 경험했다. 1년 후 의료비 청구에 대한 협약이 우리 뜻대로 이루어지지 않는 바람에 다시 일할 곳 없는 신세로 전락하고 말았다. 처음부터 다시 시작해야 했다. 이번에는 다시 차로 30분 더 떨어진 곳에서 또 다른 전국 체인이 운영하는 병원을 찾았는데, 그곳에서 정신질환 치료 센터를 개업하려면 주 정부의 허가를 얻어야 했다. 문제는 허가를 받으려면 건축과 리모델링을 해야 할 뿐 아니라 검열까지 받아야 한다는 것이었다. 그러나 우리는 결국 허가를 받았고 정신질환 치료 센터를 운영했다.

몇 년 후 우리는 4개 주에 있는 35개 도시에서 센터를 순조롭게 운영했다. 센터를 운영해 온 9년이라는 시간은 내 인생에서 가장 보람되고 흥미진진한 시절이었다. 그 기간 동안 전에는 꿈도 꾸지 못했던 배움과 연구, 훈련, 기업 및 조직 컨설팅, 출판, 개인적 성장, 강연, 언론 활동의 기회들이 나를 찾아왔다. 만약 장애물 앞에서 포기했다면 이런 기회를 맞을 수 있었을까? 어림도 없다.

나 자신을 성품의 모델로 내세우고 싶은 생각은 추호도 없다. 나는 아직 갈 길이 멀다. 하지만 인내심이 없었다면 장애물에 막혀 이만한 결실을 맺지 못했으리라는 점은 분명하다. 나는 나 자신뿐 아니라 다른 사람들의 삶 속에서도 이런 교훈을 수없이 배우고 되새겼다. 장애물이 다가와도 어딘가에 길이 있음을 믿고 그것을 찾기까지 멈추지 않는 능력은 우리가 반드시 개발해야 할 중요한 요소이다. 이 능력은 바로 성공의 열쇠 중 하나이다.

인내력을 발휘하려면 용기, 지구력, 감정적 절제력, 판단력, 창조력 등이 필요하다. 인내력을 발휘하기란 무척 어려운 일이지만 인내력이 없으면 위대한 일은 일어나지 않는다. 많은 사람들이 장애물 앞에서 추풍낙엽처럼 쓰러진다. 낙심한 나머지 내면이 아닌 외적 상황의 통제를 받는 것이다.

지혜롭게 실패하라

부모들을 대상으로 자녀를 뛰어난 인물로 키우는 법에 관해 강연한 적이 있다. 질의응답 시간에 한 여성이 손을 들고 질문했다.

"자녀들에게 가르쳐야 할 성공 요소를 딱 하나만 꼽으라면 뭘 꼽으시겠습니까?"

"지는 법을 가르쳐야 합니다."

그녀는 고개를 갸우뚱하더니 의심이 가득한 눈으로 나를 봤다.

"왜 아이들에게 지는 법을 가르쳐야 하나요? 지금은 성공에 관한 이야기를 하는 자리가 아닌가요?"

"누구나 질 때가 있기 때문입니다."

그녀는 나를 빤히 쳐다보다가 천천히 고개를 끄덕였다. 한참 만에야 고개를 끄덕인 그녀처럼 우리 대부분은 이 성품의 요소를 쉽게 받아들이지 못한다. 사실 잘 지는 법을 배우고 싶어서 일부러 지는 사람은 어디에도 없다. 고통을 이겨 내는 법을 배우기 위해 일부러 고통을 당할 필요가 있을까? 그것은 말이 되지 않는다. 누구나 실패보다 성공을 원하기 때문에 잘 지는 법에는 신경을 쓰지 않는다. 기껏해야 스포츠 경기나 선거에서 지더라도 상대편을 축하할 줄 알아야 한다는 자세 정도만 알고 있을 뿐이다. 하지만 이것은 미래의 성공에 아무런 영향을 미치지 못한다.

그렇다면 왜 지혜롭게 실패하는 법을 배워야 하는가? 앞서 말했듯이 누구나 실패할 수 있기 때문이다. 아무리 끈기와 창조력, 노력을 발휘해도 수습할 수 없을 정도로 일이 꼬일 때가 있다. 심지어 인내력으로 버티다가 점점 더 수렁에 빠져 그나마 남은 자원과 시간, 정력까지 몽땅 허비할 수도 있다. 그럴 때는 누구나 백기를 들 수밖에 없다. 패배는 누구나 겪게 되는 현실이다. 따라서 우리는 이 현실을 다루는 법을 배워야 한다.

승자와 패자의 차이점은 승자는 지혜롭게 실패하지만 패자는 어리석게 실패한다는 것이다. 지혜롭게 실패한 승자는 이후에는 웬만해서는 지지 않고 또 지더라도 전과 똑같은 실수를 범하지 않는다. 실패를 통해 교훈을 얻었기 때문에 실패의 패턴을 반복하지 않는다. 그러나 패자는 경험을 통해 배우지 않기 때문에 실패의 패턴을 새로운 사업이나 인간관계에까지 그대로 이어간다. 따라서 지는 것이 문제가 아니라 실패를 초래한 패턴을 끊임없이 되풀이하는 탓에 영원히 이기지 못하는 것이 문제이다.

현명한 실패의 첫 번째 요소는 상심을 털어 내고 현실을 직면하는 능력이다. 성경에서 전도서 3장 6절은 이렇게 말한다.

"찾을 때가 있고 잃을 때가 있으며."

라스베이거스 식으로 표현하자면 이렇다.

"잃은 돈 건지려다 더 큰 손해를 보지 말라."

때로는 결과를 겸허히 받아들이고 더 큰 노력이나 시간을 낭비하지 않도록 해야 한다. 하지만 성품 문제로 인해 사람들은 아쉬움을 떨쳐 버리지 못한다. 그들은 실패를 받아들이지도 새로운 곳으로 방향을 틀지도 못한다. 한겨울인데도 여전히 나무에 매달린 열매를 찾고 있다. 겨우내 힘을 아꼈다가 봄에 씨를 뿌리는 사람이 현명한 농부이다.

내가 아는 한 회사는 CEO의 잘못된 아이디어를 좇다가 도산 직전까지 간 적이 있었다. 모든 경영진들이 그의 아이디어가 핵심 사업과 강점에서 벗어나 있다고 지적했지만 CEO는 자기 아이디어에 감정적으로 얽매여 있었다. 그가 조직의 임무와 목적을 잊고 있었다기보다는 그의 기질적 측면에 문제가 있었음을 뜻한다.

CEO는 자기 아이디어에 감정적으로 얽매인 탓에 실패로 향하고 있는 현실을 보지 못했다. 자신의 아이디어에 도취되고 업계의 과거 상황에 눈이 멀어 마치 짝사랑을 잊지 못하는 사람처럼 실패를 인정하지 못했다. 그가 추진하는 프로젝트는 그의 사랑에 전혀 반응하지 않았다. 그는 높은 수익을 내고 있던 사업 부문에서 자금과 인력을 빼내 자신이 원하는 프로젝트에 모조리 투자했고 결국 회사는 몰락 직전까지 이르렀다. 은행과 제휴 업체들이 끼어들어 제동을 걸기 전까지는 아무것도 그의 맹목적인 행보를 멈출 수 없었다.

통합된 성품을 소유한 사람은 실패를 잘 다룬다. 무엇보다도 아무리 큰 열정과 노력을 쏟았더라도 실패를 부인하지 않는다. 현실을 있는 그대로 직시한다. 물론 그도 실연의 아픔과 비슷한 슬픔을 겪는다. 그러나 그는 아픔을 직시한 후에 슬픔에서 빠져나와 새로운 마음으로 다시 삶 속에 뛰어든다. 춥고 어두운 겨울이 지나면 화창한 봄이 찾아오는 것이 순리이다. 현명한 사람은 과거의 실패에 영원히 머물지 않는다.

반면 누군가를 잃으면 다시 일어나지 못하는 사람들도 있다. 심리학자들은 이것을 '복합 사별complicated bereavement'이라 부른다. 이는 정상적인 과정을 통해 상실감을 해결하지 못하는 상황을 말한다. 사실의 부인, 분노, 변명, 슬픔, 절망에 빠져 더 이상 앞으로 나아가지 못하는 것이다. 그 원인은 상실 자체보다는 그 사람의 기질에 있다. 성공하는 사람은 상실을 인생의 한 부분으로 받아들이고 잃더라도 현명하게 잃는다. 슬픔에 무너지지 않고 새롭게 마음을 다지고 계속해서 전진하는 것이다.

인간관계뿐 아니라 목표 달성에서도 마찬가지이다. 성공하는 사람은 실패로 괴로워한 다음 훌훌 털고 다시 시작한다. 실패를 뒤집을 수 없다면 백기를 들고 항복한 다음 과거를 과거로 남겨 두어야 한다. 실패한 후에 다시 일어서는 사람이 있는 반면, 주저앉아 한탄만 하고 있는 사람도 있다. 항복한 후에 패배의 의미를 곱씹을 줄 모르는 사람에게는 실패의 망령이 늘 따라다니지만 성공하는 사람에게는 어떤 상황에서도 살아남는 성품이 있다.

상실감을 털어 내고 전진하라.

현명한 실패의 두 번째 요소는 상실감을 털어 낸 후에 뒤를 돌아보는 것이다. 일이 잘 풀리리라는 희망을 잃고 패배를 인정한 후에는 실패의 원인을 분석한 후에 교훈을 얻어야 한다. 다른 일을 시작하기 전에 분석을 거치면 다시 실패할 확률이 크게 낮아진다. 인간관계와 목표 달성 모두에서 그렇다. 예를 들어, 이혼한 후에 아픔을 털자마자 새로운 남녀 관계로 뛰어드는 사람은 결과가 뻔하다. 또다시 실패할 확률이 매우 높다. 이유는 관계의 진행이 예전과 똑같다는 데 있다. 이혼까지 치닫게 한 패턴이 두 번째 관계에서도 그대로 나타나기 때문에 실패할 가능성이 높다. 사업에서도 마찬가지이다. 과거에 실패를 낳은 패턴은 다음 실패에도 영향을 미친다. 변화하지 않으면 결국 같은 패턴으로 똑같은 실수를 저지르게 될 것이다.

성공하는 사람은 실패의 패턴을 되풀이하지 않는다. 이혼으로 끝난 결혼생활을 못된 전 배우자 탓으로 돌리지 않는다. 과거의 실패가 열악한 시장이나 잘못된 관습, 못된 전 상사, 무능한 리더, 효율성 없는 경영 능력에서 비롯됐다고 생각하지 않는다. 물론 이 모든 것들이 하나의 원인이지만 승자는 자신에게도 책임이 있다는 점을 인정한다. 외부 상황이 좋지 않았지만 자신의 반응이 달라야 했다는 점을 안다. 같은 문제나 상황, 역학을 견뎌 내는 회사나 인간관계가 분명히 있다. 차이점이 무엇인가? 나는 무엇을 잘못했는가? 나는 무엇을 보지 못했는가? 어떻게 바꿔야 하는가? 다음번에는 어떤 자원이 필요한가? 또다시 실패하지 않으려면 개인적으로 어떤 성장이 필요한가? 스스로 이런 질문을 던져야 한다.

최고의 축구 팀이 지난 경기를 녹화해 분석하며 실패의 원인과 개선책을 찾는 것처럼 인생에서 승리하는 사람은 자신의 실수를 파악하여 바로잡는다. 그는 실패에 일조한 성품 문제, 의사소통 패턴, 태도, 행동, 믿음, 방어, 두려움, 무지 등을 파악한다. 그리고 그런 약점을 다듬어 변화를 꾀한다. 이런 사후 검토 방식의 효과는 널리 인정되고 있다. 이혼 회복 프로그램이 좋은 예이다. 새로운 사람을 만나기 전에 이러한 프로그램에 참여해 자신의 패턴을 알아보는 것은 현명한 일이다.

우리는 음식뿐 아니라 경험도 소화시킨다. 음식물이 우리 몸의 세포를 형성하는 것처럼 경험은 우리의 성품을 형성한다. 어떤 면에서 우리의 경험이 곧 우리 자신이라 할 수 있다. 경험은 '소화'를 통해 우리를 형성한다. 우리는 섭취한 음식물을 필요한 부분과 불필요한 부분으로 나누고 좋은 영양소를 흡수해 새로운 세포와 에너지 등을 만든다. 불필요한 부분은 몸 밖으로 배출한다. 신진대사가 원활하면 이 과정을 매일 되풀이한다. 우리의 신진대사 기능이 원활하지 않으면 영양소를 흡수하거나 독소를 제거하지 못하고 제대로 된 기능을 수행하지 못해 건강을 유지할 수 없다.

경험을 소화할 때도 마찬가지이다. 실패한 경험의 좋은 부분을 흡수한다는 것은 교훈을 얻어 성품의 새로운 '세포', 곧 지혜를 형성한다는 말이다. 새로운 지혜로 삶의 전선에 다시 뛰어드는 과정을 끊임없이 되풀이하면서 우리는 성공에 필요한 힘, 인내력, 희망, 낙관론 같은 중요한 성품의 특성들을 쌓게 된다. 하지만 실패나 상실을 올바른 태도로 다루지 못하는 사람이나 계속해서 변명하고 남에게 책임을 돌리는 사람은 실패가 주는 교훈 대부분을 놓칠 수밖에 없다. 결국 전혀 변화된 것이 없으므로 또다시 실패의 늪에 빠진다.

마찬가지로 끝끝내 슬픔을 '제거'하지 못하면 그 슬픔은 우리 안에 독소로 남는다. 우리는 슬퍼할 줄 아는 한편 슬픔을 털어 버릴 줄도 아는 존재이다. 단, 슬픔을 분해해 좋은 부분은 흡수하고 독소는 내보내야 진정한 건강을 유지할 수 있다.

언젠가 컨설팅을 의뢰 받아 한 회사와 일한 적이 있는데 그 회사의 CEO는 20년 사이에 커다란 성공과 더불어 엄청난 실패를 경험했다. 고위 경영진과의 전략 기획 회의에서 우리는 전략적 프로젝트들의 성공과 실패를 분석했다. 회사는 CEO가 애착을 가진 대형 프로젝트가 처참하게 실패할 때마다 '회복 프로젝트'에 돌입했다. CEO는 열정을 품었던 프로젝트가 실패하자마자 그에 따르는 자연스러운 상실감과 사기 저하를 없애기 위해 곧바로 새롭게 짠 원대한 프로젝트를 내놓았다. 그러나 경영진은 지난 프로젝트의 실패 요인을 파악하기 전에는 새로운 프로젝트의 성공이 어렵다는 점을 깨닫기 시작했다. 결국 이사회는 CEO를 해임하고 새로운 CEO를 영입했다. 신임 CEO가 섣불리 흥미진진한 계획을 내놓기보다 과거의 실수를 되풀이하지 않는 데 초점을 맞추자 사후 검토는 회사의 의무적인 절차로 자리를 잡게 되었다.

실패와 상실을 인정하고 철저히 검토한 후에 홀홀 털고 앞으로 나아가려면 성품의 깊이가 있어야 한다. 실패를 다루는 동안 마음의 빈 공간을 메워 줄 감정적 여유가 있어야 한다. 이런 여유가 없는 사람은 기다리지 못하며 단숨에 열정과 낙관론을 일으킬 '마약'을 원한다. 일단은 뛰어들고 본다. 성숙한 사람 역시 낙관론을 품고 새로운 기회를 기대하지만 눈앞의 실패를 완전히 다룰 때까지 기다린다. 전과 같은 실수를 반복하다가 새로운 기회를 눈앞에서 날려 버리는 어리석은 행동은 하지 않는다.

잘나가는 일에서 손을 떼라

뜻대로 풀리지 않는 일을 포기하는 태도는 성공의 필수요건이다. 하지만 그것은 성공의 첫걸음에 불과하다. 성공하는 사람은 한 단계 더 나아간다. 그는 최상의 결과를 얻지 못할 것으로 예상될 때는 잘 풀리는 일조차 포기한다. 괜찮은 성과를 내고 있지만 그 일이 최상으로 가는 길을 방해하고 있다면 당장 그만두는 것이다. 좋은 것은 가장 좋은 것의 적이다.

나의 저서 『실패보다 쉬운 성공 원칙 99 Things You Simply Must Do』에서 연간 매출액 7억 달러 규모의 회사를 세운 친구의 일화를 소개한 적이 있다. 그는 다른 회사의 조그만 부서에서 경력을 쌓기 시작했다. 후에 그가 연간 매출액 2,500만 달러를 밑도는 그 회사를 매입해서 가장 처음으로 한 일은 수익성 있는 사업들의 80퍼센트에서 손을 뗀 것이었다. 이 사업들은 흑자를 내고 있었으나 그가 보기에 진정한 성장 잠재력은 나머지 사업들에 있었다. 그의 표현을 빌리자면 그는 "회사의 진정한 생존이 달려 있는 사업"에 투자해야 할 시간과 돈과 자원을 다른 데 쏟고 싶지 않았다.

나는 이러한 태도를 성공하는 사람의 필수요건으로 본다. 간단히 말해서 승자는 버릴 줄 안다. 사생활에서나 사업활동에서나 '시시한 물건'은 모으지 않는다. 미래를 가로막는 물건이라면 자선단체에 기부하고 아무짝에도 쓸모없는 물건이라면 쓰레기통에 던져 버린다. 미래를 위해 사용할 공간을 하찮은 것이 차지하고 있어서는 곤란하다. 소매 업체가 연말에 신상품을 위해 공간을 비우는 것도 같은 이치이다. 시간이 지나면 팔리기야 하겠지만 오래된 재고를 쌓아 두는 것은 효율적인 방법이 아니다. 신상품을 위한 공간 배치와 마케팅에 집중해야 한다. 우리 주위에는 최상이 아닌데도 포기할 줄 모르는 사람들이 많다. 그들은 감정적인 집착 혹은 또다시 기회가 올지 모른다는 두려움에 휘둘린다.

'대안을 찾지 못하면 어쩌지?'

'다시 이만한 매출을 올리지 못하면 어쩌지?'

새로운 일을 가로막는 낡은 일에 얽매이다 보면 그러한 우려는 현실이 되고 만다. 두발자전거를 타고 싶은 아이는 세발자전거를 버려야 한다. 옛것을 버리려면 약간 슬프기도 하고 겁이 나기도 한다. 그러나 성공하는 사람은 진정으로 원하는 것을 얻기 위해 두려움을 떨치고 옛것을 버린다. 허물을 벗고 새 피부를 드러내야 한다. 낡은 허물과 새 피부를 동시에 가질 수는 없다. 낡은 허물을 벗어야만 새 계절에 맞는 밝고 빛나는 피부를 가질 수 있다.

단순히 열심히 일하는 차원을 넘어서라

업무에서 성품의 측면은 단순한 직업 윤리를 넘어선다. 꾸준하고 성실하게 일하는 태도도 중요하지만 희생 정신과 끈기를 발휘하며 열심히 일해도 성품의 수준에 따라 좋은 성과를 내지 못할 수 있다. 열매를 맺으려면 기질적으로 다른 측면들도 갖추어야 한다.

두려움, 자아도취, 오만, 감정적 집착, 정신적 공허함 등의 성품 문제는 노력의 결과를 희석시킨다. 달성하지 못한 목표의 흔적이 남는다. 임무와 목적이 개인적 미숙의 제단 앞에 희생된다. 요컨대 성공과 결실은 '무엇을 어떻게 하느냐'보다 '어떤 사람이냐'에 달려 있다. 성품에 투자하면 노력만으로는 얻을 수 없는 결실을 얻게 된다.

5부
문제와 해결

INTEGRITY

10장

문제를 받아들여라

당시 나는 어느 대기업의 실력자들과 만날 생각에 한껏 들떠 있었다. 정신질환 치료 센터를 책임지고 있던 나는 그때까지 작은 회사나 개인 병원과만 거래를 했을 뿐 그렇게 엄청난 규모의 회사와 거래하는 것은 처음이었다. 그 대기업의 본사로 걸어 들어가던 순간을 아직도 생생히 기억한다.

어떻게 그토록 큰 기업을 일구어 낼 수 있었을까? 나는 완전히 압도되었다. 그 기업도 시작 단계를 거쳤겠지만 어떻게 현재의 수준에 이르렀는지 나에게는 불가사의한 일처럼 여겨졌다. 그 순간이 내 머릿속에 그토록 생생히 남은 것은 그 기업에 대한 경외감 때문이 아니없나 싶다.

건물 안에 들어가자 마케팅 팀장이 내게 말했다.

"자, 작전실로 들어가 일을 처리합시다."

나중에 안 사실이지만 작전실은 그 회사의 마케팅 팀이 전략 회의를 하는 밀실이었다. 젊은 패기 덕분인지 두려움보다는 기대감이 앞섰다. 작전실이 어떻게 생겼고 어떤 식으로 구분되어 있었는지는 전혀 기억나지 않는다. 딱 하나 기억나는 것은 벽 한편에 걸려 있던 거대한 액자뿐이다. 거기에는 다음과 같은 글귀가 쓰여 있었다.

"문제가 없으면 이익도 없다."

나는 잠시 멍하니 서서 그 글귀를 응시했다. 그로부터 18년이 지난 지금도 틈만 나면 내 마음속에 영원히 새겨져 있는 그 글귀를 떠올린다. 그것은 내가 그 대기업에 들어갈 때 품었던 질문에 대한 답이었으며 그 후로 만난 수많은 사람들의 성장과 성공을 설명해 주었다. 인생에서 성공하는 사람은 인생이 곧 문제 해결 과정임을 알고 있다. 이 점을 이해하는 사람은 큰 성공을 거두며 그렇지 못한 사람은 평범하게 삶을 마감한다.

스캇 펙Scott Peck의 저서 『아직도 가야 할 길The Road Less Traveled』은 "삶은 고해이다"라는 말로 시작된다. 그는 이어서 이렇게 말한다.

"삶이 고해라는 사실을 정말로 이해하고 받아들이면 삶은 더 이상 고해로 남지 않는다. 그 사실을 일단 받아들이고 나면 해결할 수 있기 때문이다."

그 대기업의 리더는 작전실에 모인 직원들에게 같은 이치를 다음과 같이 표현했다.

"나쁜 일을 다루지 않으면 좋은 일이 일어날 수 없습니다. 그 현실을 받아들이면 좋은 일을 만들어 낼 준비가 된 셈입니다."

현실을 받아들이지 않으면 좋은 일은 결코 일어나지 않는다. 받아들이지 않는다고 해도 현실은 사라지지 않기 때문이다. 아무리 부인해도 그것은 우주의 법칙이다. 사업과 개인적 목표 추구와 관계 속에는 언제나 문제가 있기 마련이다. 이는 피할 수 없는 현실이다. 문제를 직시하고 해결하려는 자세가 없다면 개인적으로나 직업적으로나 결실을 맺을 희망이 전혀 없다.

혼다 소이치로가 문제를 인정하고 해결하는 데 적극적이지 않았다면 자동차 업계를 뒤흔든 혼다 오토바이는 탄생하지 못했을 것이다. 혼다는 문제와 장애물을 다루고 해결하는 능력에서 타의 추종을 불허했다. 심지어 그는 피스톤 문제의 원인을 알기 위해 공업 대학교에 다시 입학하기도 했다. 그는 장애물이 길을 막도록 내버려 두지 않고 그것을 인정하고 해결했다. 이것이 성품이다.

삶이 문제투성이라는 현실을 받아들이고 이해하는 것과 이 현실을 해결할 능력을 갖추는 것은 별개의 문제이다. 부정적 현실의 요구를 충족시키고 그것을 좋은 현실로 바꿀 수 있는 능력은 오직 성품의 힘뿐이다. 부정적 현실의 요구를 충족시키고 해결하여 좋은 열매를 맺으려면 성품의 어떤 측면들이 있어야 할까?

문제가 곪아 터질 때까지 내버려 두지 말라

부활절 예배에서 중소기업을 운영하는 CEO인 친구를 만났다. 근황을 묻자 그는 근심 어린 표정을 지으며 말했다.

"골칫거리가 좀 생겼네. 곧 장기 출장을 떠나야 하는데 회사에 인간관계 문제가 좀 생겼어. 출장 가기 전까지 살펴봐야 하는데 말이야. 쉽지는 않겠지만 그 매듭을 푸는 데 이번 주 전부를 할애할 생각이네."

나는 '살펴보다'라는 말에 깊은 감명을 받았다. 언어의 존재론적인 의미를 잘 파악하는 심리학자라서 그런지 그 말이 더 깊이 와 닿았다. 우리는 말을 통해 내면의 많은 부분을 드러낸다.

예를 들어 소극적인 사람은 사건에 관해 이야기할 때 자신을 행위자나 원인이 아닌 피동자로 묘사한다. "그러기로 했어"가 아닌 "그렇게 됐어"라는 식의 표현을 쓴다. 사람의 말을 들어 보면 그의 '존재' 혹은 실존주의자들의 말마따나 그가 '세상 속에서' 존재하는 방식에 관해 많은 것을 알 수 있다. 내 친구의 말은 그가 세상 속에서 존재하는 방식에 대해 많은 것을 알려 주었다.

내 친구는 문제를 피하기보다는 살펴봐야 할 대상으로 보았다. 그리고 나쁜 상황이 펼쳐지기까지 기다리거나 현실을 일부러 외면하는 대신에 행동 계획을 세웠다. 문제를 파악한 즉시 적극적이면서도 직접적으로 다루려고 했다. 그는 문제가 더 이상 곪아 터지길 원치 않았기 때문에 출장을 가기 전에 해결을 보고자 했다. 그렇지 않으면 출장을 가서도 업무에 제대로 집중할 수 없을 것이다. 그는 문제의 뿌리를 뽑고 싶었다.

그가 살아가는 방식 자체가 그랬다. 그는 개인적으로나 사업상으로나 문제를 회피한 적이 없었다. 인테그리티와 가치 중심의 사업 덕분에 큰 이익을 거두었고 나아가 고객의 문제까지 신속히 해결해 주는 능력으로 회사를 급성장시켰다.

또 '문제를 성심껏 해결하는' 사람이라는 평판 덕분에 수많은 경쟁자를 물리치고 정부의 특별 프로젝트를 따내기도 했다. 이는 그의 삶을 보여 주는 단면에 지나지 않는다. 그는 든든한 파트너와 고객, 직원 등과 아울러 수십억 달러의 매출이라는 흔적을 남겼다. 인간관계에서나 재정 문제에서나 '문제를 직시하여 커다란 열매를 맺는' 그를 보면 "문제가 없으면 이익도 없다"는 진리가 새삼 실감이 난다.

여기서 핵심은 두 가지이다. 첫 번째, 통합된 성품을 소유한 사람은 부정적인 현실을 피하지 않는다. 오히려 그 반대이다. 그는 적극적으로 문제를 찾아 해결한다. 두 번째, 그는 부정적인 현실을 골칫거리로만 보지 않고 더 좋은 현실에 이를 수 있는 기회로 삼는다.

이익은 문제를 다룬 결과물이다. 따라서 문제를 다루는 일은 나쁜 일이 아닌 좋은 일이다.

치과에 가는 상황을 예로 들어 보자. 이가 아파 맛있는 음식을 먹지 못하거나 밤새 잠을 이루지 못하면 당장 치과로 달려가기 마련이다. 그런데 그것은 치과에 대한 과거의 경험이 좋았을 때의 얘기이다. 치과에 가서 큰 문제없이 통증을 해결했다면 치과에 가는 일을 좋은 일로 볼 것이다. 그러나 치과만 생각하면 악몽 같은 경험이 떠오르는 치과 공포증이 있다면 아무리 아파도 치과에 가려고 하지 않을 것이다. 문제에 맞서 해결함으로써 치료라는 '이익'을 얻지 못하는 것이다. 이 두 상황의 차이점은 현실의 요구를 충족시키는 성품에 있으며 그것은 경험에서 비롯된다.

성공하는 사람은 내면의 능력, 곧 성품을 통해 문제와 부정적 현실을 다룬다. 내면의 능력에는 문제를 다루는 것이 나쁜 일이 아니라 좋은 일이라는 마음가짐도 포함된다.

그런데 이 성품은 과거의 경험과 밀접한 관계에 있다. 재능과 능력이 뛰어난데도 부정적 현실을 피하려고만 해서 일이나 인간관계를 망치거나, 심각한 경우 파멸에 이르는 사람들이 많다.

앞서 소개했던 CEO 브래드는 눈앞의 큰 문제를 다루지 않았다. 판매 부장 릭을 잃으면 매출이 떨어질지 모른다는 두려움 때문에 그는 상황의 심각성을 철저히 부인했다. 결국 그는 가장 중요한 인재로부터 신뢰를 잃었고 궁극적으로는 자신의 일자리까지 빼앗기고 말았다. 이는 머리가 나쁘고 재능이 부족했기 때문이 아니라 문제를 다룰 용기가 없었기 때문이다. 비록 사업상의 상황이기는 하나 그 이면을 보면 브래드는 남편의 중독증을 직시하지 않는 부인이나 부인의 중독증을 직시하지 않는 남편과 다를 바 없다. 자사의 제품이 시장에서 반응이 좋지 않을뿐더러 제품 자체가 형편없다는 현실을 받아들이지 않는 애견 사료 업체 사장도 마찬가지이다. 부정적 현실을 다루려면 안전지대에서 빠져나와 문제를 솔직하게 받아들여야 한다.

타이거 우즈가 아직 프로로서의 가능성을 증명하지 못한 아마추어였을 때 온 세상이 그의 프로 입문을 고대했다. 그에게 유례없이 많은 돈을 주겠다는 스폰서들이 줄을 섰다. 나이키가 4,000만 달러를 제시했고 타이틀리스트Titleist(골프용품 전문 브랜드-옮긴이)가 거기에 2,000만 달러를 더 붙였다는 소문이 나돌았다.

타이거 우즈가 뛰어난 아마추어인 것은 사실이었으나 PGA는 전혀 다른 세계이다. 우즈는 아직 자신을 증명하지 못한 상태였다. 그럼에도 모든 사람들은 우즈가 기대에 부응하기만 기다렸다. 잭 니클라우스 이후로 그만한 재능을 가진 선수를 보지 못했기 때문이다.

골퍼의 진가는 메이저 대회에서 판가름난다. 타이거 우즈가 프로 선언을 한 후 처음으로 출전한 마스터스 대회에 온 세상의 이목이 쏠렸다. 결과는 우즈의 승리였다. 경기 내용이 훌륭한 것은 아니었다. 뛰어난 기량을 십분 발휘하지는 못했으나 어쨌든 승리는 우즈에게로 돌아갔다. 그것도 12타 차이로. 사람들의 판단이 옳았다! 역시 우즈는 달랐다. 바비 존스Bobby Jones가 니클라우스의 경기 모습을 보면서 "그는 내가 모르는 게임을 한다"고 말했던 적이 있는데, 이제 우즈의 경기를 지켜본 모든 사람들이 그 기분을 공감하게 되었다.

자, 생각해 보자. 당신은 프로로 출전한 첫 마스터스 대회에서 우승했다. 당신은 종전의 우승 기록을 모조리 갈아 치웠다. 모든 사람들로부터 감당할 수 없을 정도로 큰 환호를 받았다. 당신은 골프, 아니 스포츠 세계 전체의 정상에 서 있다. "PGA 올해의 선수!" "연합통신 선정 올해의 선수!" 이제 당신은 어떻게 할 것인가?

우즈는 어떻게 했을까? 그는 역사상 최고의 선수가 되려면 몇 가지 문제를 해결해야 한다고 판단했다. 그는 스윙 폼을 바로잡아 줄 코치를 영입하여 과감한 변화를 꾀했다. 골프를 잠깐이라도 배워 본 사람이라면 이것이 얼마나 힘든 일인지 알 것이다. 변화를 꾀한다고 당장 효과가 나타나는 게 아니기 때문이다.

"이렇게 하면 훨씬 좋아질 거야. 당장 내일부터 모든 상대를 12타 차로 이길 수 있어."

어림도 없는 소리이다. 오히려 그 반대이다. 처음에는 상황이 좋아지기는커녕 더 악화된다. 이는 집을 개조하는 일과 같다. 개조하는 동안에는 집에서 살 수 없다. 그러나 미래를 생각하면서 불편함을 참아내면 결국에는 더 좋은 집에서 살 수 있다.

실제로 우즈의 상황은 더 나빠졌다. 개조 과정을 거쳐야 했던 다음 해 우즈의 성적은 부진했다. 그러나 시련의 기간이 지나자 "문제가 없으면 이익도 없다"는 말이 현실로 이루어졌다. 우즈는 '문제를 받아들이고 해결하는' 성품을 갖추고 나타나 제2차 세계대전 이후의 연승 기록을 갈아 치웠으며 내친김에 4개 메이저 대회에서 연속으로 우승했다. 그는 그 후로도 계속해서 모든 기대를 뛰어넘었다.

비결이 무엇일까? 재능? 물론이다. 그러나 재능 있는 선수들은 많다. 나는 성품이야말로 우즈의 성공 열쇠라고 생각한다. 그가 기록들을 깨뜨린 것은 '현실의 요구를 충족시키는 능력' 때문이었다. 그는 스윙 폼 문제를 해결하라는 요구를 충족시켰다. 엄청난 시련과 부정적인 기사들, 이익의 손실, 사람들의 비판 등은 그의 결심을 무너뜨리지 못했다. 그는 두려움을 떨치고 치과를 찾아가 이를 치료했다. 지금 그는 새로운 스윙뿐 아니라 성품의 열매를 맛보고 있다.

사람들은 안전지대를 좋아한다. 혹시 이익을 얻지 못할지라도 가장 안전하고 편안한 행동을 고수한다. 그러나 승자는 약속의 땅으로 가기 위해 문제를 해결하는데, 이는 그의 성품 때문이다. 문제가 해결되는 것은 좋은 일이므로 승자는 누가 뭐래도 부정적 현실을 다루고야 만다. 그는 "그날은 스키를 타러 갈 수 없어. 치과에 가야 해"라고 말할 줄 안다. 타이거 우즈라면 이렇게 말할 것이다.

"금년은 우승하지 못할지도 몰라. 그래도 역사상 최고가 되려면 스윙 폼을 교정해야 해."

부정적 현실을 다루려면 그 현실에서 나오는 내적, 관계적 두려움을 뛰어넘어야 한다. 좀 전에 소개한 내 친구가 문제를 해결하려다 상대방에게 거부를 당하거나 자신의 말로 인해 상대가 마음을 다치지 않을까 지나치게 두려워했다면 분명 부정적 현실을 회피했을 것이다. 타이거 우즈 역시 언론이나 사람들의 반응을 지나치게 의식했다면 개선보다는 현상 유지를 택했을 것이다. 하지만 그들에게는 결과를 기대하고 과정을 견디는 내적 능력이 있었다.

빠져나가는 유일한 방법은 뚫고 나가는 것이다.

정말 심한 알코올 중독자나 자식을 학대하는 아버지 밑에서 자란 성인들을 상담해 보면 그들은 사랑으로 감싸 주었던 어머니에 대해서도 좋지 않은 감정을 품고 있었다. 그들은 어머니가 아버지를 제어하지 않았다는 데서 깊은 실망감과 배신감을 느꼈던 것이다.

그들은 어머니(혹은 아버지)가 아무런 조치를 취하지 않은 이유에 대해 혼란을 느꼈고 결국 그들 자신도 부정적 현실을 곪아 터질 때까지 방치해 두는 모습을 답습했다. 방치된 문제는 시간이 지나도 사라지지 않는다. 그리고 결국 당사자, 나아가 사랑의 본질에 대한 믿음마저 갉아먹는다.

이러한 상황은 개인적 배경에서만 나타나지 않는다. 앞서 소개한 브래드와 릭의 사례는 주위에서 흔히 볼 수 있다. 팀이나 조직의 책임자들이 문제를 일으키는 사람을 과감히 다루지 못하면 나머지 팀원들의 신뢰를 잃는다.

반면, 문제를 직접적이고도 효과적으로 해결하는 리더는 존경을 받는다. 최근에 컨설팅 의뢰를 받은 한 회사는 CEO가 무능력한 사장 문제를 질질 끈 탓에 3년 동안이나 조직이 혼란을 겪고 중요한 인물들이 빠져나가 회사의 목표를 달성하지 못했다. 결국 브래드의 경우처럼 이사회가 끼어들어 CEO로 하여금 문제를 처리하도록 했다.

그 후에 일어난 일은 우리 모두에게 큰 교훈을 준다. 문제의 원인을 제거한 지 몇 개월 만에 전체 조직이 되살아났다. 당사자가 떠나자 그가 일으킨 분열, 사기 저하, 전염성 강한 비관론이 순식간에 사라졌다. 분위기가 변했다. 팀이 의기투합하고 열매를 맺는 모습에서 새로운 열정을 느낄 수 있었다. 여기서 얻은 교훈은 문제를 적극적으로 받아들이고 해결하기 위해 노력하면 결국 사라진다는 것이다. 고통을 끝낼 수 있다. 문제가 해결될 수 있다는 경험을 한 후 참는 데만 익숙했던 사람들은 새로운 열정을 보여 주었다. 수년 동안 방치된 채 곪아터진 문제라 할지라도 일단 부정적 현실을 받아들이고 해결하려고 하면 몇 주 혹은 몇 달 안에 정상으로 회복될 수 있다. 타이거 우즈의 경우에도 마찬가지이다. 개조 과정을 거치느라 부진한 성적을 보였던 그해는 전체 선수생활에 비하면 찰나에 불과하다.

회복 능력

몇 년 전 탁월한 마케팅 능력으로 기업계의 찬사는 물론이고 전 세계의 인정을 받고 있는 사람과 함께 프로젝트를 추진한 적이 있었다. 그를 영입하려는 조직들이 많았기 때문에 나는 흥분과 기대감을 감출 수 없었다. 그와 함께 일한다면 성공은 보장된 것이나 다름없었다. 프로젝트의 첫 단계를 추진하는 데 약 1년이 지났고 드디어 제품 출시일이 다가오자 들뜬 분위기는 최고조에 달했다.

그는 이미 몇몇 전략적 파트너들을 확보했고 다시 많은 사람들이 사업에 합류했다. 나는 그의 명성에 맞는 성공을 거두리라 굳게 확신했다. 드디어 출시일, 모든 이들이 긴장한 얼굴로 결과를 기대하고 있었다. 어마어마한 성공일 게 뻔했다. 다음 날 결과를 입수한 그에게서 전화가 왔다. 나는 상황을 물었다.

"음, 하루 만에 이만큼 큰돈을 잃기는 생전 처음입니다."

나는 입이 떡 벌어지고 가슴이 무너져 내렸다. 도저히 믿을 수 없었다. 어떻게 이런 일이? 성공의 보증수표가 실패했다니. 그럴 리가 없었다. 그런데 심란한 가운데서도 그의 성품이 궁금해졌다. 그는 이 사태를 어떻게 처리할까? 자신이 새로운 영역에 뛰어든 탓에 겪은 실패를 어떻게 다룰 것인가? 나는 실패한 사업과 상처 입은 리더를 어떻게 다뤄야 할까? 그는 계속해서 말했다.

"실패의 원인을 조사해야겠습니다. 뭔가 패턴이 있어요. 배울 게 있다고 생각합니다. 다른 상품들의 출시가 우리의 행로에 차질을 빚은 것 같습니다. 제 생각에는……."

그는 문제를 이해하고 해결하는 데 온 힘을 쏟았다. 그가 지금까지의 사업에서 수십억 달러 규모의 거래를 성사시킨 데는 다 이유가 있었던 셈이다. 그 이유는 바로 '빠른 회복력'이었다. 심리학에서 말하는 회복력은 가슴 아픈 사건을 겪은 후 제 기능을 되찾는 과정이다. 나쁜 일이 벌어지면 완전히 무너져 재기 불능 상태에 빠지는가, 아니면 벌떡 일어나 다음번 펀치에 대비하는가?

통합된 성품을 소유한 사람들은 나쁜 일이 일어난 후에 다시 전진하기 위해 동기와 희망, 판단력, 분명한 사고력, 열정, 적극성 등을 회복하는 능력이 있다. 부정적인 소식이나 사건으로 충격을 받았을 때도 너무 멀리까지 궤도를 이탈하지 않는다. 그렇다고 자기 부인에 빠지는 것은 아니다. 좋았던 시절을 그리워한 나머지 문제를 피하거나 사후 검토를 하지 않는 게 아니다. 그는 문제를 재빨리 직시하되 감정적, 인지적, 행동적으로 지나친 반응을 보이지 않는다.

앞의 내 친구를 다른 사람과 비교해 보자. 여기서는 그를 마이클이라 부르자. 마이클은 일이 잘 풀릴 때는 누구보다도 뛰어난 능력을 보였다. 승승장구할 때는 세상이라도 정복할 기세였다. 성공할 때는 강력한 긍정의 힘으로 세상을 살아갔다. 그런데 한번은 시장이 불경기에 빠지면서 마이클의 부서도 급격한 내리막길로 접어들었다. 매출이 형편없이 떨어졌다. 주위에서는 마이클이 돌파구를 찾아내 부서를 되살리기를 고대했다. 그러나 그는 엉뚱한 방향으로 향했다.

나쁜 소식이 들려오자 마이클은 잔뜩 움츠러들었다. 그는 패자처럼 행동하고 자기 능력에 의심을 품었다. 자신감과 열정을 잃고 판단력이 흐려졌다. 단호한 행동이 필요한데도 그는 방어 자세를 고수했다. 점점 팀원들과의 접촉을 피했고 우울한 표정으로 돌아다녔다. 이에 부하직원들은 다른 팀장들에게 조언을 구하기 시작했다. 마이클은 전투 중 행방불명된 지휘관과 같았다.

상사는 마이클에게 심리 치료를 받도록 했다. 알고 보니 마이클은 비판적이고 가혹한 가정에서 자랐다. 어릴 적 그가 가혹한 비판을 견뎌 내기 위해 사용한 방법은 두각을 나타내는 것이었다. 그는 학업과 스포츠에서 남들을 앞섰고 그 과정에서 학대로 인한 분노를 간신히 억눌렀다. 하지만 실수를 저지르면 마음속에서 들려오는 호된 비판과 꾸지람이 그를 무기력으로 내몰았다. 어릴 적 그는 삶의 폭풍우를 피해 자신이라는 은신처 속에 숨었다. 그러나 가족의 맹렬한 비판이 남긴 자기 혐오의 상처를 지울 수는 없었다. 그는 버림받음과 따돌림을 느꼈던 시절을 생생하게 기억하고 있었다.

마이클은 이러한 부정적인 경험들을 극복하지 못했다. 그 경험들은 그의 기질의 일부로 자리를 잡았다가 불경기 같은 나쁜 상황이 일어나면 여지없이 밖으로 튀어나왔다. 그럴 때마다 그는 어린 시절에 겪었던 것과 똑같은 기분을 느꼈다. 단, 그를 깔아뭉개고 움츠러들게 만드는 목소리들이 이제는 가족들의 입이 아닌 그의 머릿속에서 나왔다. 원래 밖에 있던 요소가 내면으로 들어온 것이다. 마이클의 경험은 그의 성품이 되었다. 실패, 목소리들, 숨는 태도, 의기소침, 부정적 사고, 회복 불능이 모두 그의 성품으로 흡수되었다.

다행스러운 점은 마이클이 새로운 경험들도 자신의 일부로 흡수했다는 사실이다. 결국 그는 치료를 통해 회복 불능 패턴을 변화시켰고 그의 성품은 성장했다. 그는 부정적인 경험을 보완하는 새로운 경험들을 통해 회복 능력을 길렀다.

따라서 이익을 거두려면 문제를 딛고 회복하는 능력이 필수이다. 그러려면 새로운 성품이 있어야 하며 이는 경험에서 나온다. 느린 회복력으로 대변되는 마이클의 성품은 과거의 경험에서, 새로운 성품은 새로운 경험에서 나왔다.

존 고트맨이 부부들을 연구한 바에 따르면 지속적이고 만족스러운 부부 관계의 지표는 분리, 갈등, 문제 등으로부터 회복되는 능력이다. 회복되는 능력을 갖춘 부부는 한평생 함께 행복하게 살 확률이 높다.

결과와 자신을 분리하라

부정적 현실을 다루고 회복하려면 문제나 부정적 결과를 자신으로부터 분리할 줄 알아야 한다. 확고한 정체성은 무엇을 하느냐 혹은 어떤 결과를 얻느냐가 아닌 그 사람이 누구인가의 문제이다. 결과와 연결된 정체성은 상황에 따라 수시로 변한다. 일이 잘 풀리면 좋은 정체성이 나타나고 일이 꼬이면 나쁜 정체성이 나타난다.

운동선수를 예로 들어 보자. 코치가 선수를 슬럼프에서 빼내는 방법 중 하나는 결과를 분리하도록 만드는 것이다. 이를테면 선수를 무조건 타석에 세우고 공이 어디로 날아가든 따지지 않고 스윙을 하게 만든다. 결과에 대한 판단을 하지 않는다. 공이 어디로 날아가든 상관없다. 일단은 치고 본다. 실패했다고 해서 자아 혹은 자아의 회복 능력까지 잃어서는 곤란하다.

결과와 자신을 분리하면 어떤 상황에서도 변함없는 정체성을 확립할 수 있다.

성공하는 사람은 결과에 따라 정체성이나 감정이 흔들리지 않는다. 물론 일이 잘 풀리면 기분이 좋아지는 것은 당연하나 자기 자신에 대한 감정은 변함이 없어야 한다. 결과는 결과요 자신은 자신일 뿐이다.

성공하는 사람은 실패했을 때 무엇을 고쳐야 할지에 초점을 맞춰 성장한다. '나'가 아닌 문제에, "나는 패자다"가 아닌 "나는 이런저런 부분을 고쳐야 한다"에 초점을 맞춘다. 자기 자신이 무너져 내리면 문제는 절대 해결되지 않는다.

변하지 않는 핵심적인 성품 요소 중 하나는 '분리differentiation'이다. 이는 자기 정체성이 다른 사람이나 외부 상황들로부터 분리된 정도를 말한다. 정체성이 불변하면 자신을 알거나 자기 감정을 통제하는 데 외부 성과나 인정, 이미지, 상징, 부, 조직 등이 필요하지 않다. 부정적 현실을 다룰 때는 이런 정체성이 반드시 필요하다.

그래야 자신이 문제의 일부가 되거나 거기에 휩쓸리지 않고 문제나 결과를 다룰 수 있기 때문이다. 앞서 우리는 분리가 운동선수나 사업가의 성과와 어떻게 연관되는지 살폈다. 이는 대인관계에도 그대로 적용된다.

부정적인 인간관계에 대한 현실을 다루려면 자신을 향한 다른 사람의 감정 혹은 그의 전반적인 감정으로부터 분리되어야 한다. 예를 들어 남들의 호감을 사려거나 그들의 기분을 상하지 않게 하는 데 지나치게 연연하면 문제를 해결하는 것은 사실상 불가능하다. 어찌 보면 갈등은 자연스러운 현상이다.

때로 우리는 서로에게 부정적인 감정을 품기도 한다. 다른 사람의 감정으로부터 분리된 사람은 자신에 대한 상대방의 감정에 휘둘리지 않고 이해와 공감을 드러낼 수 있다. 그는 상대방의 감정에 쉽게 상처를 받거나 무기력에 빠지지 않는다.

예를 들어 훌륭한 부모는 아이가 울고불고 야단을 쳐도 때로 냉정하게 훈계할 줄 안다. 리더라면 성과나 문제를 지적할 때 상대방의 감정으로부터 분리되어야 한다. 협상을 할 때도 외부 압박이나 갈등으로부터 분리된 자세가 필요하다. 분리는 건강한 기능을 유지하기 위한 시작이자 끝이다. 분리 기능이 없다는 것은 자동차의 핸들을 남에게 맡기는 것과 같다. 자기 차에 탔으면서도 어디로 가는지 자신이 통제하지 못하는 것이다.

주인의식

"처음부터 끝까지 변호사들이 말한 대로 했습니다. 우리의 정책에 맞는 행동이었어요. 그런 저에게 어떻게 실수를 했다고 말씀하실 수 있습니까? 저는 임시 해고 지침을 따랐어요."

짐은 자신이 맡은 소매 체인에 문제가 있다며 전화를 걸어온 사장에게 따졌다. 짐은 인사 부장으로서 인력 구조조정을 위한 임시 해고를 진두지휘했다. 하지만 그의 속셈은 기업의 구조조정이라기보다 몇 몇 상점 관리자들을 제거하려는 데 있었다.

그는 몇몇 지역 부서를 구조조정함으로써 그 관리자들이 해야 할 일을 줄였는데 그것을 핑계로 그들을 회사에서 내보낼 계획이었다. 그는 방법을 강구하던 중 손쉽지만 적절하지 못한 방법을 택했다. 그들을 다른 부서로 재배치할 마음이 애초에 없었으므로 '임시 해고'는 자기 속셈을 가리려는 허울에 불과했다.

결과는 대혼란이었다. 구조조정까지 감수하고 있는 회사의 미래를 걱정하는 전화가 전국에서 빗발쳤다. 회사의 지불 능력을 의심한 공급 업체들은 주문한 물품을 공급하기 힘들다며 거래를 꺼렸다. 사기는 땅에 떨어졌고 사장은 큰 곤경에 빠졌다. 이 모든 사건의 출발점은 인사 부장 짐이었으므로 그에게 책임이 있었다.

그러나 짐은 결과에 대한 책임을 회피했다. 그가 보기에 자신은 모든 것을 '제대로' 처리했다. 정책을 따랐고 변호사들이 말한 대로 했으니 그는 잘못한 게 전혀 없었다. 그러나 정말로 그렇다면 그의 흔적이 그토록 잘못될 리가 있겠는가? 나는 그가 리더가 아닌 '직원'으로 행동했다는 점을 꼬집었다. 그러자 어리둥절해진 사장이 물었다.

"무슨 뜻입니까?"

"직원들은 맡은 일만 하죠. 그 일만 잘하면 끝이에요. 원하는 결과가 나오지 않아도 그들의 책임이 아닙니다. 그들은 시키는 대로 다 했거든요. 지침과 경영진의 명령을 따랐느냐가 중요하죠.

하지만 짐은 부장이고 경영진이에요. 인사부의 기능을 책임진 리더란 말입니다. 그러니 그는 자기가 내린 결정에 책임을 져야 합니다. 대혼란을 일으킨 원인은 그의 전략에 있어요. 그런데 그는 자기가 만든 결과에 전혀 주인의식이 없네요. 그저 좋은 사람으로 보이고 싶을 뿐 결과에는 통 관심이 없어요. 결과에 책임을 지는 모습을 보여야 하는데 변명을 하거나 책임을 전가해서는 리더라 할 수 없습니다."

리더라면 주인의식이 있어야 한다. 진정한 리더, 나아가 성공하는 모든 사람들은 윗사람에게 잘 보이는 데만 급급하지 않는다. 그들은 결과를 원한다.

"팀이 졌어도 상관없어. 나는 감독님이 시키는 대로 다 했으니까."

이렇게 말하는 쿼터백의 성과와 리더십은 더 이상 발전하지 않는다. 그의 말은 필드의 사령관인 쿼터백이 아닌 주전자 나르는 소년이할 말이다.

배가 침몰하거나 회사의 매출이 떨어지거나 자기 아이가 낙제한 상황에서 '명령'을 따랐다고 혼자 만족하는 태도는 일관된 진실성과는 매우 거리가 멀다. 통합된 성품을 소유한 사람은 결과를 만들기 원하며 자기 성과뿐 아니라 전체의 결과에도 주인의식을 가진다. 얼핏 이것은 앞서 말한 '결과로부터의 분리'와 상반된 것처럼 보이나 그렇지 않다. 문제를 해결해 더 나은 결과를 만들어야 한다는 주인의식을 품는 동시에 결과가 일으키는 감정으로부터 분리될 수 있다.

물론 한계는 있다. 때로는 최선을 다했는데도 결과가 엉망일 수 있다. 우리는 다른 사람이나 세계 시장을 통제할 수 없다. 영향을 미칠 수는 있으나 통제할 수는 없다. 따라서 최선을 다했으면 결과는 섭리에 맡겨야 한다. 고집불통 아이를 바로잡기 위해 최선을 다한 부모는 여한이 없어야 한다. 직원이나 파트너에게 최선을 다한 리더도 마찬가지이다. 결과에 대한 주인의식에는 한계가 있다.

문제는 반대 경우이다. 자기 삶의 모든 결과에 대해 변명하고 남 탓을 하는 사람들이 문제이다. 그들은 스스로를 결과의 원인자로 보지 않는다. 그러한 태도의 결과는 뻔하다. 개선의 여지가 전혀 없다.

남 탓은 개선의 걸림돌이다.

외부의 탓으로 돌리려는 마음은 인간의 본성이다. 아이들이 특히 그렇다. 옳고 그름의 본질을 막 배우기 시작한 어린아이들을 보라.

"쟤가 먼저 때렸어요."

"얘가 먼저 시작했어요."

누가 뭐라고 하면 아이들은 대번에 그렇게 대답한다. 남이 결과를 초래했으니까 자기가 한 일은 상관이 없다는 식이다.

성공하는 사람은 '잘못'에 대해 거의 신경을 쓰지 않는다. '자기 잘못으로 치부되는 상황'에 대해 걱정하지 않는다. 성숙하지 못한 사람과 달리 그에게 가장 중요한 것은 잘못 자체가 아니다. 그의 초점은 문제 해결에 있다. 문제를 해결해야 하고 그 문제의 한 원인이 자기 행동에 있다면 그것은 오히려 좋은 소식이다. 원인을 알았으니 상황을 바로잡을 수 있어서 오히려 좋다.

성공하는 사람은 일이나 인간관계의 실패를 외부 세상의 탓으로 돌리지 않는다. 결과를 겸허히 받아들이고 이렇게 묻는다.

"시장 상황이 이렇다면, 내가 이런 문제를 일으켰다면, 그가 그런 사람이라면 이제 어떻게 해야 상황을 바로잡을 수 있을까?"

스스로를 남의 엉터리 각본대로 움직이는 허수아비가 아닌 주인으로 생각해야 한다.

자신을 있는 그대로 사랑하라

남 탓을 하는 데는 몇 가지 원인이 있다. 가장 심각한 원인은 '좋은 자아'를 보존하려는 욕구이다. 이는 자아도취에 빠지게 되는 성품 요소로 '이상적인 자아'에 대해 갈망하고 자신을 흠 없고 완전한 존재로 생각하려는 욕구이다. 이것은 인간의 가장 나약한 특성 중 하나이다.

'좋게' 보이려는 욕구 이면에는 지나친 수치심이 존재한다. 자신에 대한 부정적 감정을 지니고 있는 사람들은 뛰어난 성과로 칭찬을 얻어 부정적 감정을 상쇄하려 한다. 그들은 칭찬과 존경을 자기 내면의 취약성을 다루는 치료제로 여긴다.

그들 대부분은 어릴 적 부모의 학대 때문에 은연중에 자신을 세상에서 가장 못난 인간으로 생각한다. 어린 시절에 확립된 나쁜 자아상을 드러내지 않기 위해 어떻게든 실수를 하지 않으려고 노력하며 실수를 저질렀더라도 최대한 숨기려고 애쓴다. 문제는 해결 방법을 잘못 골랐다는 것이다.

그들은 뛰어난 성과를 통해 수치심과 나쁜 자아상을 극복하려 한다. 하지만 그 방법은 효과가 없다. 아무리 많은 칭찬을 받아도 나쁜 자아상은 지워지지 않는다. 그렇지 않다면 왜 세상의 찬사를 한 몸에 받는 스타와 모델과 배우들이 자신에게 만족하지 못한 채 마약 중독과 자의식에 빠졌겠는가?

확실한 치료법은 자신의 약점과 실패를 포용하고 성과에 상관없이 자신을 있는 그대로 소중히 여기는 것이다. 실패를 스스로 받아들이고 불완전한 자신 역시 사랑스러운 존재임을 인식하는 사람은 불완전한 가운데서도 충분히 성장할 수 있다. 수치심이나 비판, 분노가 개입된 훈계가 아닌 사랑의 채찍이 건강한 조직을 만드는 이유가 여기에 있다. 비판의 초점은 사람이 아닌 행동이어야 한다.

'이상적인 자아'를 달성하는 것만이 유일한 치료법이라고 생각하는 사람은 알맹이보다는 보기 좋은 허울을 좇고 평생 변명과 비난, 성과 미달 속에서 살 수밖에 없다. '나쁜 자아'를 숨기고 완벽한 성과로 그것을 극복하려고 해 봐야 소용이 없다. 강하게 통합된 성품을 얻으려면 나쁜 자아를 포용력 있는 사람들에게 이야기함으로써 그것을 다른 자아들과 통합해야 한다. 그러면 가벼운 마음으로 자기 잠재력을 이룰 수 있다.

좋은 자아를 보존하려는 또 다른 이유는 결과에 대한 책임을 인정하면 그 중압감을 감당할 수 없기 때문이다. 뻔한 소리처럼 들리겠지만 잠시 생각해 보자. 실패에 대한 책임을 받아들인다는 말은 문제 해결을 위해 노력하겠다는 말과 다름없다. 자아상이 건전한 사람은 이런 말을 하는 데 조금도 거리낌이 없다. 하지만 실패나 고된 노력을 두려워하는 사람은 괜한 일거리를 만드느니 숨기는 게 낫다고 생각한다. 책임을 지고 그에 따르는 육체적, 정신적 고통을 감수하느니 변명으로 순간을 모면하는 편을 택한다.

나태하다는 말은 고통을 피한다는 말이다. 변명과 비난, 완벽해 보이려는 몸짓은 게으른 사람의 전형적인 특징이다. 비난과 변명을 하는 것은 대개 책임에 따르는 노력을 감수하기에는 너무 게으르거나 그것이 두렵기 때문이다. 책임을 지는 일은 쉽지 않다. 따라서 우리는 완벽해지려는 욕구부터 내려놓아야 한다. 그리고 결과에 대한 주인의식으로 성장의 고통을 극복해야 한다. 그러면 결국은 노력의 열매를 맛보게 된다. '좋은 자아'에 얽매일 필요가 없다. 좋은 자아를 포기하면 '유능한 자아'가 나타난다. 좋은 척은 좋은 결과를 만들지 못한다.

하니웰 인터내셔널Honeywell International의 회장과 CEO를 역임한 래리 보시디Larry Bossidy는 그의 저서 『실행에 집중하라Execution : The Discipline of Getting Things Done』에서 다음과 같이 말한다.

"『잭 웰치, 끝없는 도전과 용기Jack : Straight from the Gut』를 보면, 잭 웰치는 초기에 인재를 고용할 때 저지른 실수들을 솔직히 인정하고 있다. 그는 본능에 따라 결정을 내릴 때가 많았다. 하지만 그는 잘못을 했을 때 '내 잘못'이라고 말했다. 잘못된 이유를 스스로에게 물었고 다른 사람들의 의견을 구하면서 문제의 원인을 파악했다. 그런 식으로 그는 끊임없이 성장했다. 또 그는 실수한 사람들에게 소리 지르고 화를 내 봤자 소용없다는 사실을 깨달았다. 오히려 반대였다. 그들을 코치하고 격려하고 그들이 자신감을 회복하도록 도와야 한다."

생산적으로 문제에 맞서라

성품의 가장 중요한 측면 중 하나는 현실을 직면하는 능력이다. 문제를 방치하면 그 대가를 반드시 치르게 된다. 문제를 해결하려 덤비지 않고 늘 있었던 문제라는 식으로 방치해 두면 언제까지나 그것을 안고 살아갈 수밖에 없다. 문제에 과감히 맞서지 않으면 성공할 수 없다.

인테그리티를 지닌 성품을 얻으려면 문제에 맞서는 능력이 필수이다. 문제에 직접 맞서지 않는 사람들은 수많은 성공의 기회를 날려 버린다. 좋은 게 좋은 거라는 식으로만 일관하는 사람들은 방치한 문제에 앞길이 가로막힌다. 앞에서 그런 사례를 여러 번 소개했다.

성과를 거두고 좋은 인간관계를 맺으려면 사람들과의 문제에 직면해야 한다. 문제에 맞서 해결하려는 자세는 팀, 프로젝트, 인간관계 그리고 삶에 튼튼한 구조를 마련해 준다. 이 구조는 안정감을 가져다 주며 사람들은 안전 속에서 번영한다. 이러한 안정적인 구조가 없는 사람들은 힘을 잃고 인간관계가 무너진다. 인간관계와 업무성과 모두 악화된다. 한마디로 좋지 않은 흔적이 남게 된다.

하지만 직면하지 않는 태도는 문제의 일부에 지나지 않는다. 더 큰 문제는 '제대로' 직면하지 않는 것이다. 많은 사람들은 너무 안이한 자세로 문제를 대하는 바람에 득보다는 실이 많은 상황에 빠진다. 호전적이거나 비판적 혹은 분노를 머금은 성품으로는 문제가 해결되지 않는다. 해결은커녕 삭막한 분위기로 인해 문제가 더욱 깊이 숨어 버린다.

통합된 성품이 그토록 중요한 이유가 여기에 있다. 문제에 맞서지 않으면 실패하지만 제대로 맞서지 않을 때도 실패한다. 그러므로 우리는 문제에 정면으로 맞서되 제대로 맞서야 한다. 진실을 말하는 성품을 사랑하고 배려하는 성품과 통합해야 한다. 우리는 두 가지 성품을 모두 갖추고 문제 앞에 서야 한다. 문제에 직면하되 인간관계를 망치지 않도록 조심해야 한다. 두 성품 중 하나만 부족해도 흔적에 나쁜 영향을 미친다.

이 원칙을 표현하는 방법은 여러 가지이다. 양육법에서는 '사랑과 한계'라는 용어를 쓴다. 이는 사랑하되 엄해야 한다는 뜻이다. 신학에서는 '은혜와 진리'를 말한다. 상대방을 위하되 기준이 명확해야 한다는 뜻이다. 심리학에서는 진실하되 배려해야 한다는 뜻으로 '진정성 authenticity과 사랑'이라는 용어를 쓴다. 이처럼 표현 방식은 다르지만 해야 할 말은 하되 상대방을 배려해야 한다는 뜻은 동일하다.

나는 이 원칙을 가장 잘 표현한 말을 CEO인 내 친구에게서 들었다. 그의 말은 리더십뿐 아니라 삶의 모든 측면에 적용할 수 있다.

"나는 문제에 대해서는 가혹하고 사람에게는 부드럽다네."

이는 진실을 말하는 성품과 연결에 대한 관심이 하나로 통합되었다는 뜻이다. 여기서 우리는 통합의 중요성을 볼 수 있다. 이 원칙에는 연결, 진실성, 문제 해결이라는 세 가지 성품의 측면들이 모두 녹아 있다. 내가 인테그리티에 있어서 정직만큼이나 통합의 의미가 중요하다고 주장하는 이유가 여기에 있다. 사랑이 없는 정직은 인테그리티가 아니다.

아울러, 앞서 말했듯이 중립적으로 진실을 대하는 성품이 필요하다. 내면에 흡수된 분노가 여전히 강하게 작용하고 있으면 문제의 직면은 상대방을 괴롭히는 독소가 된다. 먼저 우리의 영혼 안에 사랑과 치유가 있어야 한다. 그렇지 않으면 자신이 대접받고 싶은 대로가 아닌 자신이 과거에 대접받았던 대로 상대방을 대하기 쉽다. 결국 자신이 과거에 당했던 학대를 되풀이하게 된다.

문제에 제대로 맞서기 위한 또 다른 요소는 자신의 감정보다 결과에 집중하는 것이다. 따라서 먼저 스스로에게 물어야 한다.

"이렇게 문제에 맞서 해결하려 할 때 얻게 되는 결과는 무엇인가?"

충동적인 사람은 그저 분노를 발산하고 상대방에게 따끔한 맛을 보여 주고 복수하고 수치심을 안겨 줌으로써 자기 기분을 푸는 것에만 급급하다. 하지만 통합된 성품을 소유한 사람은 완전한 결과를 바란다. 문제를 해결하고 인간관계도 돈독히 하며 상대방의 발전에도 도움이 되길 원한다. 그러한 흔적을 남기는 방향으로 행동한다.

또 통합된 성품을 소유한 사람은 보통 두 가지 방식으로 연결을 유지한다. 첫 번째, 직면 상황이 끝나면 그는 자리를 떠나기 전에 상황을 점검한다.

"제 말뜻을 이해하시겠습니까?"

문제가 해결되었고 상대방과 내가 진심으로 연결되었는지 확인하는 것이다. 두 번째, 그는 이후에도 계속해서 연결 상태를 확인한다. 그는 문제에 맞서 해결하는 것을 일회성 사건이 아닌 과정으로 생각한다.

문제에 맞선다는 것은 적대적인 태도를 취하는 것이 아니다. 단지 문제를 썩혀 두지 않고 밖으로 꺼내 다룬다는 뜻이다. 직면은 말 그대로 얼굴을 맞댄다는 의미이다. 상대편을 파괴하는 게 아니라 두 사람이 얼굴을 맞대고 해결책을 찾는 것이다. 그러나 직면에 서투른 사람은 분위기를 적대적으로 몰고 간다. 직면을 너와 나의 대립으로 변질시킨다. 제대로 직면하는 모습은 이렇다.

상대방과 나 VS 문제

두 사람이 문제에 맞서 해결책을 찾는 팀이 되어야 한다. 그럴 때 문제 해결과 관계 발전과 서로의 발전이라는 완전한 결과를 얻을 수 있다.

과거의 잘못을 들추지 말라

앞서 실패와 손실을 '소화하는' 능력에 관해 이야기했다. 이 능력은 회복할 수 없는 손실뿐 아니라 고칠 수 있는 문제를 다룰 때도 반드시 필요하다. 어떤 이들은 잊는 법을 모른다. 앙금이 남아 있다면 문제가 완전히 해결되었다고 말할 수 없다.

어떤 인간관계든 문제에서 생겨난 앙금을 씻어 버리지 않으면 흔적에 나쁜 영향을 끼친다. 인간관계나 사업의 문제를 해결하려면 잊어버릴 줄 알아야 한다. 남아 있는 문제를 끝까지 처리하지 않은 채 잊어버리라는 말이 아니다.

문제를 다루고 해결한 후에는 나쁜 감정을 털어 버리라는 말이다. 슬퍼한 후에는 용서하라. 문제에 직면해 그것을 바로잡고 난 후에는 용서해야 앞으로 나아갈 힘이 생긴다. 용서란 '빚을 탕감하다'라는 의미이다. 즉, 용서받은 사람은 더 이상 빚을 갚을 의무가 없고 두 사람 사이를 방해하는 앙금이나 죄책감, 수치심, 과거의 망상 등은 더 이상 남아 있지 않다. 문제를 해결하거나 신뢰를 회복하는 일도 중요하지만 과거를 기억에서 지우는 일 역시 중요하다.

부모가 문제를 해결하고 나서 아이를 용서할 줄 알면 아이도 같은 능력을 배운다. 문제를 다루고 나서 부모를 용서할 줄 아는 아이는 정신적으로 건강하다. 사장이 실수를 바로잡은 후에 실수한 사람을 용서하면 직원들도 그러한 성품을 배우고 과거보다는 미래를 지향하게 된다.

하지만 빚을 탕감하지 않고 계속해서 과거의 실수를 들추어낸다면 문제는 진정으로 해결된 게 아니다. 앙금이 남아 있기 때문에 계속해서 상대를 괴롭히게 된다. 우리가 과감히 문제에 맞서는 동시에 상대를 용서할 수 있을 때 주위 사람들은 성장한다. 직면과 용서의 통합이 이루어져야 문제가 해결되며 미래도 밝아진다. 용서는 문제를 모른 체한다는 뜻이 아니다. 문제를 직접적으로 다룬 후에 기억에서 지운다는 뜻이다.

한 출판업자와 저녁식사를 하는 자리에서 그가 가족 모임에서 있었던 일을 이야기해 주었다. 큰형이 자꾸 동생의 지난 잘못을 들추어내는 바람에 분위기가 삭막해졌다는 것이다.

"그냥 잊으면 좋을 텐데. 홀홀 털어 버리면 간단할 것을……."

앙금을 털어 버리기 전에는 다음번 모임의 분위기도 뻔하다. 과거의 잘잘못을 따지는 악순환이 되풀이될 것이다. 완전하고 통합된 성품을 소유한 사람은 과거를 과거에 묻어 두지만, 자기 잘못을 고치지도 않고 용서를 받지도 못한 사람은 남을 용서할 줄 모른다.

제대로 문제에 맞서라. 상대가 자기 문제를 인정하고 해결한다면 너그럽게 용서하라. 과거의 상처를 계속해서 안고 살아가지 말라. 과거의 망령에게 또다시 미래를 빼앗기지 말고 쟁취하라.

최선의 문제 해결 방법

문제를 다루고 해결하는 것은 성공적인 성품의 좋은 표시이다. 통합된 성품을 소유한 사람은 최선의 문제 해결 방법을 알고 있다.

최선의 문제 해결 방법은 애초에 문제를 만들지 않는 것이다.

통합된 성품을 소유한 사람은 나쁜 상황에 대한 면역력이 강하다. 나쁜 상황을 조기에 감지하며 이상한 낌새가 보이면 즉시 몸을 돌린다. 자신의 기준이나 가치 그리고 목적에 맞지 않거나 부정적인 요소가 너무 많다 싶으면 과감히 물러난다. 앞서 말했듯이 상황에 뛰어들기 전에 사전 조사를 하고, 조사 결과 문제의 소지가 감지되면 발을 들이지 않는다.

한번은 친구에게 소중한 조언을 들었다. 그는 '움찔 요소'가 있는 일은 하지 않는다고 말했다. 나는 무슨 말인지 몰라 그 의미를 물었다.

"침을 꿀꺽 삼킨 후에야 진행할 수 있는 일을 말하네. 나는 누구를 고용하든 누구와 협력하든 간에 중요한 일을 하기 전에 침이 꿀꺽 넘어가거나 몸이 움찔할 때는 가차 없이 손을 뗀다네. 움찔 요소가 있는 일은 절대 손대지 않지."

그 말을 듣자 내가 움찔 요소를 무시했던 순간들이 주마등처럼 머리를 스치고 지나갔다. 사람이나 거래에 관한 문제들을 무시하고 넘어갔다가 나중에 낭패를 당했던 적이 한두 번이 아니었다. 대부분의 '낙관론자들'이 그렇듯 나는 뼈저린 경험을 통해 그러한 교훈을 얻었다. 움찔 요소를 무시한 채 일을 진행하는 것은 얼마든지 피할 수 있는 혼란을 자청해서 불러들이는 꼴이다.

통합된 성품을 소유한 사람에게는 면역 체계, 즉 '경계boundaries'가 있다. 이것은 우리의 피부와 같다. 피부는 독소가 우리의 몸 안으로 들어오지 못하도록 막아 준다. 면역 체계는 몸에 들어온 병균을 즉시 파괴하여 그것이 우리 몸의 일부로 자리 잡지 못하도록 만든다. 성품도 똑같은 기능을 한다. 위험한 일을 하지 못하도록 만드는 일종의 면역 체계인 것이다. 부정적인 결과를 가져올 가능성이 높은 일은 아무리 다른 사람에게 미안해도, 아무리 하고 싶어도 포기할 줄 아는 진실성이 필요하다.

고통에 익숙한 사람은 "안 돼!"라는 마음의 소리를 받아들일 진실성이 없기에 무작정 앞으로 나아가고 결국 어리석은 선택의 쓴 열매를 맛보게 된다. 고통을 자신의 운명으로 받아들였다고나 할까? 그는 늘 안고 살아온 고통이라 도저히 되돌릴 수 없게 될 때까지도 그 고통을 알아채지 못한다.

좋은 거래 조건이나 상황이 나타나기도 전에 빨리 열매를 맛보고 싶은 마음에 나쁜 요소를 부인하는 사람들도 있다. 이를테면 다급히 빈자리를 채우려는 마음에 정말로 원하는 사람이 아닌데도 무작정 채용을 결정하는 경영자들이 적지 않다.

그들은 장황한 면접 따위는 생략하고 얼른 일을 마무리하고 싶어서 결국 마음의 소리를 무시하고 엉뚱한 사람을 고용하고 만다. 사회 활동에 참여하거나 제휴를 맺을 때, 심지어 차를 사거나 거래를 할 때도 똑같은 실수를 저지른다. "안 돼!"라는 작은 목소리 따위는 귀담아 듣지 않는다. 통합된 성품이 있다면 다음과 같은 목소리들을 들어야 한다.

- 이 일은 느낌이 별로 좋지 않아.

- 이 일은 왠지 마음이 편하지 않아.

- 내가 정말로 원하는 일이 아니야.

- 이 일에 동의하고 싶지 않아.

- 이 일은 나의 중요한 가치와 충돌해.

- 나중에 후회할 거야.

- 두고두고 후회할 거야.

- 벌써부터 후회가 돼.

- 이런 일이 일어나지 않았으면 해.

- 지난번과 느낌이 똑같아.

통합된 성품을 소유한 사람은 자신의 한 부분이 싫어하는 일을 다른 부분이 하도록 내버려 두지 않는다. 예를 들어, 욕구가 가치와 충돌하면 아무리 손실이 커도 포기한다. 게다가 그 손실이란 다름 아닌 그가 떠안아야 할 문제가 사라진다는 의미이므로 결국 손실이 아닌 이익인 셈이다. 옳지 않을 때는 과감히 "안 돼!"라고 외쳐라.

고통이 없으면 이익도 없다

부정적 현실을 다루기는 쉽지 않다. 따라서 아무나 할 수 있는 일이 아니다. 변화는 고된 일이다. 따라서 아무나 성장할 수 없다.

앞서 말했듯이 승자는 이가 아프면 치과에 찾아가 치유라는 이익을 얻는다. 그는 고통을 없애기 원한다. 하지만 거기서 끝이 아니다.

승자는 결과를 얻기 위한 고통을 감수한다. 그에게 고통은 피해야 할 대상이 아니라 원하는 결과를 얻기 위한 대가이다.

성숙한 사람은 공짜 점심 따위는 없으며 가치 있는 것을 얻으려면 상처를 감수해야 한다는 기본적인 진리를 알고 있다. 그리고 그것을 자기 존재의 일부로 삼는다. 가치 있는 것들 중에 아무런 노력 없이 얻을 수 있는 게 있을까? 물론 전혀 없다. 우리가 흔히 공짜라고 말하는 인생 최고의 선물들, 이를테면 사랑에도 비싼 가격표가 붙어 있다. 자기 부인, 희생, 베풂, 참을성, 회개, 용서, 겸손이 바로 사랑의 대가들이다. 하지만 사랑은 비싼 대가를 치를 만한 값어치가 있다.

성공도 마찬가지이다. 타이거 우즈는 첫 마스터스 대회에서 우승한 이후 연이어 큰 상금과 트로피를 안았다. 아직 햄버거나 즐길 십대 우즈에게 이 얼마나 큰 유혹인가? 그러나 역사상 최고가 되려면 편한 자리에 앉아만 있어서는 곤란하다. 변화의 고통을 뚫고 나가야 한다. 문제점을 직시하고 해결하는 데 따르는 고통은 통합된 성품을 소유한 사람만이 소화할 수 있다.

파탄 난 가정, 비틀거리는 회사, 저조한 개인적 성과, 중독, 우울증, 실패, 돌이킬 수 없는 인간관계, 심지어 육체적 상처까지도 얼마든지 고칠 수 있다. 단, "고통 없이는 이익도 없다"는 진리를 받아들여야 한다. 망가진 가정이나 회사를 되살리기는 결코 쉽지 않다. 지름길은 없다. 지름길은 언제나 가장 멀리 돌아가는 길일 뿐이다. 성숙한 사람은 그러한 진리를 알고 자기 기질의 일부로 흡수한다. 따라서 그들의 생각과 행동에서는 그 진리가 묻어나온다.

우리는 어릴 적부터 이 진리를 배운다. 놀기 전에 숙제를 해야 하고 디저트를 먹기 전에 채소를 먹어야 하며 형제와 싸웠다면 다시 놀기 위해 용서하거나 사과해야 한다. 우리가 이런 과정을 통해 얻는 교훈은 삶에는 오직 두 갈래 길이 있으며 성숙한 사람은 오직 한 길로만 간다는 사실이다.

어려운 일 후에 나타나는 쉬운 일 VS 쉬운 일 후에 나타나는 어려운 일

우리 앞에는 오직 두 갈래 길이 놓여 있다. 힘든 변화를 통해 문제부터 해결하고 나서 편하게 열매를 즐겨야 한다. 순서가 바뀌면 곤란하다. 언제나 어려운 일이 먼저이다. 쉬운 길을 택하고 문제 해결을 미루면 어려운 삶이 이어질 것이다. 어려운 길을 먼저 선택한 것보다 훨씬 더 길고 고된 삶이 찾아온다. 좋은 성품의 사람은 부정적 현실부터 맞서 해결한다. 어려운 길로 먼저 들어서라. 자신이나 상대방의 문제에 먼저 맞선다면 마침내 끝없이 펼쳐진 편한 길 앞에서 미소를 짓게 될 것이다.

6부
성장과 발전

INTEGRITY

11장
성장을 멈추지 말라

　내게는 누구보다도 흥미로운 사업 이력을 지닌 친구가 있다. 그는 재정 전문가로 하버드 비즈니스 스쿨을 졸업하자마자 굴지의 음반 회사에 취업했다. 워낙 빨리 배우는 친구인지라 그는 승진에 승진을 거듭하더니 어느새 회사의 재정 책임자 자리까지 올랐다. 이제는 편한 자리에서 성공을 만끽하고 평생 떵떵거리며 살 만한 위치에 올랐지만 그는 그 자리에 안주하지 않았다.

　그의 말을 빌리자면 "자아의 불만족"과 함께 새로운 일을 배우고픈 "호기심"이 그의 나이로서는 꿈도 꾸지 못할 대성공을 좇게 만들었다. 여태껏 쌓아 온 재정적 안정과 명망 높은 자리, 권력을 뒤로한 채 새로운 업종에서 애송이로 다시 시작한다? 그럴 리가? 의문을 품을 만도 하다. 실제로 그는 처음부터 시작할 필요가 없었다. CFO로 당당히 새로운 업계에 들어갈 수도 있었다. 그러나 그는 재정 책임자가 아닌 신입으로 시작했다. 적응력과 독립심을 더 키우고픈 욕구와 새로운 사업에 관한 호기심을 품은 채 부동산 업계로 뛰어들었고 부동산 업계에 관해 아는 게 전혀 없으면서도 부동산 회사를 세우겠다는 목표를 품었다.

아직 어린아이들, 주택 융자금, 높은 생활비 등 경제적 부담을 덜기 위해 그는 멋진 대형차를 팔고 작은 집으로 이사했으며 중고 책상과 캐비닛을 장만했다. 그러고 나서 사무실 한 칸을 마련하려고 여러 건물들의 문을 두드렸다. 마침내 그는 렌터카 사무실 한쪽을 월 50달러에 임대했다. 뉴욕과 할리우드의 화려한 옛 사무실들에 비하면 초라하기 짝이 없었다. 하지만 호기심으로 들끓는 그는 일말의 후회도 없었다.

그는 부동산 관련 서적을 읽고 강좌를 듣고 조언을 구하면서 부동산 사업에 대한 지식을 차근차근 채워 나갔다. 그리고 작은 부동산을 매입해 다음 단계를 배웠고 중개인 자격증을 땄다. 그리고 마침내 캘리포니아 주의 산업 단지들을 대량 매입했다. 캘리포니아 주의 부동산을 아는 사람이라면 그의 안목을 높이 살 것이다. 그는 또다시 해낸 것이다.

80년대 초반부터 그를 알고 지낸 나는 그의 사업 성공을 지켜보면서 매우 뛰어난 지능이 비결이라고 생각했다. 당시는 진정한 비결을 간파하지 못했었다. 사실 그의 비결은 현재보다 '더 크게' 성장하려는 욕구였다. 그는 "미래상황에 대한 호기심"이라는 표현을 썼다. 내가 그 말의 의미를 그때 깨달았더라면 좋았을 뻔했다. 그것이 성장하고, 배우고 터득하고 변화하고 발견하여 현재보다 더 나은 사람이 되려는 욕구를 뜻하며 사업 성공으로까지 이어지는 열쇠가 된다는 사실을 그때는 알지 못했다.

당시 그는 개인적 성장도 함께 추구했다. 주간 심리치료와 12단계 프로그램에 참여했고 개인적인 성장을 이룬 사람들과 정기적으로 만났다. 40대에 그는 수준 높은 골프 선수가 되기 위해 뼈를 깎는 노력을 했다. 처음 몇 년간 아침마다 골프를 치고 주중에 몇 번씩이나 레슨을 받았다. 처음에는 통 가망이 없어 보였다. 하지만 그는 멈추지 않았다. 그로부터 25년이 지난 최근에 그는 골프의 탄생지인 스코틀랜드에서 멋진 골프 솜씨를 뽐냈다.

그는 들끓는 호기심으로 다른 취미도 연구하고 노력했다. 이제는 사이클에도 일가견이 있어 경관이 수려한 곳들을 자전거로 여행하곤 한다. 그는 기술을 배우고 실력을 쌓기 위해 꾸준히 노력했다. 성장을 향한 욕구와 호기심은 사업뿐 아니라 인생의 모든 영역에서 그를 따라다녔다. 그는 영적 성장의 길에서도 배움의 열정을 유감없이 발휘했다. 신앙 서적을 읽고 강좌에 참여하며 끊임없이 조언을 구했다.

나는 이런 모습이 단순한 사업적 통찰력 이상임을 깨닫지 못했다. 그러나 90년대 중반에 그의 전화를 받고 나서야 그것이 성품임을 분명히 알게 되었다.

"테리, 이제 또 뭔 일을 벌이려나?"

"회사를 정리할 생각이네."

"정리?"

"헨리, 잘 들어 보게. 100년 만에 큰 변화가 일어나고 있네. 전기나 항공기, 전화 발명처럼 엄청난 현상이지. 인터넷의 잠재력은 대단하네. 그래서 자산을 전부 처리한 다음에 본격적인 학습 모드에 돌입할 작정이야."

"학습 모드?"

계속해서 그는 지난 2년의 대부분을 인터넷을 '배우는 데' 투자했다고 말했다. 그는 사업에 뛰어들기 위해 온라인 사업과 비즈니스 모델, 기술 등 온갖 측면을 연구했다. 오랫동안 웹을 서핑하면서 사업의 동향을 파악하던 그는 마침내 전자 상거래 감시 회사를 세웠다. 그의 말을 듣자 하니 문득 이런 생각이 들었다.

'그는 성장하지 않고는 살 수 없는 사람이다.'

그는 말 그대로 발전하고 성장하지 않을 수 없는 사람이다. 그는 '더 많이'를 외치지만 탐욕스러운 사람은 아니다. 탐욕의 문제는 뒤에서 자세히 다룰 것이다. 그가 말하는 '더'는 삶과 사업, 관계에서 '더 나은' 인간이 되는 것이다. 그것은 더 큰 능력, 더 많은 지식 그리고 궁극적으로 더 많은 경험을 얻으려는 호기심이자 열정이다.

그 이후로 그는 부동산 업계로 돌아와 다른 분야를 배웠으며, 현재는 토지와 도시 용도 지역을 재설정하고 부가가치를 생성하는 사업을 하고 있다. 투자한 가치를 불려 토지를 보유하거나 개발업자에게 되파는 것이다. 그는 늘 새로운 일을 찾았다. 성품에 이끌려 새로운 영역에 도전할 때마다 그는 엄청난 열정과 활기, 나아가 수익을 얻었다.

성장하려는 욕구

이러한 성품의 측면을 소유한 사람은 더 훌륭하고 더 좋은 흔적을 남긴다. 이 측면은 앞서 다룬 문제 해결 능력과는 다르다. 물론 문제를 해결하면 상황과 조직과 관계가 개선된다. 하지만 이것은 기존의 상황으로 돌아가는 개선이다. 뼈가 부러지거나 감염된 후에 치료를 받으면 몸의 기능이 좋아진다. 문제가 있던 부분을 다시 사용할 수 있게 된다. 그러나 이는 문제가 없어지면서 기존의 정상 기능이 그대로 돌아오는 것이다. 더 좋아지는 것은 분명하나 문제가 발생하기 전보다 더 좋아지는 것은 아니다. 단지 수리되는 것이다.

문제 해결에는 뛰어나지만 성장은 하지 못하는 사람들이 많다. 이들은 자신과 남들 앞에 놓인 엉킨 실타래를 풀고 사업이나 인간관계의 걸림돌을 제거한다. 그러면 원래의 기능이 돌아오지만 처음보다 더 나아지지는 않는다. 성장이 아닌 현상 유지에 뛰어난 것이다. 예를 들어, 사업을 하려면 망가진 부분을 고칠 사람들이 필요하다. 그리고 이들이 문제를 해결하면 매출이 오를 수 있다. 그러나 이들에게 사업 성장을 맡길 수는 없다. 사업을 성장시키기 위해서는 다른 재능이 필요하기 때문이다. 물론 경영을 잘하면 수익이 오르면서 사업이 성장하는 것처럼 보인다. 그러나 이러한 성장은 사실 진정한 성장이 아니라 기존의 정상 상태로 돌아간 것일 뿐이다.

물론 문제 해결과 성장의 일부 과정은 같다. 앞서 살펴듯이, 문제를 해결하려면 성장하려는 노력과 고통을 참아 내는 능력이 필요하다. 또 다음 단계로 넘어가기 위해 많은 것을 포기해야 하므로 고난을 겪을 수도 있다. 이처럼 문제 해결 능력이 있으면 대개 성장 능력도 있기 때문에 둘 사이의 경계가 불분명하기는 하다.

또 문제를 극복하려면 때로 새로운 기술이나 방법을 터득해야 한다. 따라서 어떤 면에서 문제 해결과 성장은 완전히 별개의 개념은 아니다. 이는 누누이 말한 '성숙한 성품은 통합적'이라는 개념과 일맥상통한다. 다시 말해, 남들과 연결되고 진실성을 갖추지 않고서 문제를 해결하기란 매우 어렵다.

> **성품을 살필수록 통합성과 완전함의 중요성이 분명해진다. 성품의 통합**
> **성과 완전함의 모든 측면들은 함께 작용하며, 한 측면에 문제가 생기면 다**
> **른 측면도 영향을 받는다.**

인테그리티의 모든 측면들이 물샐틈없이 하나로 연결되어야 한다. 모든 측면들은 상호 의존적이기 때문에 한 측면이 다른 측면들 없이 제대로 작용하기는 힘들다.

하지만 문제 해결 능력과 성장 능력이 통합되어 있더라도 둘 사이에 차이가 있는 것은 사실이다. 현실의 모든 도전을 다루려면 인생의 모든 영역에서 능력과 기술의 끊임없는 성장을 이루어야 한다. 학교에 입학해야 하는데도 두 살배기 수준에 머물러 있다면 인생의 많은 경험을 놓칠 수밖에 없다. 남들이 다 하는 일을 못하게 된다. 따라서 인생을 제대로 살려면 '성장하려는 욕구'가 있어야 한다. 더 나아가게 만드는 내면의 힘이 있어야 한다.

통합된 성품을 소유한 사람은 내면에 이러한 욕구를 품고 있다. 내 친구 테리가 뭔가에 열중하는 것은 더 잘하려는 욕구가 있기 때문이다. 따라서 그의 인간관계, 사업, 직업, 인간성은 계속해서 성장한다.

나아가 그가 속한 집단과 부서도 성장한다. 그는 성장하지 않고는 살수 없다. 성장은 그의 본능적 욕구이다.

활용은 성장을 낳는다

모든 생명체는 두 가지 과정을 동시에 밟는다. 바로 성장과 노화이다. 인생의 어느 단계에 있느냐에 따라 둘 중 하나가 더 두드러질 수 있다. 이를테면, 유아는 처음 몇 년간 두드러진 성장세를 보인다. 육체적, 감정적, 심리적, 지적 능력의 변화가 활발하게 이루어진다. 따라서 우리는 유아도 늙어 가고 있다는 사실을 좀처럼 느끼지 못한다.

두 과정 사이의 관계는 몇 가지 요소들로부터 큰 영향을 받는다. 그중 하나는 '활용'이다. 활용을 많이 할수록 성장과 능력은 가속화되고 노화 과정은 역전되거나 느려진다. 부모에게서 관심과 사랑을 받는 유아는 모든 영역에서 성장한다. 반면에 그렇지 않은 유아는 '성장장애'나 '소모증(극도의 영양 부족으로 몸이 허약해지고 전염병에 대한 저항력이 약해지는 증상-옮긴이)'을 앓거나 심지어 목숨을 잃기도 한다. 사랑이 부족하면 뇌와 감정적 능력, 심지어 몸 전체가 성장을 멈출 수 있다. 활용하지 않으면 죽음이 찾아온다.

근육을 예로 들어 보자. 근육은 자주 사용해야 제 기능을 유지하고 더 강해진다. 테니스 선수가 주로 활용하는 팔과 그렇지 않은 팔을 비교해 보면 활용의 힘을 금세 알 수 있다. 몸의 모든 부분은 활용에 따라 개선된다. 심지어 뇌도 마찬가지이다. 과거에 우리는 인간이 특정한 수의 뇌 세포를 갖고 태어나며 그 수는 변함이 없다고 생각했다.

이는 발전을 가로막는 위험한 생각이다.

지금은 여러 연구 결과 뇌를 활발히 활용하면 늙어서도 성장한다는 사실이 드러났다. 말 그대로, 활용은 생명을 낳는다. "사용하지 않으면 잃는다"는 옛말이나 '용불용설'이 맞는 셈이다. 2005년 8월 17일자 『USA 투데이USA Today』에 다음과 같은 기사가 실렸다.

단순히 그럴듯한 개념 정도가 아니다. 동물 연구와 빠른 속도로 축적되는 인간에 대한 증거들이 성인의 심각한 인지 능력 감소를 지연시키거나 막을 수 있다는 사실을 증명하고 있다.

계속해서 기사는 각종 정신적 자극, 교육, 레저 활동, 운동, 건강한 음식 등 뇌의 노화 방지 효과가 있는 활동들을 열거했다.

전 세계의 많은 사람들을 장기간 조사한 결과 정신적 활동이 지력을 높인다는 증거들이 드러났다. 과학자들은 건강한 정신 기능을 유지하는 사람들과 그렇지 않은 사람들을 비교했다. 매우 통제된 환경에서 임상 실험이 이루어졌기 때문에 치매 방지에 관한 결정적인 증거는 아직 없다. 그러나 동물 연구와 최신 뇌 촬영 기법, 인간 해부 결과들이 이번 모집단 결과를 뒷받침하고 있다. 와그스터의 말이다. 이번에는 시카고 러시 대학 의료 센터 신경학자 데이비드 베넷David Bennett의 말을 들어 보자. 이번 결과는 상당히 흥미로우며 관심을 기울일 가치가 있다. 80대가 될 때까지 기다리지 말라.

성장의 첫 번째 원칙은 바로 활용이다. 활용되는 것만이 성장한다.

사람은 누군가가 땅 위에 심어 줘야 자라는 식물과 다르다. 사람의 성장에는 그 사람의 성품이 주요 역할을 한다.

사람은 다른 사람에 의해 활용될 수 없고, 스스로 성장의 길로 뛰어들어야 한다.

사람에게는 성장의 길에 뛰어들지를 결정할 선택권이 있다. 재능을 사용하지 않고 썩히다가 결국은 완전히 잃을 수도 있다. 성장은 우리가 자발적으로 추구해야 하며 남에게 강요할 수도 스스로 저항할 수도 없다는 점에서 개인의 기질과 성품에 관련이 있다.

성장, 본능적 욕구

인간은 누구나 경험, 기술, 지식 같은 삶의 요소들을 늘리고픈 호기심을 지니고 있다. 아이들을 보면 이 호기심이 특히 두드러진다. 아이들은 누가 시키지 않아도 늘 새로운 경험을 찾는다. 그런데 안타깝게도 많은 부모들이 아이들의 자연스러운 호기심을 억누르고 제한하고 있다.

부동산을 사고팔고 인터넷을 활용하고 다른 분야에서 회사를 세우는 법을 배우는 일은 우리가 어린 시절부터 늘 해오던 과정의 연속이다. 그런 의미에서 뒤늦게 부동산 회사를 세운 내 친구는 지극히 정상이다. 문제는 이런 정상이 흔하지 않다는 사실이다.

갈망과 열정이 줄어들거나 아예 사라진 경우가 훨씬 더 흔하다. 삶에 대한 '식욕 부진'인 셈이다. 식욕 부진에 걸리면 도통 먹지 못하다가 결국은 피골이 상접한 지경에 이른다. 정상적인 식욕을 지닌 사람이 제때 음식을 찾듯 '성장 식욕'이 있는 사람은 새로운 경험을 원한다. 내 친구 역시 성장하지 않고는 못 배기는 정상적인 사람이었지만 어찌 된 일인지 이러한 사람은 주변에 그리 흔하지 않다.

성장 욕구가 없이 '현상 유지'라는 무미건조한 상태에 빠진 사람들이 더 흔하다. 이들은 의미 없는 현재 상태를 반복할 뿐이다. 배우자와 아이들, 동료, 친구와 더 깊은 단계로 나아갈 마음이 전혀 없다. 일에서도 늘 해왔던 방식을 고수하며 로봇처럼 꼭 필요한 일 이상을 하지 않는다.

사생활도 마찬가지이다. 멍한 표정으로 텔레비전을 보거나 책을 읽고, 사회생활도 표면적이거나 낡은 패턴을 맴돈다. 몇 년이 흘러도 전혀 변하지 않는다. 원인은 많지만 몇 가지 범주로 집약할 수 있다. 성장 욕구가 억압을 받았거나, 성장에 필요한 요소들이 없거나, 성장해야만 하는 상황을 만나지 못한 것이다. 그리고 이 모든 경우는 우리 자신의 성품과 연관된다.

억눌린 성장 욕구를 분출하라

최근에 로스앤젤레스 게티 박물관에 들렀다. 그곳은 늘 놀라운 전시품들을 구경하러 온 전 세계 관광객들로 북적북적하다. 하지만 내 이목을 사로잡은 것은 전시품들이 아니라 박물관 자체였다. 도시가 내려다보이는 꼭대기에 자리 잡은 이 웅장한 건물을 보자마자 완전히 예술 세계 속으로 빨려 들었다. 나는 건물에 시선을 고정한 채 상념에 잠겼다.

'이런 건물이 도대체 어디서 생겨난 거야?'

이 건물은 리처드 마이어Richard Meier라는 건축가의 보이지 않는 세계에서 나왔다. 내 눈에 보이는 이 놀라운 작품은 한 사람의 보이지 않는 성품에서 나왔다.

나는 리처드 마이어를 만나 보지 못했지만 어떤 일이 있었을지는 충분히 짐작할 수 있다. 아주 오래전 어린아이인 그는 벽돌이나 펜, 혹은 붓을 집었다. 그가 벽돌을 하나씩 쌓자 형태가 드러났다. 혹은 그가 도화지에 선을 그리자 머릿속에 형태가 떠올랐다. 이때 축구공을 가지고 놀 때와는 달리 내면에서 뭔가가 꿈틀댔다. 그의 보이지 않는 재능이 바깥세상으로 나온 것이다.

얼마 후 누군가가 이 재능을 격려하는 동시에 적당한 경험을 할 수 있도록 도왔다. 그리고 코치와 선생님들이 그의 재능을 발견하고 키워 주고 열매를 맺을 수 있도록 그를 다듬어 주었다. 수십 년 후 그의 재능은 성장을 갈구하고 실천하는 성품을 통해 열매로 구체화되었다. 이제 우리 모두가 그의 열매, 곧 그의 흔적을 즐길 수 있게 되었다.

하지만 우리가 영원히 볼 수 없는 박물관도 있다. 조엘이라는 청년은 어렸을 때부터 건축가를 꿈꾸었지만 꿈을 이루지 못했다. 그도 처음 벽돌을 집었을 때 내면의 꿈틀거림을 느꼈다. 하지만 누군가의 극심한 반대에 부딪혀 그 후로 다시는 벽돌을 집지 않았다. 가족들은 그의 성장 욕구와 예술가 재능을 철저하게 억눌렀다. 그래서 그는 포기했고, 그의 보이지 않는 재능은 보이는 세계로 나올 돌파구를 찾지 못했다. 지금 그는 안정적이지만 변화 없는 무미건조한 삶을 살고 있다.

보이는 모든 세계는 성품이라는 보이지 않는 세계에서 나온다.

이처럼 성장 욕구가 자유롭게 분출되어 평생 지속될 수도 있고 외부에 의해 억눌려 영영 사라질 수도 있다. 조엘은 '성장 식욕 부진'에 걸렸다. 그의 성장 욕구는 억눌렸다. 그는 무의미하게 삶을 떠도는 사람처럼 보이지만 여기서 요점은 그것이 아니다.

요점은 성품이 경험의 문제라는 것이다. 조엘이 삶을 떠돈다 할지라도 그에게 성장 욕구가 아예 없는 것은 아니다. 식욕 부진 환자라고 해서 음식에 대한 욕구가 완전히 없는 것은 아니다. 하지만 그의 경험이 그의 성품과 기질이 되었다. 그러면 그의 내면에서 어떤 일이 일어나는지 살펴보자.

그의 마음 깊은 곳에서는 꿈을 품거나 단순히 호기심이 일더라도 오래가지 못한다. 이제는 그의 기질의 일부가 된 어릴 적 경험들의 비판적 목소리가 그 욕구를 즉시 억누르고 쫓아낸다. 그는 자기 감옥에 갇혀 있다. 그의 욕구는 깊은 곳에 갇혀 보이질 않는다. 앞뒤로 꽉 막힌 삶의 흔적만 보일 따름이다. 새롭고 긍정적인 경험들이 결합되지 않는 한 그의 삶은 변하지 않는다.

변화하고 성장하며 소극성을 극복하는 능력은 소극성이나 무기력과 마찬가지로 성품에서 나온다. 부정적 경험과 두려움을 성품의 일부로 내면화할 때 무기력이 나타난다.

성품이 성장하려면 내면의 공격으로부터 자유로워야 한다. 즉, 미지의 세계에 발을 디디는 용기가 필요하다. 외부로부터 새로운 능력이나 기술을 얻어 내면화하려면 새로운 일을 시도할 수 있어야 한다. 그러나 새로운 시도를 할 때마다 내면에서 부정적 메시지가 나타나면 그의 그런 측면이 통합되지 않은 채로 남는다. 내면의 공격과 두려움이 있으면 성장이 억눌린다.

결과만 경험할 뿐 두려움을 전혀 모르는 어린아이들과 비교해 보라. 아무리 넘어져도 아이의 성장은 멈추지 않는다. 아이의 성장을 막는 것은 윽박지름과 비판과 다그침이다. 새로운 시도에 대한 두려움이 강하면 성장 욕구를 완전히 잃을 수도 있다. 내면의 비판이 할 수 있다는 믿음을 송두리째 뽑아내면 더 이상 성장 욕구 자체를 느끼지 못하고 그야말로 시체나 다름없는 삶을 살게 된다.

그 과정은 간단하다. 처음에는 누구나 성장 욕구가 있다. 이 욕구가 좋은 결과를 만나면 다음 단계나 기술, 그리고 시도만으로도 도움이 된다는 믿음으로 내면화된다. 하지만 좋은 결과를 만나지 못하거나 오히려 부정적인 결과를 만나면 다음 단계의 반응은 저항이 된다. 아무리 울어도 관심을 받지 못하는 아이, 경영자에게 무시를 당하는 직원, 만족을 얻지 못하는 배우자가 그렇다. 저항을 해도 반응이 나타나지 않으면 상실감이나 의기소침 상태로 접어든다.

이는 일반적인 우울증과는 다르다. 희망이나 욕구가 외부 세계로부터 응답을 받지 못한 데 따른 의기소침이다. 상실과 슬픔의 상태이다. 단순히 상황이 나아지길 기대하며 이 상태에 오래 머물다가는 더 큰 절망 상태에 빠질 수도 있다. 그러다 참을 수 없는 상황에 이르면 '격리detachment' 상태에 이른다. 격리란 희망이나 갈망 자체로부터 분리되어 더 이상 그것을 느낄 수 없는 상태를 말한다. 핑크 플로이드Pink

Floyd의 노랫말처럼 "편안한 마비 상태Comfortably Numb"에 빠진 것이다. 이는 할 수 있다는 믿음이나 희망을 아예 품을 수 없는 상황이다.

부부가 이런 상태에 빠지는 과정을 생각해 보자. 오랫동안 변화를 갈구하며 현 상태에 저항했지만 아무런 답을 얻지 못할 경우 부부는 마침내 희망을 잃고 무감각한 상태에 빠진다. 직장의 경우도 마찬가지이다. 경영진이 경영 변화를 원하지만 아무도 말을 들어주지 않으면 조직에 활기가 모조리 빠져나가 버리고 만다. 이런 일은 흔하다. 하지만 그런 경험이 성품의 일부가 되고 성품의 분리가 자리를 잡으면 다음과 같은 심각한 사태가 발생한다.

성장할 수 있다는 믿음이 완전히 사라진다.

성장에 대한 믿음이나 희망이 없으면 더 이상 시도하지 않는다. 사람이나 조직이 단조로운 상태에 빠진다. 이는 더 이상 살아 있지 않다는 증거이다. 성장이 물러가고 죽음이 찾아온 것이다. 따라서 우리는 성장 욕구를 억눌렀던 과거의 경험들을 극복해야만 한다. 그것만이 우리의 능력을 외부 세계로 빠져나오게 하는 방법이다.

좋은 성장 욕구와 나쁜 성장 욕구

앞서 언급했듯 '더 많이'에 대한 갈망은 건강하다는 증거이다. 식욕 부진에 걸리지 않았다는 뜻이다. 기업이나 개인이 더 많은 매출과 더 많은 성공, 더 많은 영토를 원하는 것은 건강하다는 증거이다. 사람이 더 많은 기술이나 능력, 성과를 갈구하는 것은 생명이 있다는 증거이다. 더 친근하고 더 자주 어울리기를 원하는 것은 인간관계가 성장하고 있다는 증거이다.

하지만 '더 많이'에 관한 욕구가 모두 건전한 것은 아니다. 생명력을 높이는 자양분 같은 욕구가 있는 한편 성장은 없고 더 많은 욕심만 낳는 욕구도 있다.

모든 갈망과 열정이 그렇다. 성품의 통합적 측면에 유익할 수도 있고 방해가 될 수도 있다. 예를 들어 성관계는 사랑, 친근감, 연결, 개인적 성장, 결속 등 인간의 여러 측면에 도움이 될 수 있다. 건전한 욕구에서 출발하여 인간의 다른 모든 측면에 통합된 성관계는 인간관계의 성장을 낳는다.

하지만 강압이나 분노, 단순한 욕망에서 출발한 섹스 중독은 관계의 통합을 방해하며 개인의 삶이나 성취를 가로막는다. 마음과 영혼에 연결되지 않은 섹스는 만족할 줄 모르는 육체적 탐닉에 불과하다.

성숙한 사람은 마음에서 우러난 진정한 열정을 통해 성장을 이룬다. '더 많이'에 대한 그의 욕구는 그의 삶의 원동력에 연결되어 있으며 그의 본모습에 뿌리를 내리고 있다. 그의 욕구는 자신이 아닌 다른 사람이 되기 위한 수단이 아니라 자기 본모습과 성장한 미래 모습의 표출이다. 가짜가 아닌 진짜이며 그렇기 때문에 생명력과 지속력이 있다.

성장을 낳는 모험

성장을 하기 위해서는 모험이 필요하다. 실제로 위험을 무릅쓰는 능력은 진정한 승자와 패자를 가르는 결정적 요소 중 하나이다. 승자는 안전지대를 빠져나와 위험을 무릅쓰는 반면 패자는 안전한 울타리 안에서 벗어나지 않는다. 그런데 이 개념을 오해하는 사람들이 많다.

모험이란 실패 가능성이 있음을 알면서도 위험에 뛰어드는 것이다. 위험에 자발적으로 노출되는 것이다. 투자에서 말하는 '리스크'란 비록 결과가 불확실하지만 안전한 투자 대상보다 잠재 보상이 훨씬 큰 대상에 투자하는 것을 말한다. 이는 위험에 노출되었다는 뜻이지 어리석다거나 실패 확률이 너무 크다는 뜻이 아니다. 모험과 도박은 엄연히 다르다.

성공하는 사람이 떠안는 '위험'은 남들이 볼 때는 위험이지만 그의 눈에는 그렇지 않다. 그가 돈을 투자하거나 사업을 시작하거나 어려운 임무를 떠안으면 남들은 그가 큰 위험을 무릅쓴다고 생각한다. 달리 표현하면, 이는 스스로 책임을 맡는 것이다. 결과가 좋지 않으면 그에게 책임이 돌아간다. 모험은 결과에 대한 책임을 남들에게 돌릴 수 있는 구조적 안전으로부터 벗어나는 것이다.

하지만 그것이 정말로 위험한가? 대개는 그렇지 않다. 철저히 계산된 행동이기 때문이다. 나는 모험심 강한 그의 행동이 위험하다고 생각하지 않는다. 그는 충분히 배우고 성장한 자신을 새로운 방식으로 혹은 새로운 영역에서 표현하는 것일 뿐이다. 배움과 성장이 점점 쌓이면 더 이상 기존의 틀에 담아 둘 수 없는 지경에 이른다.

이때 그는 기존의 틀에서 벗어나 다음 단계로 넘어간다. 다음 단계에서 지금껏 쌓아 온 능력을 표출하면서 더 큰 성장을 이룬다. 다음 단계로 가는 것은 위험이 아니다. 그것은 결과를 장담할 수 없지만 그동안 성장해 온 자신을 표현하는 것이다.

이것이 성장 과정이다. 스스로를 갈고닦은 후에 다음 단계에서 성숙한 모습을 표현하는 것이다. 그럴 때 더 큰 성장이 찾아온다. 다음 단계는 성장의 자연스러운 결과일 뿐이다.

갓난아이가 첫걸음을 떼는 것은 노력의 결과이므로 위험하지 않다. 그것은 보이지 않게 훈련한 것을 표현한 것이다. 물론 결과는 불확실하다. 넘어질 수도 있지만 충분한 준비가 되어 있다. 물론 위험하다고 볼 수도 있으나 충분히 해낼 능력이 있다. 그러한 모험이 있어야 새로운 성장이 일어난다.

내 친구가 엔터테인먼트 회사를 나와 부동산 창업을 했을 때 그의 동료 대부분은 위험한 판단이라는 반응을 보였다. 물론 결과를 장담할 수 없다는 점에서 위험하기는 했다. 그러나 그는 다음 단계를 밟을 준비가 되어 있었다. 그는 수많은 거래를 성사시키는 과정에서 사업과 협상, 투자, 자본 평가 등에 관해 많은 것을 배웠다. 부동산에 관해서는 전혀 몰랐지만 배울 능력이 충분했다. 그는 수년에 걸쳐 쌓은 능력을 다음 단계에서 마음껏 발휘했다.

도박은 전혀 준비가 되지 않은 채 대박만 바라고 재산과 가족의 안전을 모조리 내놓는 것이다. 성공하는 사람은 자연스러운 과정을 거쳐 성장한 다음 나비처럼 허물을 벗고 날아간다. 그는 자신이 없으면 아무리 큰 이익이 걸려 있어도 시도하지 않는다. 학습 차원에서는 새로운 일을 시도하지만, 투자에서는 확실성이 보장되지 않으면 쉽게 움직이지 않는다.

관계의 영역에서도 마찬가지이다. 통합된 성품을 소유한 사람은 위험을 무릅쓰고 사람들에게 자신을 노출시킨다. 하지만 그는 먼저 적절한 대인관계 기술부터 습득한다. 관계가 악화될 때를 대비해서 지원 세력도 구축해 놓는다. 요컨대 그는 다음 단계를 밟아도 좋을 때까지 성장을 거듭한다.

모험은 중요한 성장 역학이다. 모험은 상처를 입을 수 있는 상황에 뛰어드는 것이다. 하지만 이는 살아 있다는 증거이다. 속도를 높이려면 위험해도 고속도로로 나가야 한다.

성장하는 사람은 틀 밖으로 나가기를 두려워하지 않는다. 어리석은 게 아니라 성장을 위해 위험을 감수하는 것이다. 그는 작은 단계부터 완성하고 나서 다음 단계로 넘어간다.

그리고 그 과정에서 성장한다. 그러려면 실패 상황을 견뎌 낼 성품이 있어야 한다. 그런 능력이 없이 뛰어드는 모험은 투자가 아니라 어리석은 도박이다. 부정적 결과를 견딜 수 없다면 그것은 성장으로 이어지는 올바른 투자가 아니기 때문이다.

예를 들어, 이혼을 경험한 후 회복을 위한 모임에서 자신의 사연과 고통을 이야기할 수도 있다. 이는 일종의 작은 모험이며 그것을 통해 새로운 만남이라는 큰 모험에 뛰어들 능력을 기른다. 작은 모험을 통한 성장 덕분에 또 다른 실패라는 위험을 감수할 수 있다. 실패하더라도 마음을 추스를 수 있으니 이는 도박이 아니다. 이혼하자마자 준비도 없이 새로운 관계에 전부를 거는 행동은 어리석다. 부정적 결과를 견디지 못하고 완전히 무너져 내릴 수 있다.

성장에는 위험이 따른다. 성장하려면 안전한 곳을 벗어나 다음 단계로 나아가야 한다. 단, 성장을 낳는 모험은 쌓인 내공의 자연스러운 표출이다. 헛된 바람으로 주사위를 굴리는 도박과는 다르다.

성장을 위한 핵심 요소

성장하려면 무엇이 필요한가? 성품이 어떻게 성장을 이끌어 내는가? 물리학을 예로 들어 생각하면 이해하기 쉽다. 회사나 개인의 성장은 물질세계와 같은 방식으로 이루어진다.

물리학의 열역학 두 번째 법칙에 따르면 '엔트로피', 즉 혼란(성장의 반대, 복잡하게 얽히는 과정)은 시간이 갈수록 증가한다. 이 현상은 삶속에서 쉽게 관찰할 수 있고 앞에서도 이미 이 과정에 대해 이야기한 바 있다. 모든 것은 그대로 놔두면 죽고 흐트러지고 녹이 슨다. 심지어 우주도 이 법칙에서 벗어날 수 없다.

하지만 이 법칙은 오직 '폐쇄된 시스템'에만 적용된다. 다시 말해, 외부에 연결되지 않은 시스템은 시간이 갈수록 악화된다. 반면, '개방'되어 두 가지 요소에 연결된 시스템은 더 큰 질서 혹은 안정 상태로 성장할 수 있다. 두 가지 요소란 무엇인가?

첫 번째 요소는 '에너지'이다. 성장을 위해서는 외부로부터 들어오는 에너지가 있어야 한다. 연료가 필요하다. 두 번째 요소는 '틀template'이다. 즉, 성장의 방향을 정하는 원칙이 있어야 한다. 에너지와 틀은 달리 표현하면 힘과 방향이다. 두 가지 요소만 갖추어지면 성장할 수 있다는 말이다.

마찬가지로 사람도 열려 있어야 한다. 모든 것을 알고 있다는 오만함에 빠져 새로운 경험과 성장의 근원에 자신을 노출시키지 않으면 성장이 아닌 분열만 나타난다. 당신은 '폐쇄된 시스템'인가? 생각이 같은 사람하고만 이야기를 나누는가? 이미 검증된 활동에만 참여하는가? 그렇다면 새로운 것이 들어올 여지는 없다. 아니면 앞서 언급했던 동화와 조절 능력이 있는가?

열려 있는 사람은 에너지 흡수 능력이 있다. 성장하려면 외부의 에너지원에 연결되어 있어야 한다. 누가 당신을 성장으로 이끌고 있는가? 누가 당신의 성장을 지원하는가? 당신이 현재 능력을 뛰어넘도록 격려하는 사람이 있는가?

내가 발견한 성장 불능의 첫 번째 원인은 성장을 부추기는 외부 세력에 연결되지 못한 것이다.

내 경험상 자기 의지만으로 성장하겠다는 사람이 실제로 성장한 경우를 본 적이 없다. 코치, 상담자, 성장을 위한 공동체 등 외부의 격려가 있으면 성장 엔진이 가동하기 시작한다. 더 높은 수준으로 이끌어 줄 코치, 할 수 없는 일에 도전하게 만드는 판매 책임자, 새로운 방법을 시도하도록 격려하는 다이어트 모임 등이 필요하다. 그렇지 않고 자기 의지에만 기대면 부식과 쇠퇴, 죽음이 자리를 잡는다. 자기 능력을 넘어서는 상황에서는 더더욱 그렇다. 하지만 외부로부터 에너지가 공급되면 자기 능력 이상으로 발전할 수 있다.

두 번째, 틀이 필요하다. 틀은 에너지를 특정한 방향으로 유도한다. 이는 성장의 구조와 경로를 말한다. 예를 들어 커리큘럼은 학생의 성장 방향을 정한다. 원만한 부부 관계를 위한 지침들은 친근함 쪽으로 성장을 유도한다. 어떤 영역에서든 성장하려면 올바른 형태로 이끄는 방향이나 경로가 있어야 한다. 그렇지 않으면 에너지가 사방으로 튀어 구체적인 열매로 결합되지 못한다. 유입된 에너지가 어디론가 소멸되고 만다. 반면에 틀이 있으면 에너지가 그 틀에 맞는 형태로 결합된다.

성장을 향한 구조를 따르라

종합하면, 성장하는 사람은 외부 에너지원 그리고 성장의 방향을 정하는 정보와 구조의 틀을 따른다. 성장하는 사람의 첫 번째 지표는 시간과 돈이라는 두 가지 구체적인 자원을 사용한다는 것이다. 일정 표와 지출 내역을 보면 그 사람 혹은 회사의 성장 욕구를 분명히 알 수 있다. 성장을 추구하는 사람은 이 두 가지 소중한 자원을 성장에 쏟아붓는다.

최근에 나는 개인의 성장 욕구를 토론하는 국제 리더 정상회담에 참석했다. 그곳에서 만난 한 리더는 약 10년 전 회사가 폭발적인 규모로 신장하는 바람에 자신이 쓰러지기 직전에 이른 적이 있었다고 말했다.

그 후 그는 이사회의 조언에 따라 자기 성장에 막대한 시간과 돈을 투자했다. 몸과 마음의 재충전과 공부를 위해 여름마다 6주간의 휴가를 낸 것이다. 휴가 때마다 그는 직속 부하직원 두 명에게 '회사가 무너질 상황이 아니면' 전화하지 말라고 지시했다.

그에게는 몇 가지 성품의 요소들이 있었다. 첫 번째, 자기 발전을 위해 모든 것을 버리고 떠나는 용기가 있었다. 그러다 진짜 응급사태가 벌어지면 어떻게 하겠느냐는 나의 질문에 그는 이렇게 대답했다.

"피폐해져 가고 있는 자신을 위해서라면 그만한 위험을 감수할 가치가 있습니다. 게다가 부하직원들도 자기 성장을 위해 위기 상황을 다뤄 봐야 합니다."

이처럼 자신뿐 아니라 남들의 성장에도 관심을 가지는 태도는 특별한 성품의 또 다른 측면이다. 그는 자신에게 꼭 필요한 투자를 할 경우에 결과를 두려워하지 않았다. 두 번째 요소는 다음과 같은 그의 심오한 말에서 찾을 수 있었다.

"제가 성장을 위한 결정을 내릴 때마다 반대하는 사람들이 있었습니다. 자신에게 투자하면 탐탁지 않게 생각하는 사람들이 있기 마련입니다. 저는 이런 현실을 떠안는 법을 배웠습니다. 저는 남들의 기분에 지나칠 정도로 연연하지 않습니다."

이번에도 용기가 필요하다. 그가 지닌 세 번째 요소는 과감하게 돈을 투자했다는 것이다. 그는 무려 15년 동안 이 긴 휴가에 막대한 돈을 투자했다. 성장에 돈을 쓰는 바람에 당장 가시적인 결과를 낼 수 있는 일에는 돈을 투자할 수 없었다. 하지만 그 투자 덕분에 그가 세운 조직은 폭발적인 성장을 거듭했다. 성장하지 못하는 사람들은 그런 일이 불가능하다고 생각한다. 그들은 이를 악물고서라도 현재를 유지해야 한다고 말한다. 평범한 성장은 이룰 수 있겠지만 폭발적인 성장은 불가능하다.

성장하는 사람의 일정표와 지출 내역을 보면 시간과 돈이 그의 삶의 정해진 구조에 쓰였음을 알 수 있다. '무너질 상황이 아니면!' 그의 일정표와 지출 내역에는 늘 이런 구조가 있다. 미래를 위해 쓸 시간이 없다. 현재 일이 너무 바쁘기 때문이다. 그러나 성공하는 사람은 시간이 날 때까지 기다리지 않는다. 먼저 미래를 위한 시간을 억지로라도 만들고 나서 현재의 일을 한다. 그의 일정표와 지출 내역을 보면 성장을 향한 구조가 어떠한지 알 수 있다.

- 나를 위한 코칭
- 나를 위한 치료 요법
- 나의 개인적, 영적 성장을 도와줄 경영자나 부모, 사람들
- 훈련
- 미래를 위한 끊임없는 교육
- 수련회
- 서로에게 책임감을 일깨워 주는 인간관계
- 리더 모임
- 당장은 필요하지 않은 리더십 훈련
- 독서와 공부
- 강좌
- 영적 발전을 위한 모임
- 부부 수련회
- 관계 개선 세미나
- 12단계 모임
- 개인 트레이너
- 영적 지도자
- 당장은 필요하지 않은 학위와 교육

이런 구조에 끊임없이 자신을 여는 것은 성장을 추구한다는 뜻이다. 내가 아는 한 컨설팅 업체의 리더는 수입 총액의 10퍼센트를 고위 관리를 위한 연구 개발에 투자한다. 그 금액을 아예 기금으로 확정하

여 다른 업계의 전문가들을 영입하고 위탁 조사를 벌이는 등 성장에 사용한다. 거기서 파생한 혁신들로 인해 그 업체는 투자의 몇 배를 수익으로 거둬들였다.

당신의 일정표와 지출 내역을 보라. 성장에 너무 인색한가? 그렇다면 씨앗이나 비료에 돈을 쓰지 않는 농부와 다를 바 없다. 추수 때 아무런 열매도 거둬들일 수 없다. 자연스러운 죽음이 자리를 잡는다. 반면에 성장에 필요한 시간과 돈을 씨앗으로 뿌리면 그만한 보상이 돌아오기 마련이다.

사업 영역에서도 마찬가지이다. 성품에 따라 제품뿐 아니라 사람의 '연구 개발'에 돈을 쓰는 기업은 차후에 폭발적인 성장을 이루고 늘 똑같은 관행만 되풀이하는 경쟁사를 따돌릴 수 있다. 성장을 위해 노력하는 기업은 미래를 보는 눈뿐만 아니라 미래가 오기 전에 앞서 행동하는 성품을 가지고 있다. 늘 현재에 머물지 않고 미래에 투자한다.

막연히 추수를 바랄 뿐 이전에 거둔 열매를 미래에 투자하지 않는 기업은 결코 성장할 수 없다.

월마트Wal-Mart의 부회장과 COO(최고 운영 관리자)를 역임한 돈 손더퀴스트Don Sonderquist는 그의 저서 『월마트 방식The Wal-Mart Way』에서 다음과 같이 말했다.

"직원들의 지속적인 내적 성장을 추구하는 조직은 그들이 천부 재능을 개발하도록 돕는다. 1983년, 우리는 모든 부서의 관리자들을 더 나은 리더로 키운다는 목적하에 월튼 양성소를 설립했다. 이 양성소의 설립 목적은 직원들이 업무 기술뿐 아니라 리더십과 대인관계 기술을 개선하도록 돕는 것이었다."

월마트는 훈련, 기존 리더들(상점 관리자, 지역 관리자, 지역 부사장 등)

을 통한 멘토링, 본사의 데일 카네기 훈련 코스, 개인 성장을 위한 평가, 월마트 내 교육 기회들에 대한 홍보와 장려에 정기적으로 투자했으며 수천 명의 리더들에게 읽고 검토할 책을 정기적으로 나눠 주었다고 한다.

멘토에게 자신을 개방하라

성장하는 성품의 또 다른 측면은 '멘토', 즉 더 많이 성장한 사람에게 자신을 여는 능력이다. 이러한 능력을 지닌 사람은 조언과 본보기를 받아들이며 겸손한 태도로 도움을 요청한다. 반면, 오만함에 빠져 있거나 도움을 구할 용기가 없는 사람은 한계에 부딪히고 만다.

성공한 사람들과 이야기를 나눠 보면 그들의 삶 속에는 반드시 멘토의 격려와 지도로 시작된 성장 기간들이 있었다. 개중에는 격식과 구조에서 탈피한 멘토링 관계도 있었다. 관계의 형태야 어떻든 그들이 좋은 흔적을 남길 수 있었던 것은 '더 많은 성장을 이룬' 사람들의 조언에 자신을 열었기 때문이다. 나아가 그들은 성숙한 후에도 평생 배우는 자세로 임한다. 늘 다른 사람들의 경험을 소중히 여기며 그것을 적극적으로 찾아 흡수한다.

이와 반대되는 것은 본모습을 보이기 싫어하는 태도이다. 멘토의 도움을 받으려면 그에게 우리의 행동, 습관, 무지, 무능력을 있는 그대로 내보인 후에 정확한 진단을 받아야 한다. 자신을 기꺼이 열어 보여야 한다.

체면을 너무 중시하거나 자아도취에 빠져 있으면 본모습을 숨기고 좋은 면만 보이려고 애쓰다가 제대로 멘토링을 받지 못하게 된다. 권위에 저항하려는 오만도 같은 결과를 낳는다. 자아가 너무 강한 사람은 피드백과 지도를 받아들일 여유가 없다. 남에게 잘 보이기를 원하는 사람에게는 멘토링이 아무런 소용이 없다. 멘토링의 효과를 보려면 성장을 위해 자신의 약점까지 낱낱이 드러내는 태도가 필요하다.

나는 임상 훈련을 받을 때 한 교수님으로부터 소중한 멘토링을 받았다. 그의 임상 지식은 정말 대단했다. 다른 교수님에게 들은 한 학기 강의보다 그의 한 시간 반 강의가 더 나을 정도였다. 지금까지도 그의 도움에 감사하고 있다.

그런데 딱 하나, 문제가 있었다.

그 교수님은 가학적이었다. 그는 졸업생과 인턴들의 어리석음과 무지를 밝혀내는 데서 쾌감을 느꼈다. 그 과정을 견디기 어려울 때도 있었다. 나 외에도 당한 사람들이 꽤 많았다. 그래도 충분히 고난을 감수할 만한 가치가 있었다. 그에게서 얻는 정보와 경험은 어디에서도 얻을 수 없는 보물이었기 때문이다. 하루는 교수님의 연구실로 가는데 한 학생이 다가와 물었다.

"너, 그걸 어떻게 참니?"

내가 모욕을 당하는 꼴을 여러 번 봤기 때문에 나온 질문이었다.

"나는 그런 모욕이 매우 값진 보물을 얻기 위한 대가라고 생각해. 소중한 걸 배우는 대가로 단지 말로 모욕을 당할 뿐이잖아. 나는 교수님 방에 들어갈 때마다 인정이나 친절을 구하러 가는 게 아니라는 사실을 떠올려. 그분의 지식과 정보를 훔치러 가는 거야. 이 정도 모욕이라면 얼마든지 더 참을 수 있어."

하지만 다르게 말하는 학생도 있었다.

"그 교수님 밑에서는 배우지 않을 거야. 도저히 참을 수 없어. 그런 모욕을 당하면서 배울 필요까지야 없지."

일리가 있는 말이다. 질이 좋지 않은 사람하고는 어울리지 않는 게 상책이다. 그러나 문제는 이 학생이 자아도취에 빠져 있었다는 사실이다. 내가 아는 한 그는 남들에게 좋은 면만 보이려고 애쓰는 사람이었다. 그는 상대가 기분 나쁘게 이야기하면 아무리 유익한 조언이라도 거들떠보지 않았다.

그의 성장 욕구는 그의 자아 아래에 철저히 파묻혀 있었다. 그 결과, 그는 달콤한 말을 내뱉는 사람들하고만 어울렸다. 20년이 넘도록 그를 알고 지냈지만 그가 자기 약점을 꼬집는 사람들과 어울리는 모습을 거의 보지 못했다. 편한 자리만 찾던 그는 처음 수준에서 더 이상의 발전을 하지 못했다.

성장하는 사람은 엄한 코치와 멘토에게 자신을 열고 불쾌함을 참아 내며 그 과정에서 어마어마한 이익을 얻는다. 달콤한 소리의 유혹을 떨쳐 낼 줄 아는 것이다.

현재를 사랑하되 안주하지 말라

성장하는 사람은 욕구와 감사 사이의 균형을 유지하며 성장과 승리를 축하할 줄 안다. 또한 "소원을 성취하면 마음에 달다"는 유대 격언을 이해하고 있으며 성장하고 성취한 후에는 그 의미를 음미한다. 성공을 좋은 경험으로 내면화하고 감사할 줄 안다. 하지만 거기에 안주하지는 않는다. 한 번의 성공에 만족하지 않는다. 성공하는 사람 안에는 현재를 넘어서려는 욕구가 넘친다. 반면, 평범한 사람은 '한 차례의 기적'으로 끝을 낸다.

균형은 성취의 중요한 역학이다. 현재 상태를 넘어서려는 욕구가 없으면 성장은 불가능하다. 그러나 현재의 성공을 즐길 줄 몰라도 성장할 수 없다. 지쳐서 쓰러지거나 맹목에 빠지고 만다. 다시 말해, 의욕을 잃거나 올바른 목표 없이 충동적으로 내달리게 된다.

성숙한 사람은 오늘을 사랑한다. 오늘 이룬 성과를 보며 미소를 짓는다. 결과를 보며 영혼의 만족을 얻는다. 성과에 대해 고마워하고 자긍심을 느끼며, 도움을 준 모든 이들에게 감사를 표시한다. 축하도 하고 마땅한 상도 내린다. 이 과정은 목표만큼이나 중요하다. 물론 축하한 후에는 성장을 향해 또다시 분투한다.

할 수 없는 일에 자신을 맡겨라

앞서 도박이 아닌 모험은 성장의 자연스러운 결과라고 말했다. 하지만 모험의 결과가 꼭 성공은 아니다. 모험을 하기만 하면 반드시 성공한다는 보장은 없다. 성장을 위한 시도는 자신이 할 수 없는 일에 도전하는 것이다. 말 그대로 '시도'이다.

성장하는 사람은 자기 능력을 넘어선 일에 뛰어든다. 그는 할 수 없는 일을 시도함으로써 할 수 있는 경지에 이른다. 그는 현재보다 더 높은 수준을 필요로 하는 도전을 받아들인다. 그러면 그 도전이 그를 더 높은 수준으로 끌어올린다. 장대높이뛰기를 할 때 바를 높이면 더 높이 뛰어야 하고 그러려면 더 노력을 하기 마련이다.

할 수 없는 일을 시도하지 않으면 성장할 수 없다.

스카이다이빙을 배우려면 비행기에서 뛰어내려야 한다. 영업을 배우려면 낯선 곳의 문을 두드려야 한다. 더 좋은 부부가 되려면 고백을 하거나 대립하는 등 새로운 방법을 시도해야 한다. 범위를 넓히지 않으면 성장은 불가능하다. 성장하는 사람들이 목표와 기대 사항을 글로 명시해 놓는 이유가 여기에 있다. 그들은 분명한 목표에 도달하기 위해 노력을 한다. 개중에는 현재의 능력으로 달성할 수 있는 목표도 있고 전혀 새로운 영역에 있는 목표도 있다.

새로운 일이나 새로운 시장, 새로운 자리, 새로운 책임, 새로운 기술로 뛰어드는 것이 바로 성장의 비결이다. 성장하는 사람은 전혀 낯선 영역에 끊임없이 도전한다. 영화에서 주인공 인디애나 존스가 말했듯 "가면서 보완한다."

갓 결혼했을 때는 결혼생활이라는 현실이 새롭기만 하다. 한 번도 해 보지 않은 일이라 어찌해야 할지를 알 수 없다. 하지만 결혼생활의 도전을 받아들이는 부부는 그것을 극복해야 한다는 필요성으로 인해 성숙한 관계로 성장한다. 반면, 도전을 받아들이지 않는 결혼은 실패로 끝난다. 이는 좋은 부부가 되는 법을 몰라서가 아니라 새로운 도전을 통해 성장하지 않았기 때문이다.

양육이라는 도전을 맞아 성장하지 않으면 올바른 양육법을 터득할 수 없다. 도전하는 사람은 그 도전을 다룰 수 있는 사람으로 성장한다. 하지만 도전에 뛰어들지 않으면 성장도 없다. 말로는 방법을 설명할 수 있을지 몰라도 직접 행동으로 보일 수는 없다. 따라서 성장하는 성품을 소유한 사람이 죽을 때까지 실천하는 성장 법칙은 다음과 같다.

현재의 능력을 넘어선 상황에 뛰어든다.

내가 아는 한 석유회사는 창립자의 원활한 운영 덕분에 25년간 느리지만 꾸준한 성장을 이뤘다. 창립자는 주로 성장하는 회사들과 거래하고 자사 프로세스를 개선함으로써 회사를 키웠다. 그런데 그가 60세의 나이로 갑자기 세상을 떠났다. 그의 아내는 50세로 회사 일에 전혀 관여한 적이 없었다. 이에 회계사들과 경영진은 회사를 매각하는 게 가장 현명하다고 조언했다. 그럴 경우 아내는 평생을 편하고 풍요롭게 살 수 있었다. 하지만 그녀는 다른 결정을 내렸다.

개발도상국을 지원하는 국제 자선단체의 리더로 활동했던 그녀는 낯선 영역에 뛰어들어 그 영역을 정복할 줄 아는 사람이었다.

"이미 할 줄 아는 일은 하지 말아야 한다."

이것은 그녀의 모토였다. 결국 그녀는 회사를 경영하기로 결심했다. 물론 남편의 극구 반대로 여태껏 회사 일에 손을 대지 않았기 때문에 회사 사정을 전혀 몰랐다. 그렇다고 '사업'이라는 것을 아는 것도 아니었다. 그러나 그녀는 폭발적인 성장으로 주위를 깜짝 놀라게 만들었다.

그녀는 갑자기 충동적인 결정을 내린 것이 아니었다. 도박을 한 것이 아니었다. 그녀는 모르는 분야로 뛰어들어 운영과 사업에 관해 하나씩 배워 나갔다. 비록 쉬운 모험은 아니었으나 그녀는 모험이 주는 압박감과 그로 인한 성장을 즐겼다. 그리고 마침내 틀을 깨고 나오기 시작했다.

할 수 없다는 남편의 믿음뿐 아니라 그녀의 과거 경험이라는 틀까지 서서히 깨지기 시작했다.

결과는 매우 흥미로웠다. 그녀는 자신의 사업 재능뿐 아니라 남다른 모험심까지 재발견했다. 회사는 남편이 경영할 때보다 훨씬 빠른 속도로 성장했다. 남편의 성장 능력은 그녀만 못했던 셈이다. 남편은 천성이 방어적이었고 늘 성장보다는 보수적이고 소극적인 전략을 구사했기 때문이다.

충분한 휴식

현재의 성공을 즐기는 능력과 관련된 또 다른 성품 측면은 쉬면서 재충전하는 능력이다. 근육은 물론이고 우리 존재의 모든 부분은 휴식을 취해야 더 강한 능력을 얻는다. 뇌는 성장으로 인한 긍정적 스트레스에 반응하고 그로부터 유익을 얻게 설계되어 있다. 그러나 계속해서 혹사를 당하면 필요한 재충전을 할 수 없다.

안식일 개념에는 과학적 근거가 있다. 마찬가지로 통합된 성품을 소유한 사람은 열심히 일하되 자신을 혹사하지 않으며 가끔 재충전할 '안식일'을 만든다. 안식일이란 아무런 생산 활동을 하지 않는 기간(주 중 24시간)을 말한다. '쉼'은 생산하지 않는다는 뜻이다. 그리고 생산하지 않을 때 재생이 이루어진다. 다음번 생산 주기에 대비하여 힘을 축적하는 것이다. 밭도 충분히 쉬어야 비옥해진다.

휴식에도 성품과 기질이 중요하다. 조용히 쉴 줄 모르는 사람들이 있다. 그들은 쉬려고 할 때마다 해결되지 않은 갈등이 고개를 들어 고민에 빠진다. 이를테면 허무감, 두려움, 권태 등이 끓어오른다. 그들은 끊임없이 생산해야 마음이 편하다. 그 결과 쉴 새 없이 결과물을 내놓기는 하지만 더 나은 미래는 찾아오지 않는다. 똑같은 수준의 결과물만 수북이 쌓일 뿐 성장은 나타나지 않고 결국 아예 아무런 결과물을 내지 못하는 무기력 상태에 빠지고 만다.

다른 사람의 성장을 도우라

'현실 요법Reality Therapy'을 창시한 정신 분석학자 윌리엄 글래서William Glasser는 정보를 유지하기 위한 가장 좋은 방법은 그것을 가르치는 것이라고 말했다. 그의 연구에 따르면, 다른 사람들에게 가르친 정보가 기억에 가장 오래 남는다고 한다. 가르치고 이야기하면 자신이 성장한다.

내가 관찰한 바에 의하면 성장하는 사람들은 다른 사람들의 성장에도 투자한다. 그들은 멘토에게서 배울 뿐 아니라 스스로도 누군가의 멘토 역할을 한다. 그들은 다른 사람들의 성장을 위해 자신이 가진 것을 투자한다.

나의 파트너 중 한 친구는 경영진의 일원으로 콜드웰 뱅커 레지덴셜Coldwell Banker Residential을 인수했다. 그가 처음 회사를 맡았을 때 회사는 시어스Sears 소유로 엄청난 적자를 내고 있었다. 즉시 그는 직원들과 리더들의 성장이 필요하다는 판단을 내렸다. 그는 그 일에 사업의 기본보다도 큰 비중을 두었다.

그러자 회사가 되살아나기 시작했다. 그러다가 시어스가 매각을 결정하자 자신감으로 충만한 그와 4명의 경영진은 외부 투자와 회사를 인수했다. 부채는 총 1억 5,000만 달러였다. 성장 욕구가 남다른 그는 계속해서 리더들의 성장에 초점을 맞췄다. 인력 개발을 회사 성장의 열쇠로 본 그는 리더십 훈련 기관인 콜드웰 뱅커 대학을 설립했다.

그 효과는 대단했다. 1년 후에 그들은 총부채 중 1억 달러를 갚았고, 3년 후에는 회사를 6억 5,000만 달러에 매각했다. 이는 놀라운 기업 회생 이야기인 동시에 인력 개발의 효과를 보여 주는 이야기이다. 그들은 인력 개발의 중요성을 어디서 배웠을까? 경영 서적에서 배웠을까?

아니다. 관건은 그의 성품이었다. 그는 자신의 기질의 일부로 늘 해오던 패턴을 적용했을 뿐이다. 고등학교와 대학교에서 청년 멘토를 시작한 그는 그 후로도 성장 도우미 역할을 자기 삶의 일부로 보았다. 그로 인해 어마어마한 수익이 발생했으나 그가 남들의 성장을 돕는 주된 이유는 수익이 아니었다.

성장 도우미 역할은 그의 성품의 일부였다.

그로부터 10년이 지났지만 그는 변함이 없다. 그는 사회에 도움이 될 만하다 싶은 젊은 사업가들을 자기 품으로 모아 멘토링을 통해 그들의 성장을 돕고 있다. 그가 사람들에게 늘 던지는 질문은 두 가지이다. "왜 이 일을 하는가?", "어떻게 하면 그 일을 더 잘할 수 있는가?" 올바른 '이유'와 '방법'을 알고 노력하면 성장은 자연스레 따라온다. 단, 그를 성장으로 이끈 것은 비즈니스 전략이 아니었다. 오히려 성장이 그의 비즈니스 전략을 이끌었다. 그의 성장은 자신의 성품의 표출이었다. 그는 자신뿐 아니라 다른 사람들을 성장시키지 않고는 배기지 못하는 사람이다.

통합은 삶으로 드러난다

이 책에서 말하는 성품의 관점은 주로 거시 차원에서 통합된 상태를 말한다. 삶의 모든 측면이 하나로 합쳐져 온전한 인간을 이룬 큰 그림을 이야기한다. 그러나 미시 차원에서도 통합은 성품의 필수불가결한 요소이다. 성품의 모든 요소가 통합된 사람은 인생의 어느 한 영역만이 아니라 전체 영역에서 성장한다. 성품의 특징은 통합이지 보완이 아니다.

예를 들어 일에만 초점을 맞추는 사람들은 한쪽으로 기울어진 성장을 보인다. 그들은 인생 중 일 측면에서는 성장하지만 나머지 측면에서는 발달장애를 보인다. 그들의 열매를 보면 통합되지 못한 성장의 부작용이 여실히 드러난다. 이를테면 일터에서는 승진하지만 가정은 파탄이 난다. 온갖 찬사를 받지만 영적으로는 공허하다. "이게 다무슨 소용이람?" 기술적으로는 뛰어나지만 관계적으로는 서투르다.

이런 성장은 주로 보완적이다. 그러니까 하나의 강점만으로 삶의 전부를 지탱하는 것이다. 한 측면으로 부족한 부분을 메우는 것이다. 일만으로는 인간의 모든 욕구를 충족시킬 수 없다. 인간관계만으로도 안 된다. 통합된 성품이 부족한 사람은 잘하는 측면으로 잘하지 못하는 측면을 보완하려고 한다. 이는 불균형이며 결국 좋지 못한 흔적을 남기게 된다.

성품의 여러 요소들이 통합된 사람은 관계적, 영적, 지적 측면을 포함한 인생의 모든 측면에서 똑같은 성장 욕구를 느낀다. 한 영역의 성장이 다른 영역의 성장으로 이어지면서 균형을 이룬다. 한쪽으로 기울어진 성장은 성품이 통합되지 않았다는 증거이다.

성장을 갈망하고 모험을 두려워하지 않는 성품이 인생의 모든 영역에서 나타나야 균형 잡힌 성장이 이루어진다.

7부
초월과 의미

INTEGRITY

AII The courage to meet the demands of reality

12장

큰 것을
생각하라

하루는 해군 전함 한 대가 안개를 뚫고 항해하는데 저 멀리 정면에서 희미한 빛이 나타났다. 전함이 앞으로 갈수록 빛이 밝아지자 함장이 상황을 파악하러 키 쪽으로 다가갔다. 이때 무전기에서 음성이 흘러나왔다.

"조심하십시오. 220도 항로에서 시속 18노트로 항해하는 배에게 경고합니다. 즉시 항로를 30도 변경하십시오."

함장은 코웃음을 쳤다.

"220도 항로로 항해하는 배요. 귀하가 항로를 30도 바꾸시오."

"불가합니다. 함장님이 바꾸십시오."

"나는 미 해군의 장군이오. 귀하는 누구시오?"

"저는 미국 해안 경비대의 소위입니다."

"그렇다면 내 명을 따르게."

"그럴 수 없습니다. 장군님이 방향을 바꾸십시오."

"이 배는 미 해군 전함이다. 자네가 바꾸게."

"여기는 등대입니다."

세상에는 크고 위대한 존재들이 많지만 우리는 그것을 알아보지 못할 때가 많다. 때로 우리 자신이 더 큰 배이며, 우리의 길을 막는 것이 비켜서야 한다고 생각한다. 이것이 대개는 맞는 생각이다. 뛰어난 성과를 거두기 위해서는 대개 그러한 불굴의 의지와 끈기가 있어야 한다. 통합된 성품을 소유한 사람은 목표 달성을 위해 과감히 장애물을 뛰어넘는다.

그러나 장애물을 치우지 못할 때도 있다. 우리가 더 작은 배에 타고 있다면 항로를 바꿔야 앞으로 나아갈 수 있다. 우리에게 맞는 다른 항로를 찾아내야 한다. 이러한 현실을 보지 못하면 곧 큰 벽에 부딪혀 우리만 다치게 된다.

우리가 믿든지 안 믿든지 중력은 엄연히 존재한다. 중력은 우리보다 큰 것이다. 등대와 마찬가지로 중력이라는 현실 앞에서는 우리가 항로를 변경해야 한다. 그 현실에 순응하면 다치지 않는다. 심지어 그 현실을 유리하게 활용할 수도 있다. 공학자들은 중력을 비롯한 물리 법칙들을 연구하고 이용하여 비행기를 개발한다. 그러나 이러한 초월적 법칙들을 무시하면 비행기는 추락하고 만다. 아무리 이 법칙을 깨고 싶다고 해도 결국 무릎을 꿇는 것은 우리이다.

살아남아 성공하려면 우리보다 큰 것에 굴복해야 한다.

당연한 상식처럼 들리지만 여기에서도 성품이 관건이다. 또한 이 성품의 측면이 우리의 흔적을 결정한다.

심오한 질문

"당신은 신인가, 아닌가?"

심리학자인 내가 가장 중요하게 생각하는 질문이다. 이 질문에 대한 답에 따라 성품과 기능의 나머지 모든 부분들이 결정된다. 얼핏 보면 다소 어리석은 질문처럼 보인다. 사람들 대부분은, 특히 리더라면 쉽게 답을 말할 수 있을 것이다. 그렇지 않으면 자신이 우주를 다스린다는 뜻이므로 정신병동에 끌려가 강도 높은 치료를 받아야 마땅하다. 사람들 대부분은 옳은 답을 꺼낸다.

"물론 나는 신이 아니에요."

그러나 종종 자신이 신인 것처럼 행동하는 사람들이 있다. 그들은 자신이 우주의 중심이며 모든 사물과 사람이 자신을 위해 존재한다는 듯이 살아간다. 가정, 회사, 인간관계, 자기 이익 등 모든 면에서 자신의 작은 왕국을 건설하는 데 심혈을 기울인다. 자신이 우주의 중심이기 때문에 등대가 이동해야 한다고 착각한다.

최악의 경우, 이는 심각한 정신질환이다. 심리학에서 말하는 이러한 자아도취 상태에 빠지면 과대망상, 극단적 이기주의, 착취, 우월감, 자기 중심 같은 증상들이 나타난다. 주위를 둘러보면 이런 증상을 앓고 있는 사람들이 의외로 많다. 그래서인지 우리는 이러한 증상을 별 문제 되지 않는 문화적 특성으로 치부한다. "내가 제일 중요해"라고 쓰인 티셔츠만 봐도 그렇다.

일반적으로 대부분의 사람들이 자기 중심적인 모습을 가지고 있기는 하다. 그러나 우리는 그런 특성을 좋아하지 않으며 그것을 자신과 결부시키지 않으려 한다. 오만하며 이기적인 태도를 좋아하는 사람은 없기 때문이다. 이처럼 자기 중심적이라는 성격은 칭찬거리가 아니다. 그런데 아이러니하게도 자기 중심에 빠진 사람은 칭찬 받을 만하지 못하면서도 칭찬을 갈구한다.

이러한 자기 중심과 반대되는 특성을 여러 가지로 표현할 수 있지만 나는 '초월성'이라 정의한다. 초월성은 평범한 이기심과 자기 중심, 곧 세상이 자기를 중심으로 돌아간다는 생각을 뛰어넘는다. 초월한 사람은 자신보다 훨씬 큰 것들이 있으며 자신이 단순히 자신과 자신의 이익만이 아닌 궁극적으로 더 큰 것을 위해 존재한다는 사실을 깨닫는다. 자신보다 더 큰 존재에 순응하고 헌신하며 큰 명분 아래에서 자기 역할을 찾는다. 그 결과, 큰 존재의 일부가 되어 자신만을 위한 삶보다 더 큰 의미를 발견할 수 있다. 한마디로, 자신을 초월한 것을 위해 인생을 사는 것이다.

나보다 큰 무엇을 위해

과대망상증 환자만 모든 것이 자신을 위해 존재한다고 착각하는 것은 아니다. 그 정도까지는 아니더라도 우리 모두는 나 자신과 주위 사람들의 내면에 있는 그러한 증상과 싸울 때가 많다. 대개 큰 문제는 아니지만 주위 사람이 큰 책임을 맡고 있다거나 우리가 그와 깊이 연관되어 있을 때는 심각한 결과를 초래할 수도 있다.

우리는 큰 명분을 위해 자신을 헌신하는 사람들과 일하고 싶어한다. 그들은 큰 그림을 그리며 팀의 일부로서 자신을 내던진다. 상황이 오로지 자신의 이익과 필요를 위해 존재한다고 생각하지 않는다. 상황에 대한 그들의 반응을 보면 더욱 정확히 알 수 있다.

예를 들어 보자. 리더가 모든 사람을 불러 놓고 회사뿐 아니라 모든 직원들에게도 좋은 기회가 나타났다고 말한다. 새로운 시장이 나타난 것이다. 그런데 그 시장을 주도하려면 회사를 새로운 시설로 옮겨야 한다.

"우리의 전부를 걸어야 합니다. 하지만 그럴 만한 가치가 충분합니다. 이전에 세운 목표들을 훨씬 초과하는 결과를 얻을 겁니다. 꿈을 몇 배로 키우십시오. 이것은 여러분이 상상하는 이상의 기회입니다."

회의실 안에 열기가 감돈다. 팀원들은 더 큰 목적과 목표를 중심으로 전에 없이 똘똘 뭉친다. 부푼 기대감으로 모두 가슴이 터질 것만 같다. 이때 흥분의 도가니 속에서 누군가가 손을 번쩍 들고 질문한다.

"혹시 이사를 가서 제가 창문 없는 쪽에 앉게 되면 어쩌죠? 이번에 창문 있는 쪽으로 옮기기로 했는데. 저는 꼭 창문 쪽에 앉고 싶어요."

갑자기 분위기가 싸늘해진다. 다들 이 사람을 한 대 쥐어박고 싶은 심정이다.

"하찮은 창문 얘기를 하자는 게 아니잖아! 자리 위치보다 큰 명분을 얘기하고 있잖아. 창문 따위는 잊어버려!"

우리 자신보다 큰 명분은 우리를 크게 만들어 준다. 그것에 참여하면 우리도 덩달아 커진다. 단, 우리보다 큰 것에 참여하려면 스스로 낮아지고 '작아져야' 한다. 우리가 초월적인 것보다 작다는 사실을 깨닫고 '우리'가 아닌 '그것'을 위해 존재할 때 우리는 큰 사람으로 성장한다. 위대한 사람은 위대함을 추구한 사람이 아니라 자신보다 큰 명분과 가치 그리고 임무에 기꺼이 헌신한 사람들이다. 위대한 명분에 참여하고 헌신할 때 스스로 위대해지는 것이다.

자신이 더 위대하며 전부라고 생각하는 사람은 스스로 만든 작은 세상에 갇힐 수밖에 없다. 모든 것을 자신의 필요와 이익 측면에서만 보게 된다. 그 결과는 언제나 작고 깊이가 얕다. 심지어 독을 품고 있으며 파괴적이기까지 하다. 현대 영성의 아버지 토머스 머튼Thomas Merton은 이런 말을 했다.

"사람과 사건과 상황을 보면서 자신에게 미칠 영향만 따지는 것은 지옥의 문 앞에서 사는 것과 같다."

가치와 이익이 충돌할 때

그렇다면 과연 '더 큰 것'은 무엇인가? 무엇이 등대인가? 만국공통으로 인정하는 것들도 있고 우리가 선택하여 더 큰 것으로 정의되는 것들도 있다. 당신이 순응해야 할 큰 것들을 내가 대신 선택해 줄 생각은 없다. 이 책의 주된 목적은 그런 것들을 정의하는 것이 아니라 그런 것들에 기꺼이 순응할 수 있는 성품의 측면을 살피는 것이다. 우리가 초월적이라 생각하는 것들이 남들에게는 큰 의미가 없을 수도 있다. 그러나 대부분의 사람들이 인정하는 보편적이고 절대적인 것들이 몇 가지 있다. 우리는 이런 것들에 순응해야 하며 그것들을 통해 배울 수 있다.

우리를 초월하는 것들의 범주 중 하나는 가치이다. 가치는 한 사람의 성품 구조의 상당 부분을 형성한다. 가치는 조직이나 관계의 구조도 형성한다. 가치란 우리가 소중히 여기는 것, 우리가 자기 이익을 포함한 모든 것의 위에 두는 것을 말하며 이 가치를 통해 우리 행동의 방향이 정해진다. 매출보다 사람을 소중히 여기는 상사나 회사는 자기 이익과 상충하더라도 그 가치의 요구에 순응한다. 환경을 중시하는 회사는 단순한 매출 신장이 아닌 환경 보호를 중심으로 운영된다. 가족에 가치를 두는 사람은 가족이라는 큰 명분을 위해서라면 자기 이익이나 직업적 이익을 포기할 줄 안다.

그러나 자기를 가장 소중히 여기면 가치가 충돌하는 사건이 일어날 때마다 자아가 이긴다. 회사가 사익을 가장 우선시하면 다른 사안들은 언제나 뒷전일 수밖에 없다. 문제는 시대를 초월한 이러한 보편적인 가치들은 등대와 같으며 본래의 자리를 벗어나지 않는다는 사실이다. 이러한 가치와 충돌해 봐야 다치는 것은 우리뿐이다. 사랑, 연민, 정의, 자유, 정직, 충성, 책임 같은 보편적인 가치들은 중력과 마찬가지로 우리가 '선택'할 수 있는 것들이 아니다. 순응하지 않으면 반드시 마땅한 대가를 치르게 된다.

이는 최근 허무하게 무너진 엔론과 같은 대기업들의 사례에서도 알 수 있다. 자기 자신에게 궁극적인 가치를 둔 몇몇 기업인들이 자기 이익을 챙기는 데만 급급하다가 큰 대가를 치르고 말았다. 그들의 이기적인 행동 이면에는 "나는 나보다 큰 것에 헌신하기 위해 존재한다"가 아니라 "나는 신이다", "모든 것이 나를 위해 존재한다" 혹은 "내가 중심이며 내가 원하는 방식으로 세상이 움직인다"라는 마음가짐이 존재한다. 결국 그들은 자신보다 큰 것이 존재하며 거기에 도전하면 엄청난 피해가 돌아온다는 사실을 뼈저리게 깨달아야 했다. 그들의 흔적은 참혹했다. 자신뿐 아니라 주위도 쑥대밭이 되었다. 그들은 그토록 열심히 추구하던 자기 이익조차도 얻지 못했다. 여기에 불변의 진리가 숨어 있다. 자기 이익을 포기하면 더 많은 이익을 얻지만 자기 이익만 추구하면 이미 가진 것조차 잃게 된다는 것이다.

그 기업인들은 이기주의에 푹 빠진 나머지 자신과 자신의 이익을 초월하는 큰 것을 망각하고 말았다. 또한 자신의 행동이 주주, 직원, 투자자, 시장, 사업 파트너, 가치, 널리 인정되는 윤리, 오랜 회계 원칙들, 정부, 퇴직금, 국가의 신뢰성, 경제 전체에 어떤 영향을 미칠지 전혀 고려하지 않았다. 이러한 것들은 그들 자신보다 더 큰 현실이다. 그들은 이러한 현실의 요구에 순응하지 않고 부정 거래와 회계 부정을 비롯한 온갖 불법을 자행했다. 한마디로 윤리와 가치를 무시했다. 그 결과, 중요한 보편적 가치들이 땅에 떨어졌고 그들이 초월적인 현실을 실제로 받아들이기까지 많은 사람이 상처를 입었다. 초월적인 것들을 무시하면서도 성공하기를 바랄 수는 없다. 결과를 결정하는 것은 중력이나 등대 같은 '더 큰 것들'이기 때문이다.

부패한 기업인들은 오로지 자신들의 이익에만 눈이 멀어 시장 전체의 기능에 지독한 타격을 입혔다. 바로 신뢰를 파괴한 것이다. 이 사태로 인해 개인이든 기관이든 투자자들은 겉으로 드러난 숫자를 믿을 수 없어 자금을 꽁꽁 묶어 놓았다. 초월성 부족이 빚은 이 사건으로 오랫동안 존경을 받던 기업들뿐 아니라 시장 전체의 인테그리티가 큰 타격을 입었다. 결국 초월성이 부족한 경영자들의 나쁜 흔적에 책임을 지우는 법이 제정되어야 했다. 그러나 재계 리더들은 샤베인 옥슬리Sarbanes-Oxley 법 같은 조치들이 기업계의 부정을 막기는커녕 다른 데 써야 할 시간과 자원만 잡아먹을 것이라는 데 입을 모은다.

바로 그렇다. 법은 틈을 메우고 성품의 결함을 감시하기 위한 '예비 방안'일 뿐이다. 가치의 인테그리티 없이 법만으로 감시하는 데는 한계가 있다. 사람이 정직하고 숫자가 정확하다면 굳이 법으로 확인할 필요가 없다. 성품이 바로 진정한 감시자 역할을 하는 것이다. 법은 진실이 없을 때 필요한 것이다. 정부 규제는 기본적으로 자기 규제가 없는 데서 비롯한다. 아이가 혼나는 이유는 잘못을 저질렀기 때문이다. 잘하는 아이를 굳이 나무랄 이유는 없다. 좋은 기업이 개인의 비리로 무너진 사태들을 보면 안타깝기 짝이 없다.

대기업의 회계 부정 사건으로 세상을 시끄럽게 한 몇 년 전 센던트Cendant의 CEO였던 헨리 실버먼Henry Silverman은 수십억 달러에 달하는 회사의 소송 배상금을 지불한 후 『비즈니스 위크Business Week』와의 인터뷰에서 다음과 같은 말을 했다.

"새로운 규제 법안들은 닭고기 수프와 비슷합니다. 약이 되지도 독이 되지도 않지요. 세상에는 늘 부정이 있기 마련입니다. 이 법들은 인간의 행동을 규제하려고 하는데 저는 그것이 불가능하다고 생각합니다."

나쁜 행동을 어떻게 방지할 수 있느냐는 질문에 그는 이렇게 대답했다.

"기업 리더들의 개인적 도덕과 윤리 그리고 옳고 그름을 가르치려고 노력하는 적극성에 달려 있습니다. 우리 회사의 모든 고위 간부들이 분기 모임을 위해 뉴욕의 본사로 왔을 때 그 자리에서 저는 인테그리티의 중요성을 강조했습니다. '『월스트리트 저널』의 1면에 실릴 부끄러운 행동이라고 생각된다면 절대 실행에 옮기지 마십시오.' 대부분의 기업들이 윤리적인 문화를 임직원에게 가르치지 않는다는 사실이 참으로 유감스럽습니다."

진정한 '규제자'는 딱 하나뿐이다. 그것은 초월을 지향하는 개인의 통합된 성품이다.

내가 정신과 진료 일을 하던 시절에는 환자들을 치료할 시간이 충분했었다. 예를 들어, 내가 처음 진료를 시작했을 때 환자들의 평균 입원 기간은 약 30일이었다. 30일이면 중독이나 우울증, 가족 문제의 뿌리에 접근하고 거기에 필요한 의학적, 생리학적 처방을 할 수 있다. 환자의 삶 전체가 바뀔 시간이 충분하다. 실제로 많은 기업과 개인들이 치료를 받은 후에 비용 대비 큰 효과를 보았다. 20년이 지난 지금도 나는 편지나 만남을 통해 이런 말을 듣고 있다.

"그 한 달 동안 제 삶이 엄청나게 변했습니다. 이제 저는 완전히 다른 길을 걷고 있어요. 그 기간은 제 인생에서 가장 중요한 한 달이었답니다."

그러나 세월이 흐르면서 상황이 바뀌었다. 이 업계에서 너무도 많은 부정이 나타났다. 치료에 써야 할 돈이 어디론가 사라졌고 업계에 대한 신뢰는 땅에 떨어졌다. 보험 회사들은 일부 의사와 병원들을 믿을 수 없게 되었다. 필요 이상으로, 심지어 의학적 금기를 어기면서까지 환자를 몇 달간 붙잡아 두는 병원과 의사들이 많았다. 환자를 붙잡아 두는 기간만큼 많은 의료비를 보험 회사로부터 받아 낼 수 있었기 때문이었다. 그러나 시간이 흐르자 보험 업계가 대응책을 펼치기 시작했다. 그즈음 나는 한 환자를 꼭 필요한 기간 동안 입원시키려고 애썼다.

"사흘을 드리죠. 사흘 후에는 환자를 꼭 내보내야 합니다."

나는 보험 회사 직원의 말을 곧바로 반박했다.

"뭐요? 농담이죠? 사흘 만에 이 환자를 안정시키기는 불가능해요. 게다가 치료까지 하려면 훨씬 더 많은 시간이 걸려요."

그러나 보험 회사 직원은 딱 잘라 말했다.

"죄송합니다. 더는 안 됩니다. 사흘도 많이 드리는 겁니다."

나는 환자에게 우리가 의료비를 대폭 깎아 줘서라도 입원 기간을 늘리고 싶지만 보험 회사가 허락하지 않으니 안정 이상의 치료를 받으려면 다른 병원으로 가야 한다고 말해야 했다. 지금 다시 생각해도 가슴이 아픈 일이었다. 이러한 상황에서는 보험 회사의 탐욕스러움을 비난하기 쉽다.

하지만 그 회사의 탐욕은 문제의 일부일 뿐이고 의료 업계의 신뢰가 추락했다는 것이 근본적인 문제였다. 양 업계의 시스템이 고장을 일으켰고 그 피해는 다시 둘 다에게 고스란히 돌아갔다. 망가진 시스템에 탐욕스러운 의료사고 담당 변호사들까지 가세하면 그야말로 썩은 냄새가 진동을 한다. 올바른 치료가 이루어지지 않으니 개인과 가족, 나아가 일터의 회복 같은 '더 큰 것들'이 사라진다. 부분적으로 이는 사람들이 전체 그림을 생각하지 않은 채 자기 이익만 챙기기에 바빴기 때문이다. 그들은 자신을 초월하는 것들에 순응하지 않았고, 그로 인해 모든 것을 잃었다.

고객과 직원의 필요나 가치라는 큰 그림에 순응하지 않는 기업은 언제 무너질지 모른다. 『성공하는 기업들의 8가지 습관Built to Last』에서 짐 콜린스가 말했듯 가치에 따라 사는 기업이 장기적으로 성공한다.

개인도 마찬가지이다. 언제나 성품이 승리한다.

깨달음

초월성에 영향을 미치는 성품의 첫 번째 측면은 깨달음이다. 더 큰 것들을 위해 사는 사람은 그것들이 존재한다는 사실을 안다. 그렇지 않은 사람은 만족에 대한 갈망과 열정이라는 자동 조정 장치에 몸을 맡긴 채 이리저리 끌려다니고 있을 뿐이다.

프로이트의 표현을 빌리자면 본능적 충동에 휩싸여 사회적으로 용인 가능한 자기 만족의 방법을 찾고 있는 것이다. 그러나 다행히 많은 사람들이 동물적 상태를 넘어서 자신과 자신의 탐욕보다 더 큰 것들이 존재한다는 사실을 '인식'하고 있다.

그들은 심리학에서 말하는 '자아 이상ego ideal'을 추구한다. 자아 이상은 그들을 단순한 만족을 넘어 수준 높은 삶과 행동과 성과로 이끄는 양심과 의식에 연결시킨다. 성취 욕구와 성취감뿐 아니라 사랑, 섬김, 정의, 삶의 원칙들이 그들의 자아 이상 속에 살아 있다. 그들의 인식은 실제 행동으로 이어지지만 어디까지나 인식이 우선되어야 한다.

이러한 이상을 품으려면 일종의 과정을 거쳐야만 한다. 거기에는 양육 과정도 포함되지만 그것이 전부는 아니다. 고난과 역경을 거쳐 무엇이 중요한지를 깨달아야 한다. 예를 들어, 알코올 중독자는 인간 관계나 직장같이 중요한 것들을 잃은 후에야 그 중요성을 깨닫는 경우가 많다. 이제 그들은 자기 만족만 추구할 경우 자신에게 중요한 모든 것이 파괴될 수 있다는 사실을 인식한다. 이미 등대에 부딪혀 봤기 때문이다.

먼저 깨달음을 얻은 리더와 선배들을 만나 인식을 '받은' 사람들도 있다. 다시 말해, 역할 모델의 본을 받은 것이다. 그들 자신과 역할 모델 사이의 차이점을 알면 오랜 잠에서 깨어나게 된다. 더 심오한 영역으로 뛰어오르라는 매력적인 초대를 받은 사람은 더 이상 얕은 존재로 머물 수 없다.

타락해서가 아니라 '자신의 죽음'에 이르렀기 때문에 자신을 초월하는 사람들도 있다. 허무함을 느끼거나 삶의 의미를 상실했거나 원하는 목표를 달성하지 못했을 경우, 그들은 지금 상태로는 자신들이 추구하는 목표와 삶에 이를 수 없음을 깨닫고 초월적인 것을 찾는다. 물론 성장하겠다는 선택이 수반되어야 하지만 초월성을 향한 갈망이 선택의 방향으로 움직이게 만든다.

사랑하는 사람이 자신에게 만족하지 못하는 것을 깨닫고 자신을 넘어서는 사람들도 있다. 완전히 끊어지지는 않았지만 위태로운 인간관계 속의 인물이 그로 하여금 자기 중심적인 태도를 넘어서도록 압박할 수 있다. '나만 잘되면 끝'이라는 태도에는 배우자나 아이들 같은 중요한 '다른 사람'이 빠져 있다. 이 다른 사람이 경종을 울려 초월적인 것을 깨닫게 되는 것이다.

어떤 식으로 자기 중심적인 태도를 넘어서든 간에 더 큰 명분이 있다는 사실을 깨닫는 일은 가장 중요한 첫 번째 단계이다. 다음 단계는 그것이 무엇인지 '탐구'하는 것이다.

그런데 자칫 전혀 초월적이지 않고 여전히 자신에게 초점을 맞춘 일종의 추상적 탐구에 열을 올릴 수 있다. 이런 탐구는 나날의 물질적 필요에서 벗어났다는 점에서 초월적으로 보인다. 그러나 속을 들여다 보면 여전히 자기 자신에게 사로잡혀 있다. 자신보다 큰 비인격적인 힘이나 신과 하나가 됨으로써 '자신보다 커지기 위한' 명상이 그렇다. 이것은 다른 사람을 고려하지 않은 원시적 자아도취에 불과하다. '다른 사람'이라는 요소가 있어야 '다른' 누군가나 무엇에 의미 있는 투자를 할 수 있으며 그것이 유일한 성장의 길이다. 그렇지 않은 노력들은 자기 만족의 또 다른 형태에 불과하며 전혀 성장으로 이어지지 않는다.

더 큰 것에 자신을 투자하는 사람이 진정으로 자신을 넘어선 사람이다. '더 큰 것'이란 사람에 따라 신앙일 수도 있고 명분, 섬김, 임무일 수도 있다. 아니면 단순히 자신을 남에게 더 많이, 더 다양하게 내주도록 만드는 가치일 수도 있다. 더 큰 것에 투자하면 자신이 커진다. 주위를 돌아보라. 큰 명분에 자기 시간과 노력을 투자하는 사람과 종일 주가만 확인하는 사람을 비교해 보라. 당신은 어떤 사람이 되고 싶은가?

초월의 실천과 내면화

더 큰 명분을 추구하는 성품의 진정한 지표는 바로 행동이다. 큰 가치나 원칙을 품고 있는 것과 그것을 삶의 화폭에 그려 내는 것은 완전히 다른 문제이다. "행함이 없는 믿음은 죽은 것"이라는 말처럼 시간과 공간 속에서 가시적으로 표현되지 않는 가치는 지적 유희만큼이나 무가치하며 인생의 흔적에 거의 영향을 미치지 못한다. 사람이 무엇에 가치를 두는지는 그가 시간과 돈, 에너지 등을 어떻게 사용하는

지를 보면 분명히 알 수 있다. 보물이 있는 곳에 마음도 있다.

따라서 투자가 우선이다. 무언가를 소중히 여긴다고 말하는 것보다 실천과 내면화가 더 필요하다. 모든 내면화나 성장이 그렇듯, 안전하고 얕은 존재를 빠져나와 더 깊은 삶을 자각하고 실현하려면 먼저 구조화된 패턴을 실천해야 한다. 감자튀김을 끊고 건강한 음식을 꾸준히 섭취하지 않으면 진정한 입맛의 변화는 일어나지 않는다.

반면에 올바른 식습관을 꾸준히 유지하면 과거의 나쁜 식습관으로 돌아가지 않는다. 가끔 파티에서 감자튀김 한두 개를 집어먹을 수는 있겠지만 예전처럼 몸이 받지 않는다.

이런 변화를 겪고 유지하려면 최소한 처음에는 구조화된 방법을 따라야 한다. 이를테면, 수업을 받고 영적 지도자나 멘토와 교류하며 조직에 참여하는 것이다. 여기에 인식, 틀, 노력, 연습, 수정, 피드백 같은 다른 성장 요소들이 가미되면 변화가 점점 자리를 잡는다. 그 후에는 구조를 자기 스타일이나 필요에 맞게 변형시키거나 완전히 새로운 구조를 만들어 낼 수 있다. 하지만 성장을 이끌어 줄 구조화된 방법이 선행되어야 한다.

이 구조에 적응할수록 초월적이지 않은 자신의 측면들이 더욱 선명히 드러난다. 이때 더 겸손해지고 성장의 필요성을 느끼게 된다. 자신이 세운 기준 혹은 깊은 존재로 나아간 사람들의 수준이 얼마나 높은지 또 자신이 얼마나 부족한지 여실히 깨닫게 되는 것이다.

진실한 초월을 향해 나아가는 사람들은 가끔 동전 몇 푼이나 던져주는 사람들처럼 "좋은 일을 했군. 기분이 좋아. 역시 나는 좋은 사람이야"라는 태도로 가난한 사람들을 돕지 않는다. 그들은 '더 큰 것들'에 대한 헌신을 깊이 내면화한다. 자기 만족을 위한 베풂은 이기적인 생각의 연장일 뿐이다.

초월을 향해 나아가는 사람들은 점점 자신을 비운다. 그들은 자신이 '좋은 사람'이라는 자기 만족감이 아니라 선행 자체에서 의미를 찾는다. 그들의 그런 태도는 내재적이다. 초월을 터득한 사람들의 말을 빌리자면 점점 "자아의 죽음"이 이루어지고 더 높은 초월적 가치에 연결된다. 마더 테레사는 거울을 보며 자신의 선함에 감탄하기보다는 더 큰 명분에 헌신하는 데서 의미와 만족을 찾았다.

이 수준에 이르면 새로운 '중독성 순환'이 나타난다. 이는 끝없이 자기 만족을 추구하되 결코 만족을 얻을 수 없는 중독이 아니라 끝없이 자신을 내어 주면서 생각했던 것 이상의 만족을 얻게 되는 중독이다. 크리스마스 아침에 선물을 받거나 디즈니랜드에서 원하는 만큼 신나게 노는 아이와 그 아이에게 멋진 크리스마스 선물과 나들이 경험을 주는 부모, 이 둘이 얻는 '행복'의 양에는 어마어마한 차이가 있다. 자신을 내어 주는 사람들은 이 차이를 알기에 기쁜 마음으로 베푼다. 하지만 이 모든 일은 투자에서 시작되며 대개 투자에는 구조화된 방식을 실천하는 과정이 포함된다.

나의 친구 중 한 명은 자신뿐 아니라 회사 직원들까지 초월적인 방향으로 이끌기 위해 구조화된 방식을 활용한다. 가끔 '봉사의 날'에 직원들이 지원 대상을 정해 나름대로 자원봉사를 하는 것이다. 예를 들어, IT 부서는 고장 난 컴퓨터들을 고쳐 줄 수 있다. 직원이 수백 명이라면 더 많은 봉사를 할 수 있다. 친구는 자신보다 큰 것들을 전혀 생각해 보지 못했던 직원들이 구조화된 활동에 참여한 덕분에 가치 중심의 삶으로 나아가고 있다고 말한다.

타이레놀 사건이 주는 교훈

초월적인 사람은 현실에서 어떤 모습을 보일까? 1982년 타이레놀 사건에서 우리는 초월적인 리더십을 발견할 수 있었다. 당시 존슨앤존슨Johnson & Johnson은 타이레놀을 복용한 사람들 중 일부가 사망했다는 소식을 접했다. 그리고 추가 조사 결과, 누군가 상점 선반에 놓인 타이레놀 병들을 가져가 청산염을 넣은 뒤에 도로 선반에 올려놓았다는 사실이 드러났다. 당시 타이레놀은 존슨앤존슨의 주력 제품이자 진통제의 선두 격으로 여러 경쟁 상품들을 모두 합친 양보다 더 많이 판매되고 있었다. 따라서 존슨앤존슨으로서는 보통 큰 사태가 아니었다. 존슨앤존슨은 이 사태에 어떻게 대응했을까?

사실 독극물이 든 타이레놀은 시카고 지역에만 몇 병 정도 남아 있을 게 분명했다. 위험이 널리 확산될 우려는 별로 없었다. 미치광이 한 명이 충동적으로 일으킨 작은 사건에 불과할 수도 있었다. 따라서 여느 회사라면 사건에 대한 자사의 책임을 돈으로 환산한 다음 후한 보상금만 지불하면 매출에는 별다른 영향을 미치지 않으리라 판단하고 제품을 계속 판매했을지도 모른다. 이처럼 자사의 이익을 최우선시한 회사들의 예는 수도 없이 많다.

하지만 존슨앤존슨은 다른 조치를 취했다. 이 회사의 우선순위 목록에는 '더 큰 것들'이 자사의 이익과 타이레놀의 사활보다 높은 위치에 있었다.

"어떻게 하면 사람들을 보호할 수 있을까?"

사람들의 안전한 생명을 보장하기 위해서라면 어떤 손해도 감수하기로 한 존슨앤존슨은 즉시 시카고 전역, 그리고 얼마 후에는 시장 전체의 모든 타이레놀 병을 회수하고 물약 형태이던 제품을 알약 형태로 바꾸었다.

이것이 바로 초월적인 행동이다. 사람이나 고객의 안전에 가치를 둔다고 말하는 것과 한 생명을 구하기 위해 실제로 자사의 주력 제품을 회수하는 것은 별개의 문제이다. 존슨앤존슨은 당연히 해야 할 일이라고 판단했고 또 그렇게 했다.

허리케인 카트리나가 불어 닥친 후, 기업들은 수재민들을 돕는다는 초월적 가치를 행동에 옮기며 아름다운 모습을 보여 주었다. 당시 루이지애나 보건복지부의 홈페이지에 다음과 같은 공문이 게시되었다.

"루이지애나 약사 위원회는 여러 기업으로부터 약값을 감당할 수 없는 허리케인 카트리나 수재민들에게 긴급 처방약을 무상 제공하겠다는 약속을 받았습니다. 수재민들은 루이지애나 주뿐 아니라 전국에 있는 월마트, 편의점, 라이트 에이드Rite Aid, 월그린스Walgreen's, 크로거Kroger의 약국에서 긴급 처방약을 구할 수 있습니다. 공인된 간호사와 의사의 처방전을 들고 가면 됩니다."

이 역시 더 큰 명분을 위해 회사의 이익을 희생한 초월적 행동이다. 더 큰 가치가 이 회사들의 행동을 이끌었다.

초월적 현실들을 인식하고 구조화된 방법을 통해 일관된 진실성으로 내면화한 후에는 반드시 행동이 나타나야 한다. 아무도 강요하거나 지켜보지 않아도 큰 것들에 순응해야 진정한 초월성이다. 존슨앤존슨은 피해 대책을 마련하고 자사를 구하는 데 초점을 맞출 수도 있었다. 물론 타이레놀과 자사를 구하는 일도 중요하지만 그것은 존슨앤존슨의 최대 관심사가 아니었다. 아무도 강요하지 않았으나 존슨앤존슨은 옳은 일을 했다. 그리고 결국 대승을 거두었다. 대중의 변함

없는 신뢰와 충성을 얻었다. 기업계는 존슨앤존슨을 신뢰와 리더십의 본보기로 칭송했다.

존슨앤존슨처럼 행동하려면 어떤 요소들이 필요할까? 몇 가지 요소들이 있겠지만 가장 중요한 것은 마음이다. 마음이 어디를 향하고 있는가? 옳은 일을 하려면 대개 자신을 희생해야 한다. 무언가를 잃어야 한다. 그런데 정말로 소중히 여기는 일이 아니면 자기 희생을 감수하기 힘들다. 손실을 기꺼이 감수할 정도라면 그만큼 마음이 가기 때문이다.

사람을 정말로 소중히 여기지 않았다면 존슨앤존슨은 손해를 떠안지 않았을 것이다. 존슨앤존슨 리더들의 마음에는 사람이라는 가치가 굳게 자리 잡고 있었다. 직원들을 아끼지 않는 리더는 손해를 감수하면서까지 그들을 위한 정책을 실행하지는 않는다. 손해를 감수한 정책을 실시한다면 그 리더는 직원이라는 가치를 소중히 여긴다는 뜻이다. 아이를 사랑하는 부모는 아이를 위해서라면 그 어떤 것이라도 포기한다.

이처럼 사랑은 가치를 뒷받침한다. 그러나 사랑만으로는 부족하다. 결혼생활의 고비를 헤쳐 나가지 못한 부부들을 보라. 사랑만으로는 어렵다. 이때는 통합된 성품을 소유한 사람의 가장 뛰어난 요소라고도 할 수 있는 '자기 부인'이 필요하다. 사람이나 가치, 임무, 목적을 사랑할 수는 있으나 그것을 위해 자신을 부인하는 태도를 겸비하지 않으면 그 사랑은 온전한 힘을 발휘할 수 없다. 자기 부인에는 언제나 희생이 따른다. 자기 부인은 더 큰 것을 섬기기 위해 자신에게 정말 중요한 것을 기꺼이 내놓는 태도이다.

이러한 성품의 측면은 세상을 움직이는 원동력이며 이 측면이 무너지면 세상도 무너진다. 어머니는 아이를 위해 늦잠과 낮잠을 포기한다. 어른은 나이 든 부모를 돌보기 위해 시간이나 돈, 여가, 휴식을 포기한다. 군인이나 경찰관은 국가나 이웃을 위해 자기 생명을 위험에 노출시킨다. 이 모든 행동에는 손실, 심지어 생명의 손실까지 따른다.

가장 먼저, 올바른 일을 소중히 여겨야 한다. 다음으로, 그 일을 위해 자신을 내놓기로 선택해야 한다. 타이레놀 사건에서 보았듯이 자신과 자기 이익의 끝은 더 큰 자아의 시작이다. 더 큰 것들을 위해 자신을 낮추면 나중에는 더 큰 승리를 거둔다.

비전과 변화

내가 아는 사람 중에 미국 서부에서 대규모의 전기 통신 회사를 운영하는 사람이 있다. 그는 초월적인 사람이자 초월적인 리더이다. 그의 삶과 리더십, 사업은 모두 '더 큰 것들'을 지향하고 있다. 한번은 그에게 회사 내에서 그러한 가치를 어떻게 실천하는지 물어보았다.

"저는 직원들이 개인의 잠재력뿐 아니라 협력을 통해 팀 전체의 잠재력을 최대로 실현해야 사업이 성공할 수 있다고 믿습니다. 그래서 매년 초에 직속 부하들과 함께 수련회를 떠납니다. 먼저 몇 가지 질문으로 수련회를 시작하지요. '내년에 꼭 이루고 싶은 일은 무엇인가?' 이것이 첫 번째 질문입니다. 다시 말해, 비전과 목표에 관한 질문이죠. 그렇게 우리는 큰 목표를 세웠습니다. 회사의 전 직원이 우리에게 배우러 올 정도로 큰일을 이루기로 했죠. 그야말로 엄청난 목표였답니다.

하지만 목표는 누구에게나 있어요. 중요한 건 다음 단계입니다. 우리는 스스로에게 다음 질문을 던집니다. '이 일을 이루려면 어떤 팀이 되어야 할까? 우리 각자가 어떻게 변해야 할까?'

이 질문은 관계 속에서 어떤 가치를 어떻게 실천할지의 문제로 이어집니다. 예를 들어, 원하는 목표를 달성하려면 팀워크에 가치를 두고 소모적인 주도권 쟁탈전을 피해야 합니다. 서로를 믿고 대화해야 한다는 말이죠. 때로는 하던 일을 멈추고 다른 사람의 문제를 해결하는 데 도움을 줄 수 있어야 합니다. 서로에게 관심을 쏟고 서로의 이야기를 들을 줄도 알아야 하고요."

"대단하군요. 그래서 어떻게 되었습니까?"

"놀라운 일이 벌어졌어요. 작년에 우리는 야심만만한 비전을 세우고 나서 그 가치들에 따라 행동을 변화시키기 시작했어요. 그 결과, 모든 영역에서 종전의 기록을 갈아 치웠고 지금까지 시장을 주도해 왔어요. 한번은 CEO에게서 연락이 왔죠. 글쎄, 회사의 전 직원이 우리의 비결을 배우길 원한다지 뭐예요. 우리의 비전이 그대로 이루어진 거예요!"

그는 만면에 웃음을 지었다. 그것은 숫자가 아닌 초월성과 성장에 대한 자긍심에서 나온 미소였다. 그는 팀이 더 큰 목표에 헌신했고 그 목표를 위해 변화했다는 사실을 뿌듯해했다.

중요한 것은 바로 이러한 '변화'이다. 이는 앞에서도 언급했던 다음과 같은 원칙과 일맥상통한다.

성숙하지 못한 사람은 삶을 자기 요구에 맞추려고 한다. 그러나 성숙한 사람은 삶의 요구에 자신을 맞춘다.

비전은 그의 팀에게 비전의 가치에 맞는 변화를 요구했다. 팀은 가치의 변화를 요구하지 않았고 스스로 변화했다. 팀원들은 서로를 돕기 위해 사소한 다툼이나 경쟁을 피했으며 정보를 공유하고 서로를 신뢰했다. 가치의 요구에 순응한 것이다.

현실의 요구를 충족시킨다는 것은 통합된 성품이 있다는 증거이다. 이런 성품을 소유한 사람은 현실의 어떠한 요구에 맞서더라도 기꺼이 변화한다. 자신의 계획이 더 큰 가치나 선에 부합하지 않으면 그는 스스로를 변화시킴으로써 더 크고 초월적인 현실과 하나가 된다. 그는 변해야 할 때 변할 줄 안다.

가치는 오직 본인만이 선택할 수 있다. 우리 모두는 가치를 두고 헌신할 대상을 스스로 선택한다. 물론 중력처럼 보편적이고 절대적인 가치를 무시하면 엄청난 손실을 떠안아야 한다. 반면, 보편적 가치 앞에서 순응하면 더 큰 이익을 얻을 수 있다. 그 외의 가치들은 개인이나 조직의 선택에 달려 있다. 하지만 보편적인 가치든 개인적인 가치든 간에 통합된 성품을 소유한 사람은 그 가치에 순응할 줄 안다. 무엇보다 순응하는 자세가 필요하다.

통합된 성품을 소유한 사람은 자신보다 큰 초월적인 것들이 있다는 사실을 인식하며 언제라도 그에 맞게 자신을 변화시킬 줄 안다. 그럴 때 일과 관계에서 더 크고 널리 유익한 흔적을 남길 수 있다. 일이나 결혼, 사생활, 조직에 시련이 닥치면 그는 현실을 올바로 인식하기에 그 요구를 충족시킬 수 있다. 현실은 자기 자신을 초월할 것을 요구한다.

결론

INTEGRITY

인간은 누구나 강점과 약점이 있다

"무슨 일을 하십니까?"

나는 자선 골프 토너먼트에서 나와 짝을 이룬 남자에게 물었다.

"저는 인력 관리 컨설턴트입니다. 대기업을 이끄는 리더들을 돕고 있지요. 당신은요?"

"저도 비슷한 일을 해요. 하지만 일반적인 리더십 문제보다는 개인적 측면을 다루고 있죠. 그러니까 심리 분석학자랍니다. 리더들의 개인적 발전을 돕고 있어요. 인간적 약점들 있지 않습니까? 그런 것들을 다루죠."

"맞아요. 재능이 뛰어난 리더들이 개인적 측면에서는 미숙한 모습을 보이는 걸 보면 참 희한해요. 한번은 한 다국적 전자 기업의 CEO 가 제게 도움을 요청했어요. 대륙 전체의 사업을 책임지고 있는 사람 을 해고해야 하는데 어떻게 해야 할지 모르겠다고 하더군요. 그래서 CEO를 직접 만나 자세한 상황을 듣고 이런저런 조언을 해줬죠. 그렇 게 모든 컨설팅이 끝났지요."

"그래서 어떻게 되었나요?"

"막 떠나려는데 함께 해고 대상을 만나러 가자고 하더군요. 나의 조언을 조금이라도 더 듣고 싶다는 거였어요. 그럴 필요까지는 없었 지만 내친김에 끝까지 돕기로 했습니다. 한두 시간쯤 걸려 목적지로 가는 동안 그는 무슨 말을 할지 또 상대가 화를 내면 어떻게 대처해야 할지 등을 묻더군요. 그런데 왠지 기분이 이상했어요. 그가 한 질문들 은 그리 어렵거나 기술적인 것들이 아니었거든요. 혼자서도 충분히 알아낼 수 있는 문제들이었어요. 문득 그가 문제를 직면하기를 두려 워한다는 생각이 들더군요. 참 이상한 일이었죠. 회사의 우두머리가 그런 작은 문제를 겁내다니."

"그래서 어떻게 되었나요? 그가 잘 해냈나요?"

"이제부터 얘기가 재미있어집니다. 이야기를 나누다 보니 어느새 회사에 도착했습니다. 그런데 CEO가 함께 올라가자고 청하더군요. 저더러 휴게실에서 마음으로 응원을 보내 달라는 뜻인 줄로만 알았 죠. 그런데 그게 아니었어요."

"그가 어떻게 했는데요?"

나는 마치 한 편의 드라마를 보는 듯 이야기에 빠졌다.

"우리는 해고 대상이 기다리는 회의실 문 앞에 도착했어요. 내가 건투를 빌어 주고 어딘가 앉으려는데 그가 나더러 들어가서 해고 통보를 대신 해달라지 뭡니까."

"에이, 농담이죠? 그 사람이 CEO라면서요."

"맞아요. 게다가 강한 카리스마를 풍기는 CEO였죠."

"제가 아까 말한 인간적 약점들이 무슨 뜻인지 알겠군요?"

"그럼요. 누구보다도 잘 알죠. 정말 뛰어난 사람들한테도 그런 약점들이 있다니 이상하죠? 하지만 정말로 그래요."

높은 성과를 올리고 다양한 경험을 쌓은 대단한 사람들에게도 약점은 있다. 하지만 가까이 관찰하지 않으면 좋은 면밖에 보이지 않는다. 학위, 지위, 표면적인 성공은 쉽게 눈에 들어오지만 다른 면들은 '흔적'을 관찰해야 알 수 있다. 그러나 누구나 알고 또 겪어 봤듯이 아무리 대단한 사람이라도 약점을 가지고 있다. 그런데 왜 그럴까? 어떻게 큰 약점을 지닌 사람들이 그토록 큰 성과를 거둘 수 있을까? 그런 약점은 어디서 나오는 것일까?

여태껏 성품이 무엇이며 그것이 없으면 어떻게 되는지 살폈으니 이제 성품의 '약점'이 어떻게 생기는지 살펴보자. 이 장의 목적은 다음과 같다.

1. 다루어야 할 약점들이 생긴 이유를 이해한다.
2. 약점이 있는 게 정상이라는 사실을 알고 자신을 포용한다.
3. 약점들을 해결하기 위한 다음 단계로 나아간다.

인간이라는 존재

우리 모두가 잘하는 일이 하나 있다. '우상화' 또는 '분리_{splitting}'라고 표현하는 것이 그것이다. 나쁘게 말하면 단순한 것이고 좋게 말하면 존경심이다. 뭐라 부르든 우리는 어떤 사람을 강점만 가진 인간으로 보곤 한다. 앞서 말한 다국적 기업의 CEO를 보자. 그는 재능이 많고 큰 성과들을 거두었다. 우리는 그런 사람의 재능과 성과에만 주목하는 경향이 있다. 그 역시 우리처럼 약점을 지닌 인간이라는 사실을 깨닫는 데는 상당한 시간이 걸린다. 그런 사람 앞에서는 누구나 경계심을 푼다.

더 심각한 사실은 그를 약점과 두려움, 불안정이 없는 초인으로 보기 때문에 자신을 더욱 초라한 존재로 느낄 수 있다는 것이다. 우리는 자신의 불완전한 측면들을 보면서 성공한 사람들은 모든 면이 완벽할 것이라고 가정한다.

'나는 어쩔 수 없는 인간이야.'

남을 우상화하면 이런 생각에 빠질 수밖에 없다. 그리고 자조적인 생각은 문제를 더욱 악화시킨다. 문제를 해결하기커녕 더욱 깊이 숨기도록 만들기 때문이다. 자신의 강점만 드러내어 어떻게든 약점을 보완하려고 애쓰게 된다. 시간이 지나고 지위가 높아질수록 이러한 '가식'의 골은 더욱 깊어진다. 더 많은 이목이 쏠리는 자리에 놓이면 완벽한 사람처럼 보여야 하는 압박이 더욱 강해진다. 그 결과 두 가지 상황이 발생한다.

더욱 깊숙이 숨기고 성장이 필요한 부분을 개선하지 않으며, 성공한 사람들에게는 맹점이 전혀 없다는 세계관에 더 빠져들게 된다.

"그들에게는 약점이 없어. 그들은 보이는 그대로 강해."

정말 재능이 뛰어난데도 자신감 없는 태도로 자기 약점을 극복하려 들지 않는 것이다. 이 상태가 계속되면 결국 더 늘어난 약점들로 인해 앞길이 막히고 만다. 심지어 성공한 사람들이 바로 그들의 약점 덕분에 성공한 것이라고 착각할 수도 있다. 리더십에 관해 이야기하는 자리마다 이런 말이 오간다.

"그가 그토록 성공한 건 강압적이고 독단적인 성격 덕분이야. 물론 그래서 그와 협력하기 힘들긴 하지. 하지만 그런 성격이 없었다면 그는 현재의 자리에 오르지 못했을 거야."

철저한 오산이다! 강압과 독단적인 성격은 협력의 가치를 모를 정도로 성숙하지 못한 사람이라는 것을 나타내며 '신 콤플렉스'라 할 만큼 지독한 자아도취에 빠졌다는 증거일 뿐이다.

그를 성공으로 이끈 것은 약점이 아니다. 약점은 성공으로 향하는 길을 방해했을 뿐이다. 불균형과 자아도취 '덕분'이 아니라 그것들에도 '불구하고' 그를 성공으로 이끈 것은 솔선수범과 단호함, 강압적 태도의 올바른 활용, 지력, 매력, 전략적 사고 등이었을 것이다. 다른 기술들을 통해 증폭된 이러한 강점들이 그를 강하게 만든 것이다. 그런데도 약점조차 성공의 원인이 될 수 있다는 착각에 빠져 균형 잡힌 사람이 되기를 두려워하는 사람들이 있다.

물론 누구나 완벽하게 통합되지는 않는다. 우리 모두는 인테그리티가 부족하다. 누구나 성장할 가능성이 있다. 하지만 그러려면 성공한 사람은 고민도 약점도 없는 초인이라는 생각이 착각임을 깨달아야 한다. 완벽하게 통합된 사람이 있다는 착각에서 벗어나 성장의 길로 들어서야 한다. 우리 모두는 '다음 단계'를 밟아 성장해야 하는 인간임을 깨달아야 한다. 우리 모두에게는 재능, 때로는 초인적인 재능이 있다. 물론 약점도 있다. 개인과 조직은 이러한 사실을 받아들이고 '불완전하지만 성장할 수 있다'는 태도를 가져야 한다. 이런 태도가 개인과 조직의 문화로 자리 잡을수록 더 많은 성공이 나타난다.

약점의 원인

약한 부분들은 어떻게 생기는가? 학위를 땄다고 해서 세상을 헤쳐 나갈 만큼 성숙했다고 말할 수 없는 이유는 무엇인가? 이 책은 세상과 우리가 불완전한 이유를 파헤친 책이 아니다. 이 책은 우리 모두가 각자의 문제를 인식하고 있다는 가정을 바탕으로 한다. 하지만 몇 가지 불완전과 약점이 어떻게 생기는지 살필 필요는 있다. 그러면 자신과 다른 사람들을 있는 그대로 포용할 뿐 아니라 자신이 현재에 이른 과정과 개선 방안에 관한 단서를 얻을 수 있다.

어린 시절의 경험과 성품

어려운 얘기는 아니다. 앞서 말한 CEO는 직면을 두려워했지만 어릴 적부터 그랬던 것은 아니다. 두 살배기와 이야기를 해 본 사람이라면 이 점을 이해할 것이다. 갓난아이는 안 좋은 기분을 즉시 표현하기 때문에 우리는 아이의 상태를 바로 알 수 있다.

누군가가 좋아하지 않을 만한 행동을 하면 곤란한 상황이 발생한다는 사실은 자라면서 배우게 된다. 이 경험이 강하게 남은 사람은 그 후에 직면을 두려워하고 회피를 통해 세상과 타협하는 법을 배운다. 이런 사람은 교묘하게 상황을 조정하고 이용하고 아부하는 법 등을 배운다. 그러나 직접적인 방법은 피한다.

직면에 관한 자세한 내용은 앞서 다루었으므로 여기서는 성품 결함에는 대개 이유가 있다는 사실을 이해하는 게 중요하다. 부분적으로는 직면하는 성품의 능력을 자신의 기질에 결합하지 못한 것이 이유이다. 어린 시절 문제를 직면했다가 곤란을 겪은 후부터 직면을 피했을 가능성이 있다. 우리의 성품 대부분은 어릴 때 형성되기 때문에 이러한 어릴 적 패턴들은 깊게 뿌리를 내린다.

다른 예를 들어 보자. CEO가 직면하는 능력이 없어서가 아니라 해고 대상에게 상처를 줄까 봐 머뭇거렸다고 하자. CEO는 거리로 내몰아야 하는 대상과 자신을 지나치게 동일시한 나머지 해고할 이유가 충분한데도 지나친 연민을 느꼈다. 대개 이런 패턴은 어릴 적에 습득한 것이다. 무조건 "오냐오냐" 하고 어떤 잘못도 나무라지 않는 가정에서 자랐을 경우에 그렇다. 예컨대, 중독자들은 대개 이러한 환경의 가정에서 자란 경우가 많다.

아무튼 사람의 능력에 영향을 미치는 성품 패턴의 근원은 십중팔구 어린 시절로 거슬러 올라간다. 한번은 무능력한 파트너들을 무조건 감싸는 리더를 상담한 적이 있다. 그는 어릴 적에 그런 패턴을 습득했다. 그의 부모가 그로 하여금 무책임한 형을 감싸도록 만든 것이다. 그는 잘못을 들추고 싶을 때마다 지나친 죄책감을 느낀 나머지 그냥 묻어 두는 편을 선택했다. 그러다 보니 무책임한 사람을 감싸는 태도가 그의 성품으로 자리를 잡았다. 형을 감싸던 그의 패턴은 오랜 시간이 흐른 후 회사를 경영하는 태도에도 영향을 미치고 있었다.

어릴 적 가족, 학교, 교회, 친구 등은 성품과 기질에 여러 형태로 영향을 미친다. 자신이 자라 온 과정을 더듬어 보면 내면의 문제들이 발생한 이유들을 알 수 있다. 이유를 알면 자책감이 사라지고 성장을 위해 무엇을 해야 할지도 알 수 있다.

'성품'으로 번역되는 그리스어에는 '경험'이라는 뜻이 있다. 그 단어의 또 다른 의미는 '새겨진 표시'이다. 우리의 어릴 적 경험은 성품과 '새겨진' 패턴, 행동 및 반응 방식을 형성한다. 그리고 그런 경험 중 일부는 여러 영역에서 우리의 발전을 제한한다. 하지만 다행히 성품과 경험 사이의 상관관계를 살펴보면 새로운 경험으로 성품을 재형성하고 새로운 패턴을 '새길' 수 있다는 사실이 밝혀졌다.

지금까지 통합된 성품의 여러 차원을 살피면서 성장과 통합에 유익한 새로운 경험들에 관해 이야기했다. 사실 성장에 관한 내용의 목적은 현재의 능력(또는 과거의 경험)을 넘어서게 만드는 새로운 경험으로 여러분을 초대하기 위한 것이었다. 새로운 경험은 '과거', 곧 성품의 일부가 된다. 오늘의 경험은 말 그대로 '새로운 과거'이다. 내일, 그 새로운 경험은 과거의 일부가 된다. 다시 말해, 성장을 이룬 것이다.

성품과 기질을 다루는 기술

나쁜 경험과 그 결과로 얻은 보완적 패턴 외에 성숙한 사람이 되는 법을 배우지 못해서 약점이 생겼을 수도 있다. 새는 배우지 않아도 본능적으로 때가 되면 이동한다. 그러나 사람은 갈등을 해결하고, 감정이 개입될 때 판단력을 발휘하고, 계약서에 도장을 찍기 전에 충분한 사전 조사를 하는 등의 행동을 할 수 있으려면 '학습'을 해야 한다. 충동을 통제하고 실패에도 낙심하지 않고 일어서는 법을 배워야 한다. 이런 것들은 인간의 본능이 아니다. 오히려 '반본능'에 가깝다. 우리는 훈련을 통해 성숙하지 못한 패턴들을 제거해야 한다.

속내를 최대한 감추는 대화의 기술을 어디서 배웠는가? 상대방에게 같은 편이라는 느낌을 전달하여 충성과 신뢰를 얻어 내는 관계 기술은 누구에게서 배웠는가? 자신의 맹점을 파악하여 실패나 실수를 최대한 줄이는 자기 성찰 기술은 어디서 배웠는가? 이것들은 우리가 배우고 연습해야 함에도 자주 간과하는 성품과 기질의 측면들이다. 배우지 않으면 '그럭저럭' 버티거나 잘하는 다른 분야로 치우치기 쉽다. 심하면 삶과 일 전체를 회피할 수도 있다.

배우기와 '본받기'는 쌍둥이이다. 인간은 한 번도 본 적이 없는 일을 하기 어렵다. 따라서 성품의 성장과 새로운 측면들의 통합이 이루어지려면 먼저 남이 하는 것을 봐야 한다. 좋은 성품 모델이 필요하다. 부족한 영역에 관한 실질적인 모델을 보지 못하면 성품에 결함이 있을 수밖에 없다.

한번은 팀 상담을 하는데 팀의 한 직원이 다른 직원에게 마음에 들지 않는 부분을 이야기했다. 그런데 지적을 당한 사람은 방어적인 자세를 취하기는커녕 자기 잘못을 적극적으로 알고자 했다. 둘은 정말로 유익한 대화를 나누고 문제를 해결했다. 하지만 내 관심을 끈 사람은 어리둥절한 표정으로 둘을 바라보기만 하던 다른 직원이었다. 나는 그녀에게 왜 그러는지 물었다.

"저런 광경은 한 번도 본 적이 없어요."

"뭘 봤는데요?"

"기분 나쁜 말을 듣고도 화를 내지 않잖아요."

"그래서요? 한 번도 본 적이 없다는 게 무슨 뜻이에요?"

"이런 상황은 본 적이 없어요. 둘이 대판 싸울 거라고 생각했어요. 그런데 둘은 여전히 사이가 좋잖아요. 난생처음 보는 장면이에요."

처음에는 그녀의 말뜻을 완전히 이해할 수 없었으나 그녀의 말은 전혀 농담이 아니었다. 그녀는 상호 유익한 갈등을 비로소 눈으로 목격한 것이었다. 그 후로 그녀는 일터의 갈등을 직면하여 해결하는 횟수가 늘어났을 것이다. 물론 눈으로 본 후에도 노력과 주위의 조언이 필요하다. 하지만 머릿속에 상황을 그리지 못하면 발전하기 어렵다.

좋은 피드백을 제공받으라

우리는 좋은 피드백을 통해 경험을 구조화하는 과정에서도 성품을 형성한다. 성장하고 새로운 패턴을 내면화하려면 끊임없이 자신의 현 위치를 알려 주고 개선책을 제안하며 새로운 변화를 감시해 주는 '피드백 순환'이 필요하다. 피드백 순환을 통해 우리는 새로운 기술뿐 아니라 성과에 필요한 인식과 자기 수정을 내면화한다.

내가 리더십 컨설팅을 하면서 안타깝게 느낀 점은 상사들의 태도이다. 원래 상사는 관찰하고 피드백을 제공하고 코치하고 감시하고 성장시켜야 한다. 하지만 무시하고 공격하는 상사들이 너무 많다. 문제가 곪아 터질 때까지 사람들의 패턴을 무시하다가 그들을 몰아붙이거나 해고한다. 불시의 습격처럼 해고를 해서는 곤란하다. 해고는 최대한 지도하고 피드백을 제공한 후에 이루어져야 한다. 하지만 올바른 피드백이 있으면 해고의 필요성은 사라지고 성장만 나타난다. 초점이 분명한 피드백을 제대로 제공할 경우, 좋은 성품을 소유한 사람은 반드시 성장한다.

성품이 성장하는 고통

성품 성장의 길은 때로 험난하다. 오만과 자아, 저항을 억눌러야 하며 때로 이를 악물고 듣기 싫은 소리를 들어야 한다. 그 과정에서 참담한 기분을 느낄 수도 있다. 상사로부터 호된 꾸지람 한 번 안 들어 본 사람은 별로 없을 것이다. 때로 그 말이 너무 심해 회사를 그만두고 싶거나 자기 비하에 빠질 수도 있다.

이럴 때는 어깨를 두드려 줄 사람이 필요하다. 성장의 고통을 이겨내도록 지원하고 격려해 줄 사람이 있어야 한다. 리더나 동료의 관심과 애정을 느끼면 어려운 다음 단계로 과감하게 오를 수 있다. 같은 편이 있다는 사실만으로 모든 게 달라진다.

하지만 모든 지원이 좋은 것은 아니다. 유익한 지원은 마음을 다독일 뿐 아니라 성장을 자극하지만, 상대를 위로하되 문제를 대신 해결해 주지 않아야 유익한 지원이다. 구해 주고 변명을 믿어 주고 잘못을 대신 해명해 준다면 그것은 상대의 발전을 가로막는 지원이다. 올바른 지원은 쉬운 길로 안내하는 게 아니라 힘든 길을 함께 걷는 것이다.

자신의 약점을 스스로 깨달았거나 주위 사람들을 통해 들었지만 스스로 해결하기에는 너무 두렵다고 하자. 그때 지원자가 다른 사람을 희생양으로 삼거나 문제를 대신 해결해 준다면? 이러한 지원은 문제를 헤쳐 나갈 힘을 키워 주기는커녕 꼭 필요한 성장을 회피하도록 만든다. 성품 성장에 필요한 것은 힘을 키워 주는 지원이다. 능동성을 이끌어 내는 지원을 받지 못하면 회피하는 태도가 자리 잡기 쉬워진다.

훈련하고 연습하라

다시는 누구도 믿지 않기로 했다고 말한 리더가 생각난다. 연유는 이러했다. 새로운 환경으로 옮긴 그는 진정한 팀원이 되고 싶었다. 그래서 새로운 사람들에게 마음을 터놓았는데 그만 지독한 배신을 당하고 말았다. 그로부터 몇 년이 흘렀건만 그는 다른 사람을 신뢰하는 마음을 회복하지 못했다. 늘 외로운 늑대처럼 행동했고 그러한 태도는 그의 목표 달성에도 악영향을 미쳤다. 그는 관계와 협력의 힘을 활용할 수 없었다. 결국 남을 믿지 못하는 태도로 인해 그의 성과는 제자리를 맴돌았다.

그가 낮은 성과의 벽을 뛰어넘으려면 지나치게 조심스러운 태도를 벗어던져야 했다. 하지만 그것은 그에게 생각조차 어려운 일이었다. 모든 정보를 스스로 통제해야 마음이 편했다. 정보 하나라도 놓칠까 봐 노심초사했고 위임하기를 꺼려 했으며 의사결정 과정에 참여하지 않을 때면 늘 결정에 의심을 품었다. 높은 성과를 내기가 어려울 수밖에 없었다. 그는 남을 믿고 속내를 드러내는 법을 배워야 했다. 하지만 그가 또다시 위험한 상황에서 그럴 확률은 극히 희박했다. 그에게는 믿음을 회복할 수 있는 안전한 환경이 필요했다.

삶이나 직장생활의 위험이 없을 경우, 성품의 다른 측면을 개발하고 연습할 환경이 조성되지 않으면 그 측면을 얻기가 쉽지 않다. 위험이 있는 곳은 '생존'과 연결되기 때문에 인내력 말고는 새로운 측면을 개발하기 어렵다. 생존에 급급하면 지나친 방어가 나타난다. 새로운 기술을 배우려면 노출이 필요하다. 반면, 생존에는 자기 방어와 어느 정도의 폐쇄가 필요하다. 두려움이 가득한 문화 속에서 사람들이 새로운 방향으로 성장하지 못하는 이유가 여기에 있다. 가드를 올리고 등 뒤를 경계하느라 바쁘기 때문이다.

이 책에서 우리가 연습할 수 있는 몇 가지 새로운 기술들을 소개했다. 이런 기술을 습득하지 못한 사람은 생존과 방어에만 급급했기 때문이다. 일반 기술은 훈련과 연습을 통해 향상된다. 성품 능력도 마찬가지이다.

적절한 동기부여

우리는 개인적인 성장과 성품의 발전을 '반드시 이루어야 하는' 일이라고 생각한다.

'더 나은 보이스카우트가 되고 싶어. 시간이 나면 자기계발 수련회에서 훈련을 받아야겠어.'

때로 우리는 인생의 성찰 같은 성장 방법을 모색하고 구체적인 계획을 세우기도 한다. 하지만 '해야' 하거나 '하면 좋은' 일보다는 삶과 일터의 시급한 과제가 늘 우선이다. 자기 발전을 실천하기에는 당면한 일을 처리하기에도 너무 바쁘다. 그 결과, 자기 발전을 이루지 못하고 결국 당면한 일도 하지 못한다. 이는 앞뒤가 바뀐 삶이다.

'해야 한다'는 태도는 최소한 미성숙한 성품 측면들을 극복하는 데 있어서는 좋은 동기가 아니다. 성숙한 성품 측면에서는 대개 해야 할 일을 하기 마련이다. 그러나 그것은 그 측면이 우리의 일부가 되어 자연스레 표출되기 때문이다. 성품의 일부가 행동으로 표출되는 것이다. 성품의 일부가 되지 않은 측면에서는 '해야 할' 일이 새해 결심만큼이나 오래 지속되지 않는다. 금세 그만두고 만다.

그러면 무엇이 성숙하지 못한 성품 측면을 개발하도록 동기를 유발하는가? 그것은 손실과 보상 그리고 결과이다. 무능력의 대가를 치르면 마침내 성품이 변하기 마련이다. 예컨대 알코올 중독자는 배우자와 아이들에게 버림을 받고서야 정신을 차린다. 운동을 게을리하는 사람은 심장마비에 걸린 후에야 운동을 시작한다. 사람들은 개선을 위해 노력을 '해야 한다'는 말을 아무리 들어도 현실을 보기 전까지는 변하지 않는다.

사람들은 자신의 인생과 직장이 처한 가혹한 현실로 인해 닥칠 험난한 미래를 구체적으로 그려 본 후에야 비로소 변한다. 이처럼 사람들은 미래의 손실과 보상, 결과를 보고 현실을 파악한다. 예를 들어 현재의 부족한 성과를 보면서 이대로 가면 원하는 성과를 얻을 수 없다는 사실을 깨닫고 변하는 것이다. 특정 측면에서의 부족한 점이 목표 달성을 방해한다는 사실을 깨닫고 나면 그 측면의 능력을 개발할 수 있다.

직장생활과 사생활뿐 아니라 인간관계에서도 마찬가지이다. 인간관계 속에 바뀌어야 할 패턴이 있다는 사실을 깨달아야 한다. 이혼을 겪거나 연속 다섯 번이나 바람둥이를 만난 후에 사람들은 마침내 깨닫는다.

'지속되는 사랑을 찾으려면 뭔가가 바뀌어야 해.'

이때부터 그들은 그 부분을 바꾸기 위해 노력한다. 지나치게 수동적이거나 변덕스럽거나 방어적이거나 강압적인 태도를 원인으로 파악하고 나서부터는 외부 세상 탓을 멈추고 자기 발전에 힘을 쏟는다. 외부 세상의 겉모습이 아닌 진짜 현실을 알고 나서 그 현실의 요구를 충족시키는 성품을 기른다.

성장하거나 남들을 도우려면 '해야 할 일'에서 벗어나 현실로 들어가야 한다. 성품의 성장을 통해서만 사랑이나 일에서 원하는 것을 얻을 수 있다는 사실을 깨달은 후에야 노력이 나타난다. 따라서 현실을 편하게 직시할 수 있는 혹은 직시해야 하는 상황에 놓이거나 적절한 도움을 받아야 한다.

마음이 관건이다

이에 관해서는 수많은 표현이 있다.

- 누구나 변할 수 있으나 우선 변하기를 원해야 한다.
- 말을 물가로 끌고 갈 수는 있으나 억지로 물을 먹일 수는 없다.
- 한 사람의 생각을 바꾸려면 얼마나 많은 심리학자들이 필요할까? 딱 한 명이다. 그러나 그 사람 자신이 진심으로 변하기를 원해야 한다.
- 그는 진실을 보려 하지 않는다. 그는 자기 부인 상태에 빠져 있다.

- 그녀는 남들을 탓하려고만 하지 자신은 돌아보지 않는다.

예로부터 인간 본질을 관찰해 온 사람들은 한 가지 사실을 여러 가지로 표현해 왔다. 원하지 않는 사람을 변화시킬 수는 없다는 사실! 뒤집어 말하면, '마음'만 있으면 많은 일을 해낼 수 있다. 결과를 알면 의욕이 없던 사람이 의욕을 얻는다. 사랑과 지지도 의욕을 낳는다. 새로운 기회나 새로운 성장 환경, 전에는 이용할 수 없었던 요소들도 의욕을 일으킨다. 이처럼 우리는 변화할 마음이 없는 사람들에게 영향을 미칠 수 있다. '그들이 원한다면' 그들에게 어느 정도 '원하는 마음'을 불어넣을 수 있다.

패러독스나 모순처럼 들리는가? 바로 그렇다. 우리가 자율적인 동시에 외부의 영향을 받는다는 사실은 인간 존재에 관한 근본 진리이다. 우리는 외부의 영향을 받는다. 그리고 동시에 실존적 자유와 자신에 대한 궁극적인 책임을 가지며, 그 부분에서는 "귀신에게 홀렸나 봐"라는 변명이 통하지 않는다.

타이밍이나 마음 등 뭐라 부르든 어떤 이들은 변화할 준비가 되지 않았거나 변화하길 원하지 않는다. 그들은 세상이 자신들에게 맞게 변해 주기를 원한다. 그들은 주위에서 아무리 도움을 줘도 좀처럼 변하지 않는다.

앞서 살핀 성품 결함의 원인에 마음도 포함시켜야 한다. 성품이 요구하는 대로 변화할 마음이 없는 사람은 인테그리티와 성장의 장애를 계속 겪을 수밖에 없다. 그들은 현실과 빛, 지혜 등 삶 속으로 들어오는 모든 영향력을 '튕겨 내고' 만다. 우리가 동기를 유발할 수는 있으나 결국은 그들이 선택을 해야 한다. 이 책을 읽고 있는 여러분은 성장이 필요한 부분을 보길 원하리라 믿는다. 그러나 고집불통인 사람들은 어디에나 있기 마련이다. 우리가 아무리 도우려 해도 그들은 아무런 반응이 없다. 무조건 저항할 따름이다. 그들을 붙잡고 늘어지느니 변화할 마음이 있는 사람들에게 시간과 노력을 쏟는 편이 낫다.

유전자, 경험, 그리고 선택

성품을 형성하는 데는 유전자의 역할도 크다. 부모 잘 만나는 것도 복이다. 타고난 성격과 기질이 성품 결함을 낳는다는 말은 어느 정도 일리가 있다. 신생아실에 가 보면 진취적인 삶을 살 아기와 흐름에 몸을 맡길 아기를 어렵지 않게 구분할 수 있다. 어느 정해진 성장 행로가 그들을 기다리고 있다. 수동적인 아이는 직선적이고 단호한 태도를 기르기 위해 남보다 더 애를 써야 할 테고 우렁차게 우는 아이는 천성을 억누른 채 입을 다물고 듣는 법을 배워야 할 것이다. 유전자는 사람의 행동에 실질적인 영향을 미친다.

타고난 부분은 어쩔 수 없다. 유전자 구조는 죽을 때까지 바뀌지 않는다. 그러나 유전자 외에도 '많은' 요소가 우리 삶을 형성하며 이러한 요소를 다룰 책임은 우리에게 있다. 유전적 기질은 수많은 요소들 중 일부일 뿐이다. 과거의 경험과 우리가 살면서 내리는 선택도 삶을 형성하는 요소이다. 우리의 인테그리티 성품은 이러한 모든 요소들이 결합된 것이다. 우리가 애초에 받은 카드들뿐 아니라 그 카드들을 어떻게 사용하는지도 우리의 성품에 영향을 미친다. 우리는 다른 요소들을 통해 타고난 약점을 다룰 수 있다.

예를 들어, 주도력이 부족한 데는 많은 요소가 관여한다. 천성적으로 뒤따라가기를 좋아할 수도 있고 주도하려고 할 때마다 제동을 거는 부모나 형제, 친척 사이에서 자랐을 수도 있다. 그럴 경우 흐름에 맡기는 수동적 태도가 삶과 일터 속에서 꾸준히 이어질 수 있다. 우리의 현재 모습에는 수만 가지 원인이 작용하고 있다.

현재의 시점에서 필요한 질문은 이렇다. 현재 기질을 어떻게 다룰 것인가? 우리의 현재 모습에는 성숙한 측면도 미성숙한 측면도 있다. 특정 측면에서 현실의 요구를 충족시키고 지금까지 좋은 흔적을 남겼다면 다행한 일이다. 그 측면은 태어날 때부터 지녔던 것일 수도 있고 노력을 통해 성숙되었을 수도 있다. 그러나 성숙하지 못한 측면이 있다면 이유에 상관없이 당장 변화와 개선에 돌입해야 한다.

우리는 경험을 바꿀 수 있다. 현실의 요구를 충족시키는 성품을 쌓기 위해 새로운 선택을 할 수 있다. 성장을 거듭할수록 현실을 더 효과적으로 다룰 수 있으며 나아가 더 많은 잠재력을 실현할 수 있다.

성품과 인테그리티에 관한 이야기가 끝나가는 이 시점에서 다음을 마음에 새기기 바란다.

- 인테그리티는 '모 아니면 도'의 개념이 아니다. 성숙한 측면과 미성숙한 측면이 공존한다.
- 뛰어난 사람이라고 해서 모든 측면이 성숙한 것은 아니다.
- 우리 모두에게는 성장하고 발전해야 할 부분이 있다. 그렇다고 해서 비정상은 아니다. 우리는 인간이다. 약점을 인정하고 개선하는 노력이 중요하다.
- 성품이 어디서 오는지 알면 자신과 남의 흠을 이해하고 받아들일

수 있다. 부족한 부분이 전혀 없으면 인간이 아니다.

- 성품이 어디서 오는지 알면 어떻게 성장해야 할지도 판단할 수 있다.
- 마지막으로 우리에게는 희망이 있다. 변화를 통해 원하는 결과를 얻을 수 있다는 사실을 깨달으면 의욕이 일어난다. 그리고 의욕이 일면 실천을 통해 실제로 그 결과를 얻게 된다.

지금까지 성품 결함의 원인들을 보니 놀라운 사실이 드러났다. 유전자를 제외하고 나머지 모든 원인은 우리가 바꿀 수 있는 것들이며 인테그리티를 향해 성장할 수 있다는 것이다. 사실 인생은 더욱 통합된 성품으로 향하는 여행이다. '현실의 요구' 하나하나는 우리로 하여금 현재를 넘어 한 걸음씩 나아가게 만든다.

약점의 원인들을 다시 살펴보자.

- 어린 시절의 부정적인 경험
- 기술 습득의 부족
- 구조화된 피드백의 부족
- 문제를 대신 해결해 주지 않는 지원의 부족
- 위험 부담이 크지 않은 연습의 부족
- 적절한 동기의 부족
- 변화 의지의 부족
- 유전자와 경험, 선택

컨설턴트이자 심리 분석학자로서 말하건대, 사람들은 이 모든 약점을 끊임없이 극복하고 변화시킨다. 영원한 약점은 없다. 심지어 '어린 시절'조차도 사랑과 지지, 칭찬이 가득한 새로운 경험을 통해 변화되고 치유될 수 있다. 성장을 위한 모임은 서로의 부족한 부분을 채워주는 '가족'이 될 수 있다.

다른 약점들도 마찬가지이다. 앞서 살핀 구조화된 성장 경험들을 통해 이 모든 약점에 대한 답을 찾을 수 있다. 워크숍, 훈련, 심리 치료, 모임, 멘토, 영적 훈련 등 성품을 생각지도 못했던 수준까지 통합할 방법은 많다. 문제는 그러한 성장을 위해 마음을 열고 자신을 투자하는 것이다. 사업과 마찬가지로 성품도 투자를 통해서만 성장한다. 성장에 투자하여 이익을 거둬라.

한 가지 더, 성품의 인테그리티를 키우는 동시에 여섯 가지 측면들을 키우라. 각 측면들 하나하나에 투자하라. 그것들은 모두 통합되어야 효과를 내기 때문이다. 그것들은 서로 어우러져 시너지 효과를 일으킨다.

예를 들어 신뢰가 쌓이면 안정감이 생기고 그러면 편안하게 눈가리개를 풀고 현실을 보게 된다. 반대로 현실을 봐야 좋은 사람들을 신뢰할 수 있다. 두려움이나 의심의 구름을 거두고 좋은 사람들을 있는 그대로 보게 된다.

현실을 보면 올바른 방법을 알고 좋은 열매를 맺게 된다. 열매가 맺히는 현실 속에서 움직이기 때문에 전에 없이 풍성한 열매를 맺는다. 진실을 보는 사람은 늘 자신을 점검한다. 그리고 새로운 능력을 길러 부정적 현실을 더욱 효과적으로 다룬다. 반대로, 문제를 다루면 더 좋은 결과를 얻고 더 많은 현실을 보며 더 큰 신뢰를 얻는다. 통합의 순환은 점점 더 커지고 마음과 정신과 영혼이 한없이 뻗어 나간다.

그럴 때 우리는 더 큰 명분에 헌신하고 점점 더 초월적인 성품으로 나아간다. 그 과정에서 더 큰 신뢰를 얻고 더 많은 현실을 보며 더 좋은 열매를 맺고 문제를 더 잘 다루게 된다. 요컨대, 통합은 통합을 낳는다. 우리의 모든 성품 측면에 자신을 투자하면 기하급수적인 유익을 얻게 된다.

위대한 일을 이루어 낸 사람의 열매는 달콤하다. 유대 격언에 "소원을 성취하면 마음에 달다"는 말이 있다. 그러나 내면과 관계 속에서 일어나는 성장과 발전이야말로 진정으로 달콤하다. 물론 성품이 성장하고 초월적인 현실에 자신을 내줄수록 더 큰 성취를 얻을 수 있다. 인테그리티는 많은 보상과 열매로 이어진다. 그러나 진정한 보상은 바로 인테그리티 자체이다. 성장을 통해 달콤한 인테그리티의 열매를 맺고 나아가 그 자체를 즐기기 바란다.

/III The courage to meet the demands of reality